A Prática Educativa

Z653p   Zabala, Antoni
         A prática educativa: como ensinar / Antoni Zabala; tradução Ernani F. da F. Rosa -- Porto Alegre : Artmed, 1998.
         224 p. ; 23 cm.

         ISBN 978-85-7307-426-0

         1. Educação - Prática Educativa. I. Título.

         CDU 371.3

Catalogação na publicação: Mônica Ballejo Canto - CRB 10/1023

A Prática Educativa
Como ensinar

Antoni Zabala
Licenciado em Pedagogia

Tradução:
Ernani F. da F. Rosa

Consultoria, supervisão e revisão técnica desta edição:
Nalú Farenzena
Professora da Faculdade de Educação da UFRGS.
Doutoranda em Educação pela UFRGS.

Reimpressão 2010

1998

Obra originalmente publicada sob o título:
La práctica educativa: cómo enseñar
© Editorial Graó, de Serveis Pedagògics, 1995
ISBN 84-7827-125-2

Capa:
Mário Röhnelt

Preparação do original:
Alda Rejane Barcelos

Supervisão editorial:
Letícia Bispo de Lima

Editoração eletrônica:
Formato Artes Gráficas

Reservados todos os direitos de publicação, em língua portuguesa, à
ARTMED® EDITORA S.A.
Av. Jerônimo de Ornelas, 670 - Santana
90040-340 Porto Alegre RS
Fone (51) 3027-7000 Fax (51) 3027-7070

É proibida a duplicação ou reprodução deste volume, no todo ou em parte, sob quaisquer formas ou por quaisquer meios (eletrônico, mecânico, gravação, fotocópia, distribuição na Web e outros), sem permissão expressa da Editora.

SÃO PAULO
Av. Embaixador Macedo Soares, 10.735 - Pavilhão 5 - Cond. Espace Center
Vila Anastácio 05095-035 São Paulo SP
Fone (11) 3665-1100 Fax (11) 3667-1333

SAC 0800 703-3444

IMPRESSO NO BRASIL
PRINTED IN BRAZIL

Sumário

PRÓLOGO 9

1. A prática educativa: unidades de análise 13
   - Objetivo: melhorar a prática educativa 13
   - As variáveis que configuram a prática educativa 16
   - As seqüências didáticas e as demais variáveis
     metodológicas 18
   - As variáveis metodológicas da intervenção na aula 19
   - Os referenciais para a análise da prática 21
   - Breve resumo do livro 24
   - Referências bibliográficas 24

**2. A função social do ensino e a concepção sobre os processos
de aprendizagem: instrumentos de análise** 27
   - Função social do ensino: que finalidade deve ter o sistema
     educativo? 27
   - O papel dos objetivos educacionais 27
   - Os conteúdos de aprendizagem: instrumentos de
     explicitação das intenções educativas 29
   - Primeira conclusão do conhecimento dos processos de
     aprendizagem: a atenção à diversidade 33
   - O construtivismo: concepção sobre como se produzem os
     processos de aprendizagem 36
   - A aprendizagem dos conteúdos segundo sua tipologia 39
   - A aprendizagem dos conteúdos factuais 41
   - A aprendizagem dos conceitos e princípios 42
   - A aprendizagem dos conteúdos procedimentais 43
   - A aprendizagem dos conteúdos atitudinais 46
   - Referências bibliográficas 51

3. **As seqüências didáticas e as seqüências de conteúdo** 53
   – As seqüências de ensino/aprendizagem ou didáticas 53
   – Quatro unidades didáticas como exemplo 55
   – Critérios para a análise das seqüências: os conteúdos de
     aprendizagem como explicitação das intenções educativas 59
   – A concepção construtivista e a atenção à diversidade 63
   – As seqüências de conteúdo, outra unidade de análise 76
   – O ensino segundo as características tipológicas dos conteúdos .. 79
   – Referências bibliográficas 86

4. **As relações interativas em sala de aula: o papel dos professores e dos alunos** 89
   – As relações interativas 89
   – A influência da concepção construtivista na estruturação
     das interações educativas na aula 92
   – A influência dos tipos de conteúdos na estruturação das
     interações educativas na aula 104
   – Referências bibliográficas 109

5. **A organização social da classe** 111
   – O papel dos agrupamentos 111
   – Formas de agrupamento 112
   – Descrição e avaliação das diferentes formas de agrupamento 113
   – Distribuição do tempo e do espaço 130
   – Referências bibliográficas 136

6. **A organização dos conteúdos** 139
   – Propostas disciplinares, métodos globalizados e enfoque
     globalizador: diferentes formas de organizar os conteúdos 139
   – Como podem ser organizados os conteúdos? Que referencial
     pode ser utilizado? 141
   – Métodos globalizados 144
   – Análise das diferentes formas de organização dos
     conteúdos 155
   – O enfoque globalizador, uma resposta a necessidades
     variadas e inclusive contrapostas 160
   – Referências bibliográficas 165

7. **Os materiais curriculares e outros recursos didáticos** 167
   – O papel dos materiais curriculares 167
   – Os materiais curriculares nos processos de ensino/
     aprendizagem: materiais de aula e materiais para o aluno 169
   – Revisão conforme o suporte dos diferentes meios 179
   – Referências para análise e seleção dos materiais curriculares ... 186
   – Uma proposta de materiais curriculares para a escola 187
   – Referências bibliográficas 193

8. **A avaliação** 195
   – Por que se deve avaliar? Esclarecimentos prévios sobre a avaliação 195
   – Quem e o que se deve avaliar? Os sujeitos e os objetos da avaliação 197
   – Avaliação formativa: inicial, reguladora, final integradora 198
   – Conteúdos da avaliação: avaliação dos conteúdos conforme sua tipologia 202
   – Compartilhar objetivos, condição indispensável para uma avaliação formativa 209
   – A informação do conhecimento dos processos e os resultados da aprendizagem 210
   – Referências bibliográficas 221

   – EPÍLOGO 223

Prólogo

POR QUE ESTE LIVRO?

A interrogação que encabeça este livro não tem uma resposta simples. Existem muitos motivos para se escrever e, às vezes, aqueles que o autor tem e os que os leitores lhe atribuem não são coincidentes. Assim, é necessário deixar claro o que me levou a empreender esta aventura e, principalmente, é importante mencionar o que de modo algum pretendi, embora às vezes o tom categórico, ou no mínimo apaixonado, possa induzir a pensar o contrário.

Embora o título do livro seja *A prática educativa: como ensinar*, minha intenção não é, naturalmente, dizer a última palavra sobre o tema. Por outro lado, não acredito que nenhuma obra com tais características possa pretender isso. O campo da intervenção pedagógica é tão rico, tão complexo e tão dinâmico, que provoca a discussão e o debate entre posturas às vezes coincidentes, às vezes discrepantes. O livro pretende propor alguns critérios que contribuam para articular uma prática tão reflexiva e coerente como o permitam as condições presentes num determinado momento. Também quer oferecer elementos que possibilitem a análise dessas condições e, em caso de necessidade, que ajudem a modificá-las num sentido determinado.

Este não é um livro sobre técnicas de ensinar, tampouco quer se limitar ao enunciado de princípios gerais. Ambos os aspectos são importantes, mas o livro que você tem em mãos não pretende ser nem uma coisa nem outra. De fato, quer mostrar que a resolução dos problemas que a prática educativa coloca exige o uso de alguns referenciais que permitam interrogá-la, ao mesmo tempo que proporcionem os parâmetros para as decisões que devam ser tomadas. É um livro prático porque se ocupa dos problemas que a prática gera e porque os aborda desde certos marcos que, em minha opinião, ajudam a lhes dar o verdadeiro sentido que possuem; assim, também nos conscientizamos de sua importância, da transcendência de algumas opções, do papel que temos como pessoas que ensinam.

Em relação a esta última consideração, o livro parte da idéia segundo a qual os docentes, independentemente do nível em que trabalhem, são profissionais que devem diagnosticar o contexto de trabalho, tomar decisões, atuar e avaliar a pertinência das atuações, a fim de reconduzi-las no sentido adequado. Se não se aceita que a função docente implica essas e outras atribuições igualmente complexas, o discurso que se vai construindo nas páginas seguintes será totalmente incompreensível. Convencer da dificuldade da tarefa de ensinar é o que me levou a escrever este livro, e o que me moveu a lhe conferir um enfoque determinado é a certeza de que esta dificuldade não pode ser superada com respostas simples.

Quanto ao enfoque, de certa forma o livro poderia ser considerado um resumo, porque aparecem idéias gerais sobre algumas das variáveis que incidem no ensino que acaba se concretizando em sala de aula. Para tratar cada uma dessas variáveis com a profundidade aconselhável seria necessário um livro – na verdade uns quantos, porque também haveria diversas opções de análise.

A perspectiva que adotei apresenta alguns riscos indubitáveis. O mais importante deles consiste em que o tratamento que faço de determinados aspectos possa parecer superficial ou generalista. Contudo, trata-se de um risco assumido. No mundo do ensino, e certamente em muitos outros âmbitos, às vezes a análise muito precisa num aspecto concreto, à margem do contexto mais amplo e do conjunto de outros aspectos que o rodeiam, leva a adotar discursos e opções descontextualizados, pouco fundamentados desde um ponto de vista global e com pouca potencialidade como instrumento de compreensão e análise da realidade a que se referem. Para explicar tal aspecto com um ditado bem conhecido: às vezes as árvores não nos deixam ver a floresta. Neste livro quero falar da floresta, situando cada árvore no conjunto a que pertence e proporcionando instrumentos que nos ajudem a conhecer e, se for possível, a melhorar cada elemento, mas sem perder de vista que isso implica necessariamente o conhecimento e a otimização da floresta.

Também devo dizer que escrever um livro como este supôs, ao menos em parte, uma lição de humildade. No processo, a gente tem a sensação de que tudo já foi dito, de que não restam idéias novas, de que no máximo pode se aspirar a pô-las juntas de maneira coerente, analisá-las desde referenciais explícitos e de potencialidade reconhecida e atribuir-lhes, então, um significado peculiar. Para alguns isso talvez seja pouco – porque sempre esperam coisas novas e revolucionárias. Para outros, talvez seja demasiado – porque considerarão que minha interpretação talvez seja excessivamente original. De qualquer forma, você tem o resultado em suas mãos.

A sensação a que acabo de aludir teve algumas repercussões que afetam o livro. Você não encontrará nele muitas citações de autores; muitas das idéias que aparecem deveriam ser acompanhadas de um parêntese com um longa lista de nomes e datas, que evitei na maioria dos casos. Não se trata de um texto acadêmico e não me parece útil nem necessário proceder neste sentido. No entanto, espero ter sido suficientemente respeitoso e que este prólogo ajude a esclarecer minha postura. A bibliografia que aparece no final de cada capítulo não deve ser considerada de nenhum modo exaustiva; registra, entre os documentos que consultei, aqueles que por algum motivo me parecem mais interessantes, provocadores ou vantajosos em relação ao tema tratado.

Entretanto, há ainda um conjunto de questões que afeta o livro e que, contrariamente ao que poderia parecer, não é em absoluto formal. Devo manifestar que não fui capaz de encontrar uma forma cômoda de utilização do gênero gramatical; quer dizer, que reflita minha maneira de pensar sobre este tema e ao mesmo tempo seja cômoda para o leitor, isto é, que não contribua para uma leitura pesada devido à utilização constante dos dois gêneros. Tenho consciência de que não foi possível conciliar ambos os aspectos.

No livro se fala de professores em vez de mestres. Pessoalmente, isto me causa certo conflito, já que, em minha opinião, o segundo termo tem mais categoria e reflete melhor algumas conotações da finalidade da profissão, que sempre é educar e formar globalmente. No entanto, o objetivo de não impedir a identificação de qualquer docente, independentemente do nível ou etapa em que desempenhe sua tarefa, impulsionou-me a utilizar preferencialmente os termos professores e educadores. Num sentido similar é preciso interpretar minha opção de me referir aos meninos e meninas, os alunos e as alunas, em vez de falar de crianças.

Por outro lado, utilizei textos e artigos próprios que já havia publicado, em alguns casos de forma quase literal. Sempre considerei um artifício querer dizer com outras palavras o que já havia sido escrito e parecia razoavelmente correto, simplesmente por se tratar de um texto novo. Devo acrescentar que para mim o livro não tem muitos traços característicos de um trabalho inédito. De fato, registra um conjunto de preocupações, idéias, conflitos e também soluções que fui reunindo ao longo de muitos anos de trabalho educativo em diversos âmbitos.

Naturalmente, nem as idéias, nem as preocupações são um produto individual. O âmbito educativo exige a relação, a tarefa conjunta e o trabalho de equipe. Seria impossível para mim lembrar aqui todos aqueles com quem compartilhei e trabalhei e que tiveram um papel significativo em minha trajetória profissional. No entanto, também seria impossível para mim não manifestar meu agradecimento genérico aos centros educativos onde tive a oportunidade de trabalhar e discutir, onde pude ter contato com suas preocupações, interesses e dificuldades. Devo ainda lembrar aqui meus filhos que, entre muitas outras coisas, ensinaram-me a considerar aspectos difíceis de ver quando você está em sala de aula. Suas perguntas, suas queixas e seus comentários muitas vezes me levaram a questionar a viabilidade e a pertinência dos conteúdos, das propostas e das decisões que configuram o ensino.

Ao longo destes anos, o contato, às vezes esporádico, às vezes mais contínuo, com determinadas pessoas representou para mim um estímulo intelectual fundamental. Sempre foi um estímulo o trabalho cotidiano compartilhado com meus companheiros de GRAÓ, Gregori Casamayor, Rosa Guitart, Francesc Imbernón e Artur Parcerisa. Foi importante a estreita colaboração com Luís del Carmen durante uma longa temporada. Também o foi o fato de conhecer e compartilhar o trabalho com César Coll e seus colaboradores do Departamento de Psicologia Evolutiva e da Educação da Universidade de Barcelona. Por meio deste contato pude compreender e fundamentar muitas das idéias que defendia de uma maneira talvez mais intuitiva, o que reafirmou minha beligerância. O leitor tem este livro em suas mãos especialmente porque ainda acredito que é preciso ser beligerante.

1
A prática educativa: unidades de análise

OBJETIVO: MELHORAR A PRÁTICA EDUCATIVA

Um dos objetivos de qualquer bom profissional consiste em ser cada vez mais competente em seu ofício. Geralmente se consegue esta melhora profissional mediante o conhecimento e a experiência: o conhecimento das variáveis que intervêm na prática e a experiência para dominá-las. A experiência, a nossa e a dos outros professores. O conhecimento, aquele que provém da investigação, das experiências dos outros e de modelos, exemplos e propostas. Mas como podemos saber se estas experiências, modelos, exemplos e propostas são adequados? Quais são os critérios para avaliá-los? Talvez a resposta nos seja proporcionada pelos resultados educativos obtidos com os meninos e meninas. Mas isto basta? Porque, neste caso, a que resultados nos referimos? Aos mesmos para todos os alunos, independentemente do ponto de partida? E levando ou não em conta as condições em que nos encontramos e os meios de que dispomos?

Como outros profissionais, todos nós sabemos que entre as coisas que fazemos algumas estão muito bem feitas, outras são satisfatórias e algumas certamente podem ser melhoradas. O problema está na própria avaliação. Sabemos realmente o que é que fizemos muito bem, o que é satisfatório e o que pode melhorar? Estamos convencidos disso? Nossos colegas fariam a mesma avaliação? Ou, pelo contrário, aquilo que para nós está bastante bem para outra pessoa é discutível, e talvez aquilo de que estamos mais inseguros é plenamente satisfatório para outra pessoa?

Provavelmente a melhoria de nossa atividade profissional, como todas as demais, passa pela análise do que fazemos, de nossa prática e do contraste com outras práticas. Mas certamente a comparação com outros colegas não será suficiente. Assim, pois, frente a duas ou três posições antagônicas, ou simplesmente diferentes, necessitamos de critérios que nos permitam realizar uma avaliação racional e fundamentada.

Em outras profissões não se utiliza unicamente a experiência que dá a prática para a validação ou explicação das propostas. Por trás da decisão de um camponês sobre o tipo de adubos que utilizará, de um engenheiro sobre o material que empregará ou de um médico sobre o tratamento que receitará, não existe apenas uma confirmação na prática, nem se trata exclusivamente do resultado da experiência; todos estes profissionais dispõem, ou podem dispor, de argumentos que fundamentem suas decisões para além da prática. Existem determinados conhecimentos mais ou menos confiáveis, mais ou menos comparáveis empiricamente, mais ou menos aceitos pela comunidade profissional, que lhes permitem atuar com certa segurança. Conhecimentos e saber que lhes possibilitam dar explicações que não se limitam à descrição dos resultados: os adubos contêm substâncias x que ao reagir com substâncias z desencadeiam alguns processos que...; as características moleculares deste metal fazem com que a resistência à torção seja muito superior à do metal z e portanto...; os componentes x do medicamento z ajudarão na dilatação dos vasos sangüíneos produzindo um efeito que...

Nós, professores, dispomos destes conhecimentos? Ou, dito de outra forma, temos referenciais teóricos validados na prática que podem não apenas descrevê-la, como também explicá-la, e que nos ajudem a compreender os processos que se produzem nela? (Aliás, por que a nós, educadores, produz tanto respeito falar de teoria?). Certamente a resposta é afirmativa mas com certas características diferentes: na educação não existem marcos teóricos tão fiéis e comparados empiricamente como em muitas das outras profissões. Mas me parece que hoje em dia o problema não consiste em se temos ou não suficientes conhecimentos teóricos; a questão é se para desenvolver a docência é necessário dispor de modelos ou marcos interpretativos.

Alguns teóricos da educação, a partir da constatação da complexidade das variáveis que intervêm nos processos educativos, tanto em número como em grau de inter-relações que se estabelecem entre elas, afirmam a dificuldade de controlar esta prática de uma forma consciente. Na sala de aula acontecem muitas coisas ao mesmo tempo, rapidamente e de forma imprevista, e durante muito tempo, o que faz com que se considere difícil, quando não impossível, a tentativa de encontrar referências ou modelos para racionalizar a prática educativa.

Neste sentido, Elliot (1993) distingue duas formas muito diferentes de desenvolver esta prática:

a) O professor que empreende uma pesquisa sobre um problema prático, mudando sobre esta base algum aspecto de sua prática docente. Neste caso o desenvolvimento da compreensão precede a decisão de mudar as estratégias docentes.

b) O professor que modifica algum aspecto de sua prática docente como resposta a algum problema prático, depois de comprovar sua eficácia para resolvê-lo. Através da avaliação, a compreensão inicial do professor sobre o problema se transforma. Portanto, a decisão de adotar uma estratégia de mudança precede o desenvolvimento da compreensão. A ação inicia a reflexão.

Elliot considera que o primeiro tipo de professor constitui uma projeção das inclinações acadêmicas sobre o estudo do pensamento dos professores, que supõem que existe uma atuação racional na qual se selecionam ou escolhem as ações sobre a base de uma observação desvinculada e objetiva da situação; marco teórico em que pode se separar a investigação da prática. Para o autor, o segundo tipo representa com mais exatidão a lógica natural do pensamento prático.

Pessoalmente, penso que um debate sobre o grau de compreensão dos processos educativos, e sobretudo do caminho que segue ou tem que seguir qualquer educador para melhorar sua prática educativa, não pode ser muito diferente ao dos outros profissionais que se movem em campos de grande complexidade. Se entendemos que a melhora de qualquer das atuações humanas passa pelo conhecimento e pelo controle das variáveis que intervêm nelas, o fato de que os processos de ensino/aprendizagem sejam extremamente complexos – certamente mais complexos do que os de qualquer outra profissão – não impede, mas sim torna mais necessário, que nós, professores, disponhamos e utilizemos referenciais que nos ajudem a interpretar o que acontece em aula. Se dispomos de conhecimentos deste tipo, nós os utilizaremos previamente ao planejar, no próprio processo educativo, e, posteriormente, ao realizar uma avaliação do que aconteceu. A pouca experiência em seu uso consciente, a capacidade ou a incapacidade que se possa ter para orientar e interpretar, não é um fato inerente à profissão docente, mas o resultado de um modelo profissional que em geral evitou este tema, seja como resultado da história, seja da debilidade científica. Devemos reconhecer que isto nos impediu de dotarmo-nos dos meios necessários para movermo-nos numa cultura profissional baseada no pensamento estratégico, acima do simples aplicador de fórmulas herdadas da tradição ou da última moda.

Nosso argumento, e o deste livro, consiste em uma atuação profissional baseada no pensamento prático, mas com capacidade reflexiva. Sabemos muito pouco, sem dúvida, sobre os processos de ensino/aprendizagem, das variáveis que intervêm neles e de como se inter-relacionam. Os próprios efeitos educativos dependem da interação complexa de todos os fatores que se inter-relacionam nas situações de ensino: tipo de atividade metodológica, aspectos materiais da situação, estilo do professor, relações sociais, conteúdos culturais, etc. Evidentemente, nos movemos num âmbito no qual os modelos explicativos de causa-efeito são inviáveis. Certamente nosso marco de análise deve se configurar mediante modelos mais próximos à teoria do caos – em que a resposta aos mesmos estímulos nem sempre dá os mesmos resultados – do que a modelos mecanicistas. No entanto, em qualquer caso, o conhecimento que temos hoje em dia é suficiente, ao menos, para determinar que existem atuações, formas de intervenção, relações professor-aluno, materiais curriculares, instrumentos de avaliação, etc., que não são apropriados para o que pretendem.

Necessitamos de meios teóricos que contribuam para que a análise da prática seja verdadeiramente reflexiva. Determinados referenciais teóricos, entendidos como instrumentos conceituais extraídos do estudo empírico e da determinação ideológica, que permitam fundamentar nossa prática; dando pistas acerca dos critérios de análise e acerca da seleção das possíveis alternativas de mudança. Neste livro tentaremos concretizá-los em dois grandes referenciais: a *função social do ensino e o conhecimento do como se aprende*. Ambos como instrumentos teóricos facilitadores de critérios essencialmente práticos: existem modelos educativos que ensinam certas coisas e outros que ensinam outras, o que já é um dado importante. Existem atividades de ensino que contribuem para a aprendizagem, mas também existem atividades que não contribuem da mesma forma, o que é outro dado a ser levado em conta. Pois bem, estes dados, embora à primeira vista possam parecer insuficientes, vão nos permitir entender melhor a prática na sala de aula.

AS VARIÁVEIS QUE CONFIGURAM A PRÁTICA EDUCATIVA

Em primeiro lugar é preciso se referir àquilo que configura a prática. Os processos educativos são suficientemente complexos para que não seja fácil reconhecer todos os fatores que os definem. A estrutura da prática obedece a múltiplos determinantes, tem sua justificação em parâmetros institucionais, organizativos, tradições metodológicas, possibilidades reais dos professores, dos meios e condições físicas existentes, etc. Mas a prática é algo fluido, fugidio, difícil de limitar com coordenadas simples e, além do mais, complexa, já que nela se expressam múltiplos fatores, idéias, valores, hábitos pedagógicos, etc.

Os estudos da prática educativa a partir de posições analíticas destacaram numerosas variáveis e enfocaram aspectos muito concretos. De modo que, sob uma perspectiva positivista, buscaram-se explicações para cada uma destas variáveis, parcelando a realidade em aspectos que por si mesmos, e sem relação com os demais, deixam de ter significado ao perder o sentido unitário do processo de ensino/aprendizagem. Entender a intervenção pedagógica exige situar-se num modelo em que a aula se configura como um microssistema definido por determinados espaços, uma organização social, certas relações interativas, uma forma de distribuir o tempo, um determinado uso dos recursos didáticos, etc., onde os processos educativos se explicam como elementos estreitamente integrados neste sistema. Assim, pois, o que acontece na aula só pode ser examinado na própria interação de todos os elementos que nela intervêm.

Mas desde uma perspectiva dinâmica, e desde o ponto de vista dos professores, esta prática, se deve ser entendida como reflexiva, não pode se reduzir ao momento em que se produzem os processos educacionais na aula. A intervenção pedagógica tem um antes e um depois que constituem as peças substanciais em toda prática educacional. O *planejamento e a avaliação* dos processos educacionais são uma parte inseparável da atuação docente, já que o que acontece nas aulas, a própria intervenção pedagógica, nunca pode ser entendida sem uma análise que leve em conta as intenções, as previsões, as expectativas e a avaliação dos resultados. Por pouco explícitos que sejam os processos de planejamento prévio ou os de avaliação da intervenção pedagógica, esta não pode ser analisada sem ser observada dinamicamente desde um modelo de percepção da realidade da aula, onde estão estreitamente vinculados o planejamento, a aplicação e a avaliação.

Assim, pois, partindo desta visão processual da prática, em que estão estreitamente ligados o planejamento, a aplicação e a avaliação, teremos que delimitar a unidade de análise que representa este processo. Se examinamos uma das unidade mais elementares que constitui os processos de ensino/aprendizagem e que ao mesmo tempo possui em seu conjunto todas as variáveis que incidem nestes processos, veremos que se trata do que se denomina *atividade ou tarefa*. Assim, podemos considerar atividades, por exemplo: uma exposição, um debate, uma leitura, uma pesquisa bibliográfica, tomar notas, uma ação motivadora, uma observação, uma aplicação, um exercício, o estudo, etc. Desta maneira, podemos definir as atividades ou tarefas como uma unidade básica do processo de ensino/aprendizagem, cujas diversas variáveis apresentam estabilidade e diferenciação: determinadas relações interativas professor/alunos e alunos/alunos, uma organização grupal, determinados conteúdos de aprendizagem, certos recursos didáticos, uma distribuição do tempo e do espaço, um critério avaliador; tudo isto em torno de determinadas intenções educacionais, mais ou menos explícitas.

É esta unidade elementar que define as diferentes formas de intervenção pedagógica? É uma unidade suficiente? Sem dúvida, as atividades têm importância suficiente para proporcionar uma análise ilustrativa dos diferentes estilos pedagógicos, mas para o objetivo que nos propomos me parece insuficiente. As atividades, apesar de concentrarem a maioria das variáveis educativas que intervêm na aula, podem ter um valor ou outro segundo o lugar que ocupem quanto às outras atividades, as de antes e as de depois. É evidente que uma atividade, por exemplo, de estudo individual, terá uma posição educativa diferente em relação ao tipo de atividade anterior, por exemplo, uma exposição ou um trabalho de campo, uma leitura ou uma comunicação em grande grupo, uma pesquisa bibliográfica ou uma experimentação. Poderemos ver de que maneira a ordem e as relações que se estabelecem entre diferentes atividades determinam de maneira significativa o tipo e as características do ensino. Levando em conta o valor que as atividades adquirem quando as colocamos numa série ou seqüência significativa, é preciso ampliar esta unidade elementar e identificar, também, como nova unidade de análise, *as seqüências de atividades* ou seqüências didáticas como unidade preferencial para a análise da prática, que permitirá o estudo e a avaliação sob uma perspectiva processual, que inclua as fases de planejamento, aplicação e avaliação.

AS SEQÜÊNCIAS DIDÁTICAS E AS DEMAIS VARIÁVEIS METODOLÓGICAS

A maneira de configurar as seqüências de atividades é um dos traços mais claros que determinam as características diferenciais da prática educativa. Desde o modelo mais tradicional de "aula magistral" (com a seqüência: exposição, estudos sobre apontamentos ou manual, prova, qualificação) até o método de "projetos de trabalho global" (escolha do tema, planejamento, pesquisa e processamento da informa-ção, índice, dossiê de síntese, avaliação), podemos ver que todos têm como elementos identificadores as atividades que os compõem, mas que adquirem personalidade diferencial segundo o modo como se organizam e articulam em seqüências ordenadas.

Se realizamos uma análise destas seqüências buscando os elementos que as compõem, nos daremos conta de que são um *conjunto de atividades ordenadas, estruturadas e articuladas para a realização de certos objetivos educacionais, que têm um princípio e um fim conhecidos tanto pelos professores como pelos alunos.*

Ao longo deste livro utilizarei indistintamente os termos unidade didática, unidade de programação ou unidades de intervenção pedagógica para me referir às seqüências de atividades estruturadas para a realização de certos objetivos educacionais determinados. Estas unidades têm a virtude de manter o caráter unitário e reunir toda a complexidade da prática, ao mesmo tempo que são instrumentos que permitem incluir as três fases de toda intervenção reflexiva: planejamento, aplicação e avaliação.

Como vimos até agora, sistematizar os componentes da complexa prática educativa comporta um trabalho de esquematização das diferentes variáveis que nela intervêm, de forma que com esta intenção analítica e, portanto, de alguma maneira compartimentadora, podem se perder relações cruciais, traindo o sentido integral que qualquer intervenção pedagógica tem. Neste sentido – mesmo que nas atividades, e sobretudo nas unidades de intervenção, estejam incluídas todas as variáveis metodológicas – seria adequado identificá-las de forma que se pudesse efetuar a análise de cada uma delas em separado, mas levando em conta que sua avaliação não é possível se não forem examinadas em sua globalidade.

AS VARIÁVEIS METODOLÓGICAS DA INTERVENÇÃO NA AULA

Uma vez determinadas as unidades didáticas como unidades preferenciais de análise da prática educativa, é preciso buscar suas dimensões para poder analisar as características diferenciais em cada uma das diversas maneiras de ensinar. Tem havido várias maneiras de identificar as variáveis que configuram a prática; assim, Joyce e Weil (1985) utilizam quatro dimensões: sintaxe, sistema social, princípios de reação e sistema de apoio. Estes autores definem a sintaxe como as diferentes fases da intervenção, quer dizer, o conjunto de atividades seqüenciadas; o sistema social descreve os papéis dos professores e dos alunos e as relações e tipos de normas que prevalecem; os princípios de reação são regras para sintonizar com o aluno e selecionar respostas de acordo com suas ações; os sistemas de apoio descrevem as condições necessárias, tanto físicas como pessoais, para que exista a intervenção.

Tann (1990), ao descrever o modelo de trabalho por tópicos, identifica as seguintes dimensões: controle, conteúdos, contexto, objetivo/categoria, processos, apresentação/audiência e registros. Descreve o controle como o grau de participação dos alunos na definição do trabalho a ser realizado; o conteúdo, como a amplitude e profundidade do tema desenvolvido; o contexto se refere à forma como se agrupam os alunos em aula; o objetivo/categoria, ao sentido que se atribui ao trabalho e à temporalização que lhe é dada; o processo é o grau em que o estilo de ensino/aprendizagem está orientado desde um ponto de vista disciplinar ou de descobrimento e a natureza e variedade dos recursos empregados; os registros se referem ao tipo de materiais para a informação do trabalho desenvolvido e as aprendizagens realizadas pelos alunos.

Hans Aebli (1988), para descrever o que ele denomina as doze formas básicas de ensinar, identifica três dimensões: o meio do ensino/aprendizagem entre alunos e professor e matéria, que inclui as de narrar e referir, mostrar e imitar ou reproduzir, a observação comum dos objetos ou imagens, ler e escrever; a dimensão dos conteúdos de aprendizagem, onde distingue entre esquemas de ação, operações e conceitos; e a dimensão das funções no processo de aprendizagem, a construção através da solução de problemas, a elaboração, o exercício/repetição e a aplicação.

Levando em conta estes e outros autores mais próximos de nossa tradição, as dimensões ou variáveis que utilizarei ao longo deste livro para a descrição de qualquer proposta metodológica incluem, além de certas atividades ou tarefas determinadas, uma forma de agrupá-las em seqüências de atividades (aula expositiva, por descobrimento, por projetos...), determinadas relações e situações comunicativas que permitem identificar certos papéis concretos dos professores e alunos (diretivos, participativos, cooperativos...), certas formas de agrupamento ou organização social da aula (grande grupo, equipes fixas, grupos móveis...), uma maneira de distribuir o espaço e o tempo (cantos, oficinas, aulas por área...), um sistema de organização dos conteúdos (disciplinar, interdisciplinar, globalizador...), um uso dos materiais curriculares (livro-texto, ensino dirigido, fichas de autocorreção...) e um procedimento para a avaliação (de resultados, formativa, sancionadora...). Vamos examiná-las de novo situando-as na unidade didática:

- As *seqüências de atividades de ensino/aprendizagem*, ou seqüências didáticas, são uma maneira de encadear e articular as diferentes atividades ao longo de uma unidade didática. Assim, pois, poderemos analisar as diferentes formas de intervenção segundo as atividades que se realizam e, principalmente, pelo sentido que adquirem quanto a uma seqüência orientada para a realização de determinados objetivos educativos. As seqüências podem indicar a função que tem cada uma das atividades na construção do conhecimento ou da aprendizagem de diferentes conteúdos e, portanto, avaliar a pertinência ou não de cada uma delas, a falta de outras ou a ênfase que devemos lhes atribuir.
- O *papel dos professores e dos alunos* e, em resumo, das relações que se produzem na aula entre professor e alunos ou alunos e alunos, afeta o grau de comunicação e os vínculos afetivos que se estabelecem e que dão lugar a um determinado clima de convivência. Tipos de comunicações e vínculos que fazem com que a transmissão do conhecimento ou os modelos e as propostas didáticas estejam de acordo ou não com as necessidades de aprendizagem.
- A forma de estruturar os diferentes alunos e a dinâmica grupal que se estabelece configuram uma determinada *organização social da aula* em que os meninos e meninas convivem, trabalham e se relacionam segundo modelos nos quais o grande grupo ou os grupos fixos e variáveis permitem e contribuem de uma forma determinada para o trabalho coletivo e pessoal e sua formação.
- A *utilização dos espaços e do tempo*; como se concretizam as diferentes formas de ensinar usando um espaço mais ou menos rígido e onde o tempo é intocável ou permite uma utilização adaptável às diferentes necessidades educacionais.

- A maneira de *organizar os conteúdos* segundo uma lógica que provém da própria estrutura formal das disciplinas, ou conforme formas organizativas centradas em modelos globais ou integradores.
- A existência, as características e o uso dos *materiais curriculares* e outros recursos didáticos. O papel e a importância que adquirem, nas diferentes formas de intervenção, os diversos instrumentos para a comunicação da informação, para a ajuda nas exposições, para propor atividades, para a experimentação, para a elaboração e construção do conhecimento ou para o exercício e a aplicação.
- E, finalmente, *o sentido e o papel da avaliação*, entendida tanto no sentido mais restrito de controle dos resultados de aprendizagem conseguidos, como no de uma concepção global do processo de ensino/aprendizagem. Seja qual for o sentido que se adote, a avaliação sempre incide nas aprendizagens e, portanto, é uma peça-chave para determinar as características de qualquer metodologia. A maneira de avaliar os trabalhos, o tipo de desafios e ajudas que se propõem, as manifestações das expectativas depositadas, os comentários ao longo do processo, as avaliações informais sobre o trabalho que se realiza, a maneira de dispor ou distribuir os grupos, etc., são fatores estreitamente ligados à concepção que se tem da avaliação e que têm, embora muitas vezes de maneira implícita, uma forte carga educativa que a converte numa das variáveis metodológicas mais determinantes.

OS REFERENCIAIS PARA A ANÁLISE DA PRÁTICA

Anteriormente, comentava a necessidade de instrumentos teóricos que fizessem com que a análise da prática fosse realmente reflexiva e os resumia na *função social do ensino e no conhecimento do como se aprende*. Se temos presente que se denominaram fontes do currículo àqueles marcos que oferecem informação para a tomada de decisões sobre cada um dos âmbitos da intervenção educativa e nos quais podemos identificar a fonte sociológica ou sócio-antropológica, a fonte epistemológica, a fonte didática e a fonte psicológica, nos daremos conta de que nem todas elas se situam no mesmo plano. Existem diferentes graus de vinculação e dependência entre elas que nos permitem agrupá-las em dois grandes referenciais. Em primeiro lugar, e de maneira destacada, encontramos um referencial que está ligado ao sentido e ao papel da educação. É o que deve responder às perguntas: para que educar?; para que ensinar? Estas são as perguntas capitais. Sem elas nenhuma prática educativa se justifica. As finalidades, os propósitos, os objetivos gerais ou as intenções educacionais, ou como se queira chamar, constituem o ponto de partida primordial que determina, justifica e dá sentido à intervenção pedagógica. Assim, pois, a fonte sócio-antropológica – que em qualquer dos casos está determinada pela concepção ideológica da resposta à pergunta de para que educar ou ensinar – condiciona e delimita o papel e o sentido que terá a fonte epistemológica. Assim, seu papel não pode ser considerado no mesmo plano, senão que está determinado pelas finalidades que decorrem do papel que se tenha atribuído ao ensino. A função do saber, dos conhecimentos, das disciplinas e das matérias que decorrem da fonte epistemológica será de uma forma ou outra segundo as finalidades da educação, segundo o *sentido e a função social que se atribua ao ensino.*

Por outro lado, as outras duas fontes, a psicológica e a didática, também estão estreitamente inter-relacionadas, mas também em dois planos diferentes, já que dificilmente pode se responder à pergunta de como ensinar, objeto da didática, se não sabemos como as aprendizagens se produzem. A concepção que se tenha sobre a maneira de realizar os processos de aprendizagem constitui o ponto de partida para estabelecer os critérios que deverão nos permitir tomar as decisões em aula. No entanto, é preciso sempre ter presente que estas aprendizagens só se dão em situações de ensino mais ou menos explícitas ou intencionais, nas quais é impossível dissociar, na prática, os processos de aprendizagem dos de ensino. Nesta perspectiva integradora, o conhecimento, que provém da fonte psicológica, sobre os níveis de desenvolvimento, os estilos cognitivos, os ritmos de aprendizagem, as estratégias de aprendizagem, etc., é essencial para precisar as referências que se devem levar em conta ao tomar as decisões didáticas. Assim, pois, o outro referencial para a análise da prática será o que é determinado pela *concepção que se tem dos processos de ensino/aprendizagem.*

No Quadro 1.1 podemos situar os diferentes elementos que utilizamos até agora para a análise da prática. Podem se observar, em primeiro lugar, os dois referenciais enunciados e como se concretizam em conteúdos de aprendizagem e certos critérios de ensino que são os que, de forma combinada, incidem nas características que haveriam de adotar as variáveis metodológicas numa *proposta de intervenção ideal.* De certo modo, teríamos as condições da prática educativa a partir de um *modelo teórico* que não leva em conta o contexto educacional em que deve se desenvolver a prática. É neste primeiro nível que aparecem as propostas metodológicas gerais, os métodos teóricos de forma padronizada. A seguir situamos a realidade do contexto educacional em que há de se efetivar a intervenção e, portanto, uma série de condicionantes que impedem, dificultam ou delimitam o desenvolvimento ideal segundo o modelo teórico. Os espaços e a estrutura da escola, as características dos alunos e sua proporção por aula, as pressões sociais, os recursos disponíveis, a trajetória profissional dos professores, as ajudas externas, etc., são condicionantes que incidem na aula de tal maneira que dificultam, quando não impossibilitam, a realização dos objetivos estabelecidos no modelo teórico. Neste esquema a prática educativa pode ser interpretada não apenas a partir do que não se faz com relação a um modelo teórico, mas também como o resultado da adaptação às possibilidades reais do meio em que se realiza. A prática na aula, marcada por estes condicionantes, não é o resultado de uma decisão firme sobre as finalidades do ensino e segundo uma concepção determinada dos processos de ensino/aprendizagem, mas corresponde àquilo que pode se fazer levando em conta a globalidade do contexto educacional em que se desenvolve a prática educativa.

No entanto, é freqüente encontrar argumentos dos professores sobre a impossibilidade de realizar mudanças em alguma das variáveis metodológicas, seja a distribuição do tempo, os agrupamentos, seja a avaliação. Estes argumentos se apóiam numa desvalorização dos referenciais teóricos que aconselhariam estas mudanças. Esta forma de atuar, que evita considerar os condicionantes contextuais que impedem a mudança, se converte numa renúncia implícita para questionar as condições que o tornam inviável. Nega-se a finalidade do ensino ou a concepção psicopedagógica em vez de identificar claramente quais são os motivos que dificultam a mudança. Ao longo dos diferentes capítulos que configuram este livro faremos um exame das diversas variáveis metodológicas, estabelecendo os vínculos entre os diferentes valores que podem adotar e os referenciais a que aludimos.

Quadro 1.1

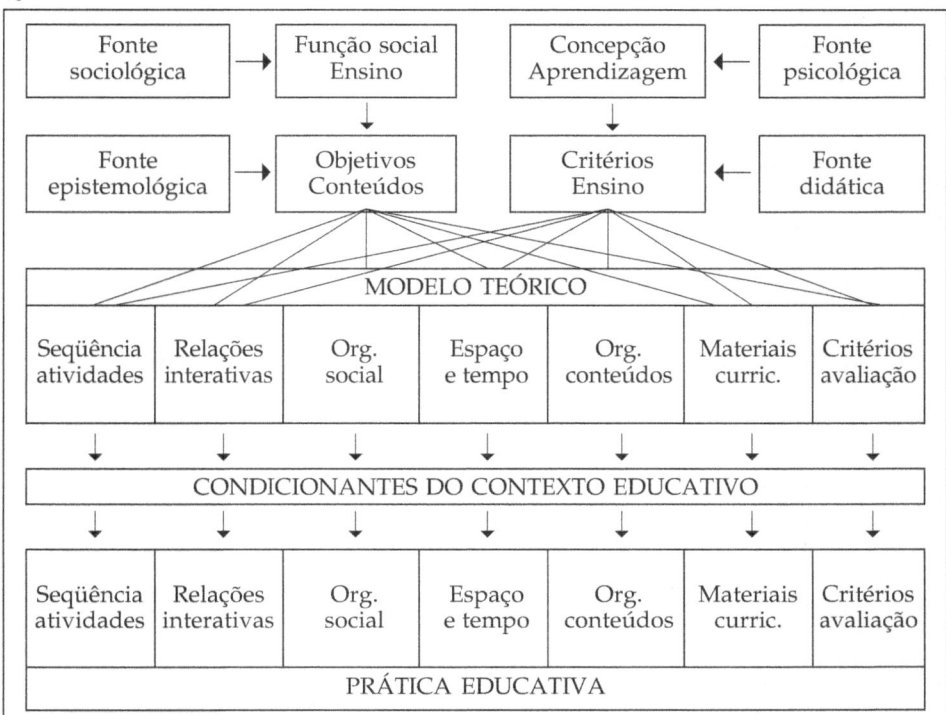

BREVE RESUMO DO LIVRO

A finalidade deste livro consiste em oferecer determinados instrumentos que nos ajudem a interpretar o que acontece na aula, conhecer melhor o que pode se fazer e o que foge a nossas possibilidades; saber que medidas podemos tomar para recuperar o que funciona e generalizá-lo, assim como para revisar o que não está tão claro. Talvez o caminho que proponho não seja o mais simples nem o mais direto, porque tenta fundamentar e proporcionar critérios e argumentos para conhecer e analisar o que fazemos; só se o conhecemos podemos compartilhá-lo e melhorá-lo para oferecer um ensino de qualidade capaz de promover a aprendizagem de nossos alunos.

Após dois capítulos dedicados a descrever e discernir a utilidade dos referenciais que podem contribuir para a análise da prática educativa, o livro enfoca as variáveis que tradicionalmente foram utilizadas para interpretá-la: as relações interativas (cap. 4); a organização social da aula, o tempo e o espaço (cap. 5); a organização dos conteúdos (cap. 6); os materiais curriculares e os recursos didáticos (cap. 7) e a avaliação (cap. 8).

REFERÊNCIAS BIBLIOGRÁFICAS

AEBLI, H. (1988): *12 formas básicas de enseñar*. Madri. Narcea.
CARR, W. e KEMMIS, S. (1988): *Teoría crítica de la enseñanza. La investigación en la formación del profesorado*. Barcelona. Martínez Roca.
ARAÚJO, J.; CHADWICK, C. B. (1988): *Tecnología educacional. Teorías de la instrucción*. Barcelona. Paidos.
DEL CARMEN, L. (1993): *La planificació de cicle i curs*. Barcelona. ICE UB/Graó. (MIE-Materials Curriculars, 4).
ELLIOT, J. (1990): *La investigación-acción en educación*. Madri. Morata.
ELLIOT, J. (1993): *El cambio educativo desde la investigación-acción*. Madri. Morata, pp. 37-38.
ESCAMILLA, A. (1993): *Unidades didácticas: una propuesta de trabajo en el aula*. Zaragoza. Edelvives.
GIMENO, J. (1986): *Teoría de la enseñanza y desarrollo del currículo*. Madri. Anaya.
GIMENO, J. (1989): *El currículum: una reflexión sobre la práctica*. Madri. Morata.
GIROUX, H. (1990): *Los profesores como intectuales. Hacia una pedagía crítica del aprendizaje*. Barcelona. Paidos/MEC.
IMBERNÓN, F. (1991): "¿Podemos hablar de Freinet en los noventa?" em: *Cuadernos de Pedagogía*, 190, pp. 48-50.
JACKSON, O. (1991): *La vida en las aulas*. Madri. Morata-Paideia.
JOYCE, B.; WEIL, M. (1985): *Modelos de enseñanza*. Madri. Anaya. "La programación didáctica" (1992) em: *Aula de Innovación Educativa*, 1, Monografia.

PALACIOS, J. (1978): *La cuestión escolar*. Barcelona. Laia.
PÉREZ, A. I. (1992): "La función y formación del profesor/a en la enseñanza para la comprensión. Diferentes perspectivas" em: J. GIMENO; A. I. PÉREZ: *Comprender y transformar la enseñanza*. Madri. Morata, pp. 398-429.
TORRES SANTOMÉ, J. (1991): *El currículum oculto*. Madri. Morata.
SANCHO, J. M. (1990): *Los profesores y el currículum*. Barcelona. ICE UB/Horsori.
SCHON, D. (1992): *La formación de prefesionales reflexivos*. Barcelona. Paidos.
STENHOUSE, L. (1984): *Investigación y desarrollo del currículum*. Madri. Morata.
TANN, C. S. (1990): *Diseño y desarrollo de unidades didácticas en la escuela primaria*. Madri. MEC-Morata.
ZABALZA, M. A. (1987): *Diseño y desarrollo curricular*. Madri. Narcea.

2
A função social do ensino e a concepção sobre os processos de aprendizagem: instrumentos de análise

FUNÇÃO SOCIAL DO ENSINO: QUE FINALIDADE DEVE TER O SISTEMA EDUCATIVO?

Por trás de qualquer proposta metodológica se esconde uma concepção do valor que se atribui ao ensino, assim como certas idéias mais ou menos formalizadas e explícitas em relação aos processos de ensinar e aprender.

De maneira esquemática, e tomando como base o ensino público na Espanha durante este século, poderíamos considerar que além das grandes declarações de princípios, a função fundamental que a sociedade atribuiu à educação tem sido a de *selecionar* os melhores em relação à sua capacidade para seguir uma carreira universitária ou para obter qualquer outro título de prestígio reconhecido. O que tem justificado a maioria dos esforços educacionais e a valorização de determinadas aprendizagens acima de outras tem sido a potencialidade que lhes é atribuída para alcançar certos *objetivos propedêuticos*, quer dizer, determinados por seu valor a longo prazo e quanto a uma capacitação profissional, subvalorando, deste modo, o valor formativo dos processos que os meninos e as meninas seguem ao longo da escolarização.

Por acaso o papel da escola deve ser exclusivamente seletivo e propedêutico? Ou deve cumprir outras funções? Não há dúvida de que esta é a primeira pergunta que temos que nos colocar. Quais são nossas intenções educacionais? O que pretendemos que nossos alunos consigam?

O PAPEL DOS OBJETIVOS EDUCACIONAIS

Um modo de determinar os objetivos ou finalidades da educação consiste em fazê-lo em relação às capacidades que se pretende desenvolver nos alunos. Existem diferentes formas de classificar as capacidades do ser humano (Bloom, Gagné, Tyler). A proposta por C. Coll (1986) – que estabelece um agrupamento em capacidades cognitivas ou intelectuais, motoras, de equilíbrio e autonomia pessoal (afetivas), de relação interpessoal e de inserção e atuação social – tem a vantagem, em minha opinião, de não atomizar excessivamente o que, sem dúvida, se encontra fortemente inter-relacionado, ao mesmo tempo que mostra a indissociabilidade, no desenvolvimento pessoal, das relações que se estabelecem com os outros e com a realidade social. Se tomamos como referência estes diferentes tipos de capacidades, a pergunta acerca das intenções educacionais pode se resumir no tipo de capacidades que o sistema educativo deve levar em conta. Até hoje, o papel atribuído ao ensino tem priorizado as capacidades cognitivas, mas nem todas, e sim aquelas que se tem considerado mais relevantes e que, como sabemos, correspondem à aprendizagem das disciplinas ou matérias tradicionais. Na atualidade, devemos considerar que a escola também deve se ocupar das demais capacidades, ou esta tarefa corresponde exclusivamente à família ou a outras instâncias? Por acaso é dever da sociedade e do sistema educacional atender todas as capacidades da pessoa? Se a resposta é afirmativa e, portanto, achamos que a escola deve promover a *formação integral* dos meninos e meninas, é preciso definir imediatamente este princípio geral, respondendo ao que devemos entender por autonomia e equilíbrio pessoal, o tipo de relações interpessoais a que nos referimos e o que queremos dizer quando nos referimos à atuação ou inserção social.

A resposta a estas perguntas é chave para determinar qualquer atuação educacional, já que, explicite-se ou não, sempre será o resultado de uma maneira determinada de entender a sociedade e o papel que as pessoas têm nela. Educar quer dizer formar cidadãos e cidadãs, que não estão parcelados em compartimentos estanques, em capacidades isoladas. Quando se tenta potencializar certo tipo de capacidades cognitivas, ao mesmo tempo se está influindo nas demais capacidades, mesmo que negativamente. A capacidade de uma pessoa para se relacionar depende das experiências que vive, e as instituições educacionais são um dos lugares preferenciais, nesta época, para se estabelecer vínculos e relações que condicionam e definem as próprias concepções pessoais sobre si mesmo e sobre os demais. A posição dos adultos frente à vida e às imagens que oferecemos aos mais jovens, a forma de estabelecer as comunicações na aula, o tipo de regras de jogo e de convivência incidem em todas as capacidades da pessoa.

Nós, os professores, podemos desenvolver a atividade profissional sem nos colocar o sentido profundo das experiências que propomos e podemos nos deixar levar pela inércia ou pela tradição. Ou podemos tentar compreender a influência que estas experiências têm e intervir para que sejam o mais benéficas possível para o desenvolvimento e o amadurecimento dos meninos e meninas. Mas, de qualquer forma, ter um conhecimento rigoroso de nossa tarefa implica saber identificar os fatores que incidem no crescimento dos alunos. O segundo passo consistirá em aceitar ou não o papel que podemos ter neste crescimento e avaliar se nossa intervenção é coerente com a idéia que temos da função da escola e, portanto, de nossa função social como educadores.

Convém se dar conta de que esta determinação não é simples, já que por trás de qualquer intervenção pedagógica consciente se escondem uma análise sociológica e uma tomada de posição que sempre é ideológica. As razões que justificam a resposta à pergunta de quais serão as necessidades de todo tipo que terão nossos alunos quando forem adultos, ou seja, em pleno século XXI, e a avaliação das capacidades que se terá que potencializar para que possam superar os problemas e os empecilhos que surgirão em todos os campos (pessoal, social e profissional) não apenas estão sujeitas a uma análise prospectiva, como principalmente à consideração do papel que deverão ter na sociedade como membros ativos e co-partícipes em sua configuração. Aqui é onde surge a necessidade de uma reflexão profunda e permanente quanto à condição de cidadão e cidadã e quanto às características da sociedade em que irão viver. E isto significa situar-se ideologicamente.

É preciso insistir que tudo quanto fazemos em aula, por menor que seja, incide em maior ou menor grau na formação de nossos alunos. A maneira de organizar a aula, o tipo de incentivos, as expectativas que depositamos, os materiais que utilizamos, cada uma destas decisões veicula determinadas experiências educativas, e é possível que nem sempre estejam em consonância com o pensamento que temos a respeito do sentido e do papel que hoje em dia tem a educação.

OS CONTEÚDOS DE APRENDIZAGEM: INSTRUMENTOS DE EXPLICITAÇÃO DAS INTENÇÕES EDUCATIVAS

Como dissemos, a determinação das finalidades ou objetivos da educação, sejam explícitos ou não, é o ponto de partida de qualquer análise da prática. É impossível avaliar o que acontece na aula se não conhecemos o sentido último do que ali se faz. Mas, ao mesmo tempo, as intenções educacionais são tão globais e gerais que dificilmente podem ser instrumentos de atuação prática no âmbito tão concreto da sala de aula. Os grandes propósitos estabelecidos nos objetivos educacionais são imprescindíveis e também úteis para realizar a análise global do processo educacional ao longo de toda uma série e, sem dúvida, durante todo um ciclo ou uma etapa. Mas quando nos situamos no âmbito da aula, e concretamente, numa unidade de análise válida para entender a prática que nela acontece, temos que buscar alguns instrumentos mais definidos. À resposta à pergunta "por que ensinar?" devemos acrescentar a resposta a "o que ensinamos?", como uma questão mais acessível neste âmbito concreto de intervenção. Os conteúdos de aprendizagem são o termo genérico que define esta pergunta, mas convém refletir e fazer alguns comentários a respeito.

O termo "conteúdos" normalmente foi utilizado para expressar aquilo que deve se aprender, mas em relação quase exclusiva aos conhecimentos das matérias ou disciplinas clássicas e, habitualmente, para aludir àqueles que se expressam no conhecimento de nomes, conceitos, princípios, enunciados e teoremas. Assim, pois, se diz que uma matéria está muito carregada de conteúdos ou que um livro não tem muitos conteúdos, fazendo alusão a este tipo de conhecimentos. Este sentido, estritamente disciplinar e de caráter cognitivo, geralmente também tem sido utilizado na avaliação do papel que os conteúdos devem ter no ensino, de forma que nas concepções que entendem a educação como formação integral se tem criticado o uso dos conteúdos como única forma de definir as intenções educacionais. Devemos nos desprender desta leitura restrita do termo "conteúdo" e entendê-lo como tudo quanto se tem que aprender para alcançar determinados objetivos que não apenas abrangem as capacidades cognitivas, como também incluem as demais capacidades. Deste modo, os conteúdos de aprendizagem não se reduzem unicamente às contribuições das disciplinas ou matérias tradicionais. Portanto, também serão conteúdos de aprendizagem todos aqueles que possibilitem o desenvolvimento das capacidades motoras, afetivas, de relação interpessoal e de inserção social.

Assim, pois, será possível pôr sobre o papel o que se tem denominado currículo oculto, quer dizer, aquelas aprendizagens que se realizam na escola mas que nunca apareceram de forma explícita nos planos de ensino. Como estes planos têm se centrado nas disciplinas ou matérias, tudo aquilo que indubitavelmente se aprende na escola, mas que não se pode classificar nos compartimentos das disciplinas, não tem aparecido e tampouco tem sido objeto de avaliações explícitas. Optar por uma definição de conteúdos de aprendizagem ampla, não-restrita aos conteúdos disciplinares, permite que este currículo oculto possa se tornar manifesto e que possa se avaliar sua pertinência como conteúdo expresso de aprendizagem e de ensino.

Portanto, ao responder à pergunta "o que deve se aprender?" deveremos falar de conteúdos de natureza muito variada: dados, habilidades, técnicas, atitudes, conceitos, etc. Das diferentes formas de classificar esta diversidade de conteúdos, Coll (1986) propõe uma que, como veremos, tem uma grande potencialidade explicativa dos fenômenos educativos. Este autor agrupa os conteúdos segundo sejam conceituais, procedimentais ou atitudinais. Esta classificação corresponde respectivamente às perguntas "o que se deve saber?", "o que se deve saber fazer?" e "como se deve ser?", com o fim de alcançar as capacidades propostas nas finalidades educacionais.

Se examinamos a resposta tradicional sobre o papel do ensino e utilizamos os diferentes tipos de conteúdos como instrumentos descritivos do modelo propedêutico que propõe, poderemos ver que é fácil efetuar uma descrição bastante precisa e que vai além das definições genéricas. As perguntas para defini-lo se resumiriam no que é preciso *saber, saber fazer e ser* neste modelo. Certamente, a resposta afirmará que – pensemos na maioria dos conteúdos dos exames e, concretamente, das provas de seleção – acima de tudo é preciso "saber", que se necessita de um pouco "saber fazer" e que não é muito necessário "ser"; quer dizer, muitos conteúdos conceituais, alguns conteúdos procedimentais e poucos conteúdos atitudinais. Mas isto, inclusive neste modelo, não é assim em todos os níveis de escolarização, nem em todas as escolas, nem para todos os professores. Vejamos como podemos utilizar a diferenciação dos conteúdos segundo a tipologia conceitual, procedimental ou atitudinal para fazer uma primeira aproximação às características diferenciais dos ciclos e das etapas do sistema educacional vigente até agora. Tente responder ao Quadro 2.1 atribuindo uma porcentagem segundo a importância de cada um dos diferentes tipos de conteúdos em cada um dos níveis ou modalidade*.

Quadro 2.1

Conteúdos	Educ. Inf.	Ens. Fund.	Ens. Médio	Ens. Sup.	*Bachillerato***	Formação Profis.
Conceituais	%	%	%	%	%	%
Procedimentais	%	%	%	%	%	%
Atitudinais	%	%	%	%	%	%
	100%	100%	100%	100%	100%	100%

Certamente, a distribuição da importância relativa dos distintos conteúdos não é a mesma em cada um dos diferentes períodos. O mais provável é que nos cursos iniciais exista uma distribuição mais equilibrada dos diversos conteúdos, ou que se dê prioridade aos procedimentais e atitudinais acima dos conceituais, e que à medida que vai se

---

*N. de R.T. No original, aparecem os níveis e etapas do sistema educacional espanhol. Com o intuito de que o leitor possa fazer a tarefa proposta pelo autor, apresentamos as etapas da educação Básica so sistema brasileiro, assim como a modalidade Educação Profissional.
**N. de R.T. *Bachillerato*: o sistema educacional espanhol inclui o *Bachillerato* como uma etapa do ensino que se situa entre a educação secundária e a universidade.

avançando nos níveis de escolarização se incremente o peso dos conteúdos conceituais em detrimento dos procedimentais e atitudinais.

Mas se a importância relativa dos diferentes tipos de conteúdos nos serve para descrever melhor as diferenças entre os diversos níveis do ensino, também é um meio que permite entender a própria posição e a de nossos companheiros e companheiras em relação à importância que atribuímos a cada um dos conteúdos, de tal forma que nos é possível interpretar com mais fidelidade as diferenças pessoais a respeito da concepção que cada um tem do papel que o ensino deve desempenhar. É evidente que se trata de uma primeira aproximação na qual não consta que conteúdos seriam trabalhados em cada uma das células; as diferenças que possamos encontrar se referem unicamente à importância de alguns conteúdos frente aos outros. Mas esta comparação ainda será mais conclusiva (Quadro 2.2) quando analisarmos e compararmos quais são os conteúdos conceituais, procedimentais e atitudinais objeto concreto da aprendizagem. Este quadro também nos permite, por exemplo, comparar as diferenças entre a maneira de entender o ensino de dois professores, a postura de duas escolas ou a tendência de dois livros didáticos.

Quadro 2.2

CONTEÚDOS	Prof. A		Prof. B		Escola A		Escola B		Livro A		Livro B	
Conceituais												
Fatos	%	lista A	%	lista B	%	lista A	%	lista B	%	lista A	%	lista B
Conceitos	%	lista A	%	lista B	%	lista A	%	lista B	%	lista A	%	lista B
Princípios	%	lista A	%	lista B	%	lista A	%	lista B	%	lista A	%	lista B
Procedimentais												
Procedimentos	%	lista A	%	lista B	%	lista A	%	lista B	%	lista A	%	lista B
Técnicas	%	lista A	%	lista B	%	lista A	%	lista B	%	lista A	%	lista B
Métodos	%	lista A	%	lista B	%	lista A	%	lista B	%	lista A	%	lista B
Atitudinais												
Valores	%	lista A	%	lista B	%	lista A	%	lista B	%	lista A	%	lista B
Atitudes	%	lista A	%	lista B	%	lista A	%	lista B	%	lista A	%	lista B
Normas	%	lista A	%	lista B	%	lista A	%	lista B	%	lista A	%	lista B

Desta maneira, a tipologia de conteúdos pode nos servir de instrumento para definir as diferentes posições sobre o papel que deve ter o ensino. Portanto, num ensino que propõe a formação integral a presença dos diferentes tipos de conteúdos estará equilibrada; por outro lado, um ensino que defende a função propedêutica universitária priorizará os conceituais.

A discriminação tipológica dos conteúdos e a importância que lhes é atribuída nas diferentes propostas educacionais nos permitem conhecer aquilo que se trabalha ou aquilo que se pretende trabalhar. Se analisamos uma unidade didática, poderemos conhecer os conteúdos que são trabalhados, pelo que poderemos avaliar se o que se faz está de acordo com o que se pretende nos objetivos; e também poderemos avaliar se os conteúdos que se trabalham são coerentes com nossas intenções educacionais. Para efetuar uma avaliação completa da unidade didática não basta estudar a pertinência dos conteúdos, é necessário verificar se as atividades propostas na unidade são suficientes e necessárias para alcançar os objetivos previstos. A questão que se coloca agora consiste em saber se aqueles conteúdos que se trabalham realmente são aprendidos. Aqui é onde devemos situar o outro referencial de análise: a concepção da aprendizagem.

PRIMEIRA CONCLUSÃO DO CONHECIMENTO DOS PROCESSOS DE APRENDIZAGEM: A ATENÇÃO À DIVERSIDADE

Durante este século, os marcos teóricos que buscam explicar os processos de ensino/aprendizagem têm seguido trajetórias paralelas, de forma que atualmente não existe uma única corrente de interpretação destes processos. Esta falta de acordo ou consenso científico levou a que muitos educadores menosprezassem a informação que os estudos de psicologia da aprendizagem lhes oferecem. Esta desconfiança, justificada por argumentos de falta de rigor ou da própria falta de acordo, semeou o ceticismo a respeito das contribuições desta ciência, fato que implicou, na prática, a manutenção de formas tradicionais de atuação na aula. O aparente paradoxo encontra-se no fato de que a desconfiança pelas contribuições da psicologia da aprendizagem não sustenta a não-utilização de concepções sobre a maneira de aprender. Aqui é onde aparece a contradição – não é possível ensinar nada sem partir de uma idéia de como as aprendizagens se produzem. Não se presta atenção às contribuições das teorias sobre como se aprende, mas em troca se utiliza uma determinada concepção. Quando se explica de certa maneira, quando se exige um estudo concreto, quando se propõe uma série de conteúdos, quando se pedem determinados exercícios, quando se ordenam as atividades de certa maneira, etc., por trás destas decisões se esconde uma idéia sobre como se produzem as aprendizagens. O mais extraordinário de tudo é a inconsciência ou o desconhecimento do fato de que quando não se utiliza um modelo teórico explícito também se atua sob um marco teórico. De certo modo, acontece o mesmo que apontamos ao nos referir à função social do ensino: o fato de que não se explicite não quer dizer que não exista. Por trás de qualquer prática educativa sempre há uma resposta a "por que ensinamos" e "como se aprende".

Pois bem, se partimos do fato de que nossa atuação é inerente a uma determinada concepção, será lógico que esteja o mais fundamentada possível. Faz mais de cem anos que existem estudos e trabalhos experimentais sobre os processos de aprendizagem; nosso conhecimento do tema é suficientemente exaustivo e profundo para podermos estar seguros de muitas coisas. O fato de que não exista uma única corrente psicológica, nem consenso entre as diversas correntes existentes, não pode nos fazer perder de vista que há uma série de princípios nos quais as diferentes correntes estão de acordo: as aprendizagens dependem das características singulares de cada um dos aprendizes; correspondem, em grande parte, às experiências que cada um viveu desde o nascimento; a forma como se aprende e o ritmo da aprendizagem variam segundo as capacidades, motivações e interesses de cada um dos meninos e meninas; enfim, a maneira e a forma como se produzem as aprendizagens são o resultado de processos que sempre são singulares e pessoais. São acordos ou conclusões que todos nós, educadores, constatamos em nossa prática e que, diríamos, praticamente são senso comum. Deles decorre um enfoque pedagógico que deve observar a *atenção à diversidade* dos alunos como eixo estruturador. E aqui parece outro paradoxo. Usamos esta interpretação dos processos de aprendizagem em alguns casos, mas a esquecemos em muitas outras ocasiões.

Darei um exemplo. Imaginemos que somos professoras e professores de educação física e que alguém nos pergunta que altura deve saltar um menino ou uma menina de 14 anos que está no segundo ano do ensino médio. Certamente mostraremos certa surpresa frente ao absurdo aparente da pergunta, já que todos teremos pensado imediatamente que a altura a ser saltada *dependerá* de cada menino ou menina. Portanto, responderemos que está em função de suas *capacidades* (físicas e afetivas: compleição, força, interesse, etc.) e de seu treinamento, quer dizer, de *suas aprendizagens prévias*. Isto fará com que situemos a barreira para cada um segundo suas possibilidades reais, de forma que para quem salta 90 cm colocaremos a barreira a 95, e para quem salta 120, a 125. Em todos os casos, superar a barreira constituirá um desafio, mas um desafio acessível com nossa colaboração, um desafio que ajude a melhorar o aluno. Neste caso, consideramos lógico que para que os alunos progridam será inútil colocar a barreira na mesma altura para todos, já que para alguns será tão fácil que não os obrigará a realizar o esforço necessário para melhorar, enquanto que para outros a barreira estará tão alta que nem sequer tentarão ultrapassá-la e, portanto, não lhes ajudaremos a avançar.

Utilizamos um critério para estabelecer o nível, quer dizer, o grau de aprendizagem segundo as capacidades e os conhecimentos prévios de cada menino e menina. E esta proposição, útil para determinar o nível, marcará também a forma de ensinar, como veremos.

Imaginemos agora que como professores de educação física temos que trabalhar a cambalhota. É óbvio que não nos ocorrerá colocar todos os alunos em fila diante de um enorme colchonete que vai de um extremo a outro do ginásio e lhes dizer num tom sabichão e com voz contundente: "Agora faremos uma cambalhota. A cambalhota consiste na rotação do corpo humano em relação a um eixo horizontal que passa mais ou menos pelo umbigo, de forma que com um impulso das extremidades inferiores nos deslocaremos desde este ponto, A, até este outro ponto, B. Como sou um professor ativo, vou lhes demonstrar. Viram como tem que se fazer? Agora, quando eu contar três, façam todos a cambalhota. Um, dois e três... Muito bem, João, um 10; você, Pedro, um 8; Carmen, um 9; Enrique, muito ruim, um 3; etc."

Em vez disto, utilizaremos apenas um colchonete, colocaremos os alunos em fila indiana, um atrás do outro, e lhes pediremos que façam a cambalhota um por um. A cada aluno exigiremos um grau diferente de execução do exercício e lhe ofereceremos um tipo diferente de ajuda. Se Juana é muito flexível e tem destreza, diremos: "Juana, os braços bem esticados, as pernas bem juntas e que a cabeça não toque o chão." Como esta aluna, apesar de ter feito bastante bem a cambalhota, deslocou ligeiramente as pernas, diremos: "Não colocou bem as pernas. Você deve prestar mais atenção."

Por outro lado, quando for a vez de Pablo, um menino gordinho e pouco ágil, diremos: "Vamos, Pablo, você pode fazer. Vamos lá!" E enquanto faz a cambalhota, ajudaremos, pegando-o pelas pernas, para que acabe de virar. Ao concluir, embora não tenha se saído muito bem, certamente faremos um comentário como por exemplo: "Muito bem, Pablo, é isso aí!"

Em cada caso utilizamos uma forma de ensinar adequada às necessidades do aluno. Segundo as características de cada um dos meninos e meninas, estabelecemos um tipo de atividade que constitui um *desafio alcançável*, mas um verdadeiro desafio e, depois, lhes oferecemos a *ajuda necessária* para superá-lo. No final, fizemos uma avaliação que contribui para que cada um deles *mantenha o interesse* em seguir trabalhando.

Podemos observar que se trata de uma forma de intervenção extremamente complexa, com uma autêntica *atenção à diversidade*, que implicou estabelecer níveis, desafios, ajudas e avaliações apropriados às características pessoais de cada menino e menina.

O que acontece se em vez de pensar numa atividade de educação física nos situamos nas áreas de língua, matemática ou física? Se fazemos uma pergunta similar à do salto em altura e indagamos o que um menino ou uma menina de 14 anos tem de saber sobre morfossintaxe, funções matemáticas ou eletricidade, o mais normal é que não duvidemos nem um segundo e respondamos: "Na segunda série tem que saber..." Se não fosse o fato de termos aprendido e vivido com este modelo e, portanto, estarmos acostumados a ele, poderia parecer que nos achamos numa situação paradoxal. Por um lado, quando o conteúdo de aprendizagem se refere a algo que pode ser visto, como acontece no caso da educação física, utilizamos um modelo de ensino de acordo com uma interpretação complexa da aprendizagem. Por outro, quando a aprendizagem se realiza sobre um conteúdo cognitivo, posto que não vemos o que acontece na mente do aluno, em vez de utilizar um modelo interpretativo mais complexo, simplificamos e estabelecemos propostas de ensino notavelmente uniformizadoras: na oitava série *tem que* estudar o "sintagma nominal" ou os "polinômios"; os exercícios são *iguais* para todos, e aplicamos o *mesmo* critério para avaliar a competência de cada um dos meninos e meninas.

Certamente você pensará que no caso da educação física não existe a mesma pressão por parte das famílias, de determinadas matérias repletas de conteúdos e de um sistema seletivo que não vê da mesma maneira esta disciplina. Todas estas considerações fazem com que, em conjunto, o tratamento possa ser suficientemente flexível para permitir formas de intervenção que levem em conta a diversidade dos alunos. E isto é certo: as idéias e pressões a que estão submetidas as outras áreas de conhecimento dificultam um trabalho que leve em conta as diferenças individuais. Mas o fato de que existam estes e outros condicionantes não deve implicar a utilização de modelos que neguem a compreensão de como se produzem os processos de aprendizagem. Pelo contrário, partindo do princípio de atenção à diversidade, temos que nos mover na identificação dos condicionantes que impedem levá-lo a cabo e tomar as medidas que diminuam ou eliminem esses condicionantes que impedem que nos ocupemos das demandas particulares de cada um dos meninos e meninas.

Sem dúvida, é difícil conhecer os diferentes graus de conhecimento de cada menino e menina, identificar o desafio de que necessitam, saber que ajuda requerem e estabelecer a avaliação apropriada para cada um deles a fim de que se sintam estimulados a se esforçar em seu trabalho. Mas o fato de que custe não deve nos impedir de buscar meios ou formas de intervenção que, cada vez mais, nos permitam dar uma resposta adequada às necessidades pessoais de todos e cada um de nossos alunos.

O CONSTRUTIVISMO: CONCEPÇÃO SOBRE COMO SE PRODUZEM OS PROCESSOS DE APRENDIZAGEM

Embora uma primeira aproximação ao conhecimento do como se aprende nos permite chegar à conclusão de que os modelos de ensino devem ser capazes de atender à diversidade dos alunos, existe uma série de princípios psicopedagógicos em torno da concepção construtivista da aprendizagem suficientemente validados empiricamente que, como veremos, são determinantes para estabelecer referências e critérios para a análise da prática e da intervenção pedagógica.

A concepção construtivista (Coll, 1986; Coll, Martín, Mauri, Miras, Onrubia, Solé e Zabala, 1993; Mauri, Solé, Del Carmen e Zabala, 1990), partindo da natureza social e socializadora da educação escolar e do acordo construtivista que desde algumas décadas se observa nos âmbitos da psicologia do desenvolvimento e da aprendizagem, reúne uma série de princípios que permitem compreender a complexidade dos processos de ensino/aprendizagem e que se articulam em torno da atividade intelectual implicada na construção de conhecimentos. Sem pretender dar uma explicação exaustiva deste marco teórico, que tem tido uma ampla difusão, citaremos, a seguir, alguns de seus elementos fundamentais.

Nesta explicação, pressupõe-se que nossa estrutura cognitiva está configurada por uma rede de *esquemas de conhecimento*. Estes esquemas se definem como as representações que uma pessoa possui, num momento dado de sua existência, sobre algum objeto de conhecimento. Ao longo da vida, estes esquemas são revisados, modificados, tornam-se mais complexos e adaptados à realidade, mais ricos em relações. A natureza dos esquemas de conhecimento de um aluno depende de seu *nível de desenvolvimento* e dos *conhecimentos prévios* que pôde construir; a situação de aprendizagem pode ser concebida como um processo de comparação, de revisão e de construção de esquemas de conhecimento sobre os conteúdos escolares.

Agora, para que este processo se desencadeie, não basta que os alunos se encontrem frente a conteúdos para aprender; é necessário que diante destes possam atualizar seus esquemas de conhecimento, compará-los com o que é novo, identificar semelhanças e diferenças e integrá-las em seus esquemas, comprovar que o resultado tem certa coerência etc. Quando acontece tudo isto – ou na medida em que acontece – podemos dizer que está se produzindo uma *aprendizagem significativa* dos conteúdos apresentados. Ou, dito de outro modo, estão se estabelecendo relações não-arbitrárias entre o que já fazia parte da estrutura cognitiva do aluno e o que lhe foi ensinado. Na medida em que podem se estabelecer estas relações, quer dizer, quando a distância entre o que se sabe e o que se tem que aprender é adequada, quando o novo conteúdo tem uma estrutura que o permite, e quando o aluno tem certa disposição para chegar ao fundo, para relacionar e tirar conclusões (Ausubel, Novak e Hanesian, 1983), sua aprendizagem é uma aprendizagem significativa que está de acordo com a adoção de um enfoque profundo. Quando estas condições são insuficientes ou não estão presentes, a aprendizagem que se realiza é mais superficial e, no limite, pode ser uma aprendizagem mecânica, caracterizada pelo escasso número de relações que podem ser estabelecidas com os esquemas de conhecimento presentes na estrutura cognitiva e, portanto, facilmente submetida ao esquecimento.

Como se tem repetido continuamente, a aprendizagem significativa não é uma questão de tudo ou nada, mas de grau – do grau em que estão presentes as condições que mencionamos. Assim, pois, a conclusão é evidente: *o ensino tem que ajudar a estabelecer tantos vínculos essenciais e não-arbitrários entre os novos conteúdos e os conhecimentos prévios quanto permita a situação.*

Chegando a este ponto, falaremos do ensino. Na concepção construtivista, o papel ativo e protagonista do aluno não se contrapõe à necessidade de um papel igualmente ativo por parte do educador. É ele quem dispõe as condições para que a construção que o aluno faz seja mais ampla ou mais restrita, se oriente num sentido ou noutro, através da observação dos alunos, da ajuda que lhes proporciona para que utilizem seus conhecimentos prévios, da apresentação que faz dos conteúdos, mostrando seus elementos essenciais, relacionando-os com o que os alunos sabem e vivem, proporcionando-lhes experiências para que possam explorá-los, compará-los, analisá-los conjuntamente e de forma autônoma, utilizá-los em situações diversas, avaliando a situação em seu conjunto e reconduzindo-a quando considera necessário, etc. Dito de outro modo, a natureza da intervenção pedagógica estabelece os parâmetros em que pode se mover a *atividade mental* do aluno, passando por momentos sucessivos de equilíbrio, desequilíbrio e reequilíbrio (Coll, 1983).

Assim, concebe-se a intervenção pedagógica como uma ajuda adaptada ao processo de construção do aluno; uma intervenção que vai criando *Zonas de Desenvolvimento Proximal* (Vygotsky, 1979) e que ajuda os alunos a percorrê-las. Portanto, a situação de ensino e aprendizagem também pode ser considerada como um processo dirigido a superar desafios, desafios que possam ser enfrentados e que façam avançar um pouco mais além do ponto de partida. É evidente que este ponto não está definido apenas pelo que se sabe. Na disposição para a aprendizagem – e na possibilidade de torná-la significativa – intervêm, junto às capacidades cognitivas, fatores vinculados às capacidades de equilíbrio pessoal, de relação interpessoal e de inserção social. Os alunos percebem a si mesmos e percebem as situações de ensino e aprendizagem de uma maneira determinada, e esta percepção – "conseguirei, me ajudarão, é divertido, é uma chatice, vão me ganhar, não farei direito, é interessante, me castigarão, me darão boa nota..." – influi na maneira de se situar diante dos novos conteúdos e, muito provavelmente, (Solé, 1993) nos resultados que serão obtidos.

Por sua vez, estes resultados não têm um efeito, por assim dizer, exclusivamente cognitivo. Também incidem no *autoconceito* e na forma de perceber a escola, o professor e os colegas, e, portanto, na forma de se relacionar com eles. Quer dizer, incidem nas diversas capacidades das pessoas, em suas competências e em seu bem-estar.

A concepção construtivista, da qual o mencionado anteriormente não é mais do que um apontamento, parte da complexidade intrínseca dos processos de ensinar e aprender e, ao mesmo tempo, de sua potencialidade para explicar o crescimento das pessoas. Apesar de todas as perguntas que ainda restam por responder, é útil porque permite formular outras novas, respondê-las desde um marco coerente e, especialmente, porque oferece critérios para avançar.

A APRENDIZAGEM DOS CONTEÚDOS SEGUNDO SUA TIPOLOGIA

Vimos as condições gerais de como se produzem as aprendizagens sob uma concepção construtivista e, previamente, diferenciamos os conteúdos de aprendizagem segundo uma determinada tipologia que nos serviu para identificar com mais precisão as intenções educativas. A pergunta que agora podemos nos fazer é se os princípios descritos genericamente se realizam de forma diferente conforme trate-se de conteúdos conceituais, procedimentais ou atitudinais.

A tendência habitual de situar os diferentes conteúdos de aprendizagem sob a perspectiva disciplinar tem feito com que a aproximação à aprendizagem se realize segundo eles pertençam à disciplina ou à área: matemática, língua, música, geografia, etc., criando, ao mesmo tempo, certas didáticas específicas de cada matéria. Se mudamos de ponto de vista e, em vez de nos fixar na classificação tradicional dos conteúdos por matéria, consideramo-los segundo a tipologia conceitual, procedimental e atitudinal, poderemos ver que existe uma maior semelhança na forma de aprendê-los e, portanto, de ensiná-los, pelo fato de serem conceitos, fatos, métodos, procedimentos, atitudes, etc., e não pelo fato de estarem adstritos a uma ou outra disciplina. Assim, veremos que o conhecimento geral da aprendizagem, descrita anteriormente, adquire características determinadas segundo as diferenças tipológicas de cada um dos diversos tipos de conteúdo.

Mas antes de efetuar uma análise diferenciada dos conteúdos, é conveniente nos prevenir do perigo de compartimentar o que nunca se encontra de modo separado nas estruturas de conhecimento. A diferenciação dos elementos que as integram e, inclusive, a tipificação das características destes elementos, que denominamos conteúdos, é uma construção intelectual para compreender o pensamento e o comportamento das pessoas. Em sentido estrito, os fatos, conceitos, técnicas, valores, etc., não existem. Estes termos foram criados para ajudar a compreender os processos cognitivos e condutuais, o que torna necessária sua diferenciação e parcialização metodológica em compartimentos para podermos analisar o que sempre se dá de maneira integrada.

Esta relativa artificialidade faz com que a distinção entre uns e outros corresponda, na realidade, a diferentes faces do mesmo poliedro. A linha divisória entre umas e outras é muito sutil e confusa. Portanto, seguindo com a analogia, a aproximação a uma ou outra face é uma opção de quem efetua a análise. Num determinado momento queremos ensinar ou nos deter no aspecto factual, conceitual, procedimental ou atitudinal do trabalho de aprendizagem a ser realizado. Assim, pois, é preciso levar em conta que:
- Todo conteúdo, por mais específico que seja, sempre está associado e portanto será aprendido junto com conteúdos de outra natureza. Por exemplo, os aspectos mais factuais da soma (código e símbolo) são aprendidos junto com os conceituais da soma (união e número), com os algorítmicos (cálculo mental e algoritmo) e os atitudinais (sentido e valor).
- A estratégia de diferenciação tem sentido basicamente a partir da análise da aprendizagem e não do ensino. Desde uma perspectiva construtivista, as atividades de ensino têm que integrar ao máximo os conteúdos que se queiram ensinar para incrementar sua significância, pelo que devem observar explicitamente atividades educativas relacionadas de forma simultânea com todos aqueles conteúdos que possam dar mais significado à aprendizagem. Portanto, esta integração tem uma maior justificação quando os conteúdos se referem a um mesmo objeto específico de estudo. No caso da soma, a capacidade de utilizá-la competentemente será muito superior se se trabalham ao mesmo tempo os diferentes tipos de conteúdos relacionados com a soma.
- Apesar das duas considerações anteriores, as atividades de aprendizagem são substancialmente diferentes segundo a natureza do conteúdo. Aprende-se o código soma de forma diferente do conceito união, dos passos do algoritmo ou do valor e sentido da soma.

Utilizarei outro exemplo para ilustrar estas considerações. Situemo-nos na área de Ciências Sociais e numa unidade didática que faz referência à bacia hidrográfica do rio Segre. Quando se aprende o nome do rio, dos afluentes e das populações da bacia, estão se reforçando conjuntamente, e portanto aprendendo, os conceitos de rio, afluente e população. Ao mesmo tempo, se melhora o domínio da leitura do mapa correspondente e se leva em consideração o papel que têm neste território as medidas para a conservação do meio ambiente. A forma de propor as atividades de ensino será a que permita a máxima inter-relação entre os diferentes conteúdos. Assim, serão propostas atividades que facilitem a memorização da toponímia, ao mesmo tempo que contribuam para ampliar os conceitos associados, se situem no mapa e façam considerações sobre as necessidades de manutenção do meio ambiente. Mas, apesar disso, a forma de aprender os nomes dos rios e das populações não é a mesma forma com que se concebe o significado de rio, afluente ou população, que se chega a dominar a interpretação de mapas, nem que se adquirem atitudes de respeito pela natureza.

A APRENDIZAGEM DOS CONTEÚDOS FACTUAIS

Por conteúdos factuais se entende o conhecimento de fatos, acontecimentos, situações, dados e fenômenos concretos e singulares: a idade de uma pessoa, a conquista de um território, a localização ou a altura de uma montanha, os nomes, os códigos, os axiomas, um fato determinado num determinado momento, etc. Sua singularidade e seu caráter, descritivo e concreto, são um traço definidor. O ensino está repleto de conteúdos factuais: toda a toponímia na área de geografia; as datas e os nomes de acontecimentos na de história; os nomes de autores e correntes na de literatura, música e artes plásticas; os códigos e os símbolos nas áreas de língua, matemática, física e química; as classificações na de biologia; o vocabulário nas línguas estrangeiras, etc. Tradicionalmente, os fatos têm sido a bagagem mais aparente do vulgarmente denominado "homem culto", objeto da maioria de provas e inclusive concursos. Conhecimento ultimamente menosprezado, mas indispensável, de qualquer forma, para poder compreender a maioria das informações e problemas que surgem na vida cotidiana e profissional. Claro, sempre que estes dados, fatos e acontecimentos disponham dos conceitos associados que permitam interpretá-los, sem os quais se converteriam em conhecimentos estritamente mecânicos.

Antes de examinarmos como se aprendem os conteúdos factuais e para justificar a interpretação que fazemos deles, devemos nos perguntar a que nos referimos quando dizemos que se aprendeu um fato, um dado, um acontecimento, etc. Consideramos que o aluno ou a aluna aprendeu um conteúdo factual quando é capaz de reproduzi-lo. Na maioria destes conteúdos, a reprodução se produz de forma literal; portanto, a compreensão não é necessária já que muitas vezes tem um caráter arbitrário. Dizemos que alguém aprendeu quando é capaz de recordar e expressar, de maneira exata, o original, quando se dá a data com precisão, o nome sem nenhum erro, a atribuição exata do símbolo. Trata-se de conteúdos cuja resposta é inequívoca. Nestes casos é uma aprendizagem de tudo ou nada. Sabe-se a data, o nome, o símbolo, a valência... ou não se sabe. Mas quando os conteúdos factuais se referem a acontecimentos, pede-se da aprendizagem que, embora não seja reprodução literal, implique uma lembrança o mais fiel possível de todos os elementos que a compõem e de suas relações. A trama de um romance, a descrição da colonização das terras americanas ou o argumento de uma ópera podem ser recordados com mais ou menos componentes e não é necessário fazer uma repetição literal. Geralmente, consideramos que, com relação aos fatos, a aprendizagem adequada é a mais próxima do texto original ou da exposição que é objeto de estudo.

Este tipo de conhecimento se aprende basicamente mediante atividades de cópia mais ou menos literais, a fim de ser integrado nas estruturas de conhecimento, na memória. Dos diferentes princípios da aprendizagem significativa expostos anteriormente, podemos ver que, no caso dos fatos, muitos deles têm uma importância relativa, já que a maioria é condição para a compreensão. Condição que nestes conteúdos podemos considerar como valor acrescentado e que, de qualquer forma, não corresponde aos fatos mesmos mas aos conteúdos conceituais associados. De forma que se já se tem uma boa compreensão dos conceitos a que se referem os dados, fatos ou acontecimentos, a atividade fundamental para sua aprendizagem é a cópia. Este caráter reprodutivo comporta exercícios de *repetição verbal*. Repetir nomes, as datas e as obras tantas vezes quanto for necessário até chegar a uma automatização da informação. Segundo as características dos conteúdos a serem aprendidos, ou segundo sua quantidade, serão utilizadas estratégias que, através de organizações significativas ou associações, favoreçam a tarefa de memorização no processo de repetição. Listas agrupadas segundo idéias significativas, relações com esquemas ou representações gráficas, associações entre este conteúdo e outros fortemente assimilados, etc. Embora esta aprendizagem repetitiva seja fácil, posto que não se requer muito planejamento nem intervenção externa, para fazer estes exercícios de caráter notavelmente rotineiro é imprescindível uma atitude ou predisposição favorável. Além do mais, se ao cabo de algum tempo não se realizam atividades para fomentar a lembrança – geralmente novas repetições em diferentes situações ou contextos de aprendizagem – destes conteúdos, são esquecidos com muita facilidade.

A APRENDIZAGEM DOS CONCEITOS E PRINCÍPIOS

Os conceitos e os princípios são termos abstratos. Os conceitos se referem ao conjunto de fatos, objetos ou símbolos que têm características comuns, e os princípios se referem às mudanças que se produzem num fato, objeto ou situação em relação a outros fatos, objetos ou situações e que normalmente descrevem relações de causa-efeito ou de correlação. São exemplos de conceitos: mamífero, densidade, impressionismo, função, sujeito, romantismo, demografia, nepotismo, cidade, potência, concerto, cambalhota, etc. São princípios as leis ou regras como a de Arquimedes, as que relacionam demografia e território, as normas ou regras de uma corrente arquitetônica ou literária, as conexões que se estabelecem entre diferentes axiomas matemáticos, etc.

De um ponto de vista educacional, e numa primeira aproximação, os dois tipos de conteúdos nos permitem tratá-los conjuntamente, já que ambos têm como denominador comum a necessidade de compreensão. Não podemos dizer que se aprendeu um conceito ou princípio se não se entendeu o significado. Saberemos que faz parte do conhecimento do aluno não apenas quando este é capaz de repetir sua definição, mas quando sabe utilizá-lo para a interpretação, compreensão ou exposição de um fenômeno ou situação; quando é capaz de situar os fatos, objetos ou situações concretos naquele conceito que os inclui. Podemos dizer que sabemos o conceito "rio" quando somos capazes de utilizar este termo em qualquer atividade que o requeira, ou quando com este termo identificamos um determinado rio; e não apenas quando podemos reproduzir com total exatidão a definição mais ou menos estereotipada deste termo. Podemos dizer que sabemos o princípio de Arquimedes quando este conhecimento nos permite interpretar o que sucede quando um objeto submerge num líquido. Em qualquer caso, esta aprendizagem implica uma *compreensão* que vai muito além da reprodução de enunciados mais ou menos literais. Uma das características dos conteúdos conceituais é que a aprendizagem quase nunca pode ser considerada acabada, já que sempre existe a possibilidade de ampliar ou aprofundar seu conhecimento, de fazê-la mais significativa.

As condições de uma aprendizagem de conceitos ou princípios coincidem exatamente com as que foram descritas como gerais e que permitem que as aprendizagens sejam o mais significativas possível. Trata-se de atividades complexas que provocam um verdadeiro processo de *elaboração e construção* pessoal do conceito. Atividades experimentais que favoreçam que os novos conteúdos de aprendizagem se relacionem substantivamente com os conhecimentos prévios; atividades que promovam uma forte atividade mental que favoreça estas relações; atividades que outorguem significado e funcionalidade aos novos conceitos e princípios; atividades que suponham um desafio ajustado às possibilidades reais, etc. Trata-se sempre de atividades que favoreçam a compreensão do conceito a fim de utilizá-lo para a interpretação ou o conhecimento de situações, ou para a construção de outras idéias.

A APRENDIZAGEM DOS CONTEÚDOS PROCEDIMENTAIS

Um conteúdo procedimental – que inclui entre outras coisas as regras, as técnicas, os métodos, as destrezas ou habilidades, as estratégias, os procedimentos – é um conjunto de ações ordenadas e com um fim, quer dizer, dirigidas para a realização de um objetivo. São conteúdos procedimentais: ler, desenhar, observar, calcular, classificar, traduzir,

recortar, saltar, inferir, espetar, etc. Conteúdos que, como podemos ver, apesar de terem como denominador comum o fato de serem ações ou conjunto de ações, são suficientemente diferentes para que a aprendizagem de cada um deles tenha características bem específicas. Para a identificação destas características diferenciais podemos situar cada conteúdo procedimental em três eixos ou parâmetros:
- O primeiro parâmetro se define conforme as ações que se realizam impliquem componentes mais ou menos motores ou cognitivos: a linha contínua *motor/cognitivo*. Poderíamos situar alguns dos conteúdos que mencionamos em diferentes pontos desta linha contínua: saltar, recortar ou espetar estariam mais próximos do extremo motor; inferir, ler ou traduzir, mais próximos do cognitivo.
- O segundo parâmetro está determinado pelo número de ações que intervêm. Assim, teremos certos conteúdos procedimentais compostos por poucas ações e outros por múltiplas ações. Poderíamos situar os conteúdos saltar, espetar, algum tipo de cálculo ou de tradução, próximos do extremo dos de poucas ações; ler, desenhar, observar... se encontrariam mais próximos dos de muitas ações. Trata-se do eixo *poucas ações/muitas ações*.
- O terceiro parâmetro tem presente o grau de determinação da ordem das seqüências, quer dizer, o *continuum algorítmico/heurístico*. Segundo este eixo, teríamos mais próximo do extremo algorítmico os conteúdos cuja ordem das ações é sempre a mesma. No extremo oposto, estariam os conteúdos procedimentais cujas ações a serem realizadas e a maneira de organizá-las dependem em cada caso das características da situação em que se deve aplicá-los, como as estratégias de leitura ou qualquer estratégia de aprendizagem.

Como podemos ver, todo conteúdo procedimental pode se situar em algum ponto destas três linhas contínuas. O fato de que se encontre numa ou noutra linha determina, enfim, as peculiaridades da aprendizagem do procedimento; não exige as mesmas atividades de aprendizagem um conteúdo procedimental configurado por ser algorítmico, de poucas ações e de caráter motor, como pode ser a elaboração de um nó, que um conteúdo de componente heurístico, composto por muitas ações e de caráter cognitivo, como pode ser a realização do comentário de um texto literário. Mas apesar disso, em termos muito gerais, podemos dizer que se aprendem os conteúdos procedimentais a partir de modelos especializados. A realização das ações que compõem o procedimento ou a estratégia é o ponto de partida.

A seguir, matizarei esta afirmação geral, incluindo nela o que se considera que implica a aprendizagem de um procedimento:
- A *realização das ações* que formam os procedimentos é uma condição *sine qua non* para a aprendizagem. Se examinamos a definição,

vemos que os conteúdos procedimentais são um conjunto de ações ordenadas e com um fim. Como se aprende a realizar ações? A resposta parece óbvia: fazendo-as. Aprende-se a falar falando; a caminhar, caminhando; a desenhar, desenhando; a observar, observando. Apesar da obviedade da resposta, numa escola onde tradicionalmente as propostas de ensino têm sido expositivas, esta afirmação não se sustenta. Atualmente, ainda é normal encontrar textos escolares que partem da base de que memorizando os diferentes passos de, por exemplo, uma pesquisa científica, seremos capazes de realizar pesquisas, ou que pelo simples fato de conhecer as regras sintáticas saberemos escrever ou falar.

- A *exercitação* múltipla é o elemento imprescindível para o domínio competente. Como também confirma nossa experiência, não basta realizar uma vez as ações do conteúdo procedimental. É preciso fazê-lo tantas vezes quantas forem necessárias até que seja suficiente para chegar a dominá-lo, o que implica exercitar tantas vezes quantas forem necessárias as diferentes ações ou passos destes conteúdos de aprendizagem. Esta afirmação, também aparentemente evidente, não o é tanto quando observamos muitas das propostas de ensino que se realizam, sobretudo as que se referem aos conteúdos procedimentais mais complexos, como são as estratégias cognitivas. Na tradição escolar, é fácil encontrar um trabalho exaustivo e pormenorizado de alguns tipos de conteúdos, geralmente mais mecânicos, e, pelo contrário, um trabalho superficial de outros conteúdos muito mais difíceis de dominar.

- A *reflexão sobre a própria atividade* permite que se tome consciência da atuação. Como também sabemos, não basta repetir um exercício sem mais nem menos. Para poder melhorá-lo devemos ser capazes de refletir sobre a maneira de realizá-lo e sobre quais são as condições ideais de seu uso. Quer dizer, é imprescindível poder conhecer as chaves do conteúdo para poder melhorar sua utilização. Como podemos constatar, para melhorar nossa habilidade de escrever, não basta escrever muito, embora seja uma condição imprescindível; possuir um instrumento de análise e reflexão – a morfossintaxe – ajudará muito a melhorar nossas capacidades como escritores, sempre que saibamos, quer dizer, que tenhamos aprendido a utilizar estes recursos em nosso processo de escrita. Esta consideração nos permite atribuir importância, por um lado, aos componentes teóricos dos conteúdos procedimentais a serem aprendidos e, por outro, à necessidade de que estes conhecimentos estejam em função do uso, quer dizer, de sua funcionalidade. Não se trata apenas de conhecer o marco teórico, o nível de reflexão, como é preciso fazer esta reflexão sobre a própria atuação. Isto supõe exercitar-se, mas com o melhor

suporte reflexivo, que permita analisar nossos atos e, portanto, melhorá-los. Assim, pois, é preciso ter um conhecimento significativo dos conteúdos conceituais associados ao conteúdo procedimental que se exercita ou se aplica.
*   A *aplicação em contextos diferenciados* se baseia no fato de que aquilo que aprendemos será mais útil na medida em que podemos utilizá-lo em situações nem sempre previsíveis. Esta necessidade obriga que as exercitações sejam tão numerosas quanto for possível e que sejam realizadas em contextos diferentes para que as aprendizagens possam ser utilizadas em qualquer ocasião. Esta afirmação, também bastante evidente, não é uma fórmula comum em muitas propostas de ensino. Seguidamente, observamos que a aprendizagem de algumas estratégias ou técnicas se realiza mediante exercitações exaustivas, sem variar muito seu contexto de aplicação. Isto é freqüente em muitas estratégias cognitivas que trabalham insistentemente num único tipo de atividade ou numa área específica. Chega-se a pensar que, pelo fato de se aprender uma habilidade em condições determinadas, esta será transferível para outros contextos quase mecanicamente. Neste sentido, é sintomático o discurso que considera quase como imediata a transferência das capacidades de "raciocínio" da matemática: aquele que sabe raciocinar em matemática será capaz de fazê-lo em qualquer circunstância.

A APRENDIZAGEM DOS CONTEÚDOS ATITUDINAIS

O termo conteúdos atitudinais engloba uma série de conteúdos que por sua vez podemos agrupar em valores, atitudes e normas. Cada um destes grupos tem uma natureza suficientemente diferenciada que necessitará, em dado momento, de uma aproximação específica.
*   Entendemos por *valores* os princípios ou as idéias éticas que permitem às pessoas emitir um juízo sobre as condutas e seu sentido. São valores: a solidariedade, o respeito aos outros, a responsabilidade, a liberdade, etc.
*   As *atitudes* são tendências ou predisposições relativamente estáveis das pessoas para atuar de certa maneira. São a forma como cada pessoa realiza sua conduta de acordo com valores determinados. Assim, são exemplo de atitudes: cooperar com o grupo, ajudar os colegas, respeitar o meio ambiente, participar das tarefas escolares, etc.
*   As *normas* são padrões ou regras de comportamento que devemos seguir em determinadas situações que obrigam a todos os membros de um grupo social. As normas constituem a forma pactuada

de realizar certos valores compartilhados por uma coletividade e indicam o que pode se fazer e o que não pode se fazer neste grupo. Como podemos notar, apesar das diferenças, todos estes conteúdos estão estreitamente relacionados e têm em comum que cada um deles está configurado por componentes cognitivos (conhecimentos e crenças), afetivos (sentimentos e preferências) e condutuais (ações e declarações de intenção). Mas a incidência de cada um destes componentes se dá em maior ou menor grau segundo se trate de um valor, uma atitude ou uma norma.

Consideramos que se adquiriu um valor quando este foi interiorizado e foram elaborados critérios para tomar posição frente àquilo que deve se considerar positivo ou negativo, critérios morais que regem a atuação e a avaliação de si mesmo e dos outros. Valor que terá um maior ou menor suporte reflexivo, mas cuja peça-chave é o componente cognitivo.

Aprendeu-se uma atitude quando a pessoa pensa, sente e atua de uma forma mais ou menos constante frente ao objeto concreto a quem dirige essa atitude. Estas atitudes, no entanto, variam desde disposições basicamente intuitivas, com certo grau de automatismo e escassa reflexão das razões que as justificam, até atitudes fortemente reflexivas, fruto de uma clara consciência dos valores que as regem.

Podemos dizer que se aprendeu uma norma em diferentes graus: num primeiro grau, quando se trata de uma simples aceitação, embora não se entenda a necessidade de cumpri-la (além da necessidade de evitar uma sanção); em segundo grau, quando existe uma conformidade que implica certa reflexão sobre o que significa a norma e que pode ser voluntária ou forçada; e em último grau, quando se interiorizaram as normas e se aceitam como regras básicas de funcionamento da coletividade que regem.

As características diferenciadas da aprendizagem dos conteúdos atitudinais também estão relacionadas com a distinta importância dos componentes cognitivos, afetivos ou condutuais que contém cada um deles. Assim, os processos vinculados à compreensão e elaboração dos conceitos associados ao valor, somados à reflexão e tomada de posição que comporta, envolvem um processo marcado pela necessidade de elaborações complexas de caráter pessoal. Ao mesmo tempo, a vinculação afetiva necessária para que o que se compreendeu seja interiorizado e apropriado implica a necessidade de estabelecer relações afetivas, que estão condicionadas pelas necessidades pessoais, o ambiente, o contexto e a ascendência das pessoas ou coletividades que promovem a reflexão ou a identificação com os valores que se promovem. Esta vinculação afetiva ainda é maior quando nos fixamos nas atitudes, já que muitas delas são o resultado ou o reflexo das imagens, dos símbolos ou experiências promovidos a partir de modelos surgidos dos grupos ou das pessoas às quais nos sentimos vinculados. As atitudes de outras pessoas significativas intervêm como contraste e modelo para as nossas e nos persuadem ou nos influenciam sem que em muitos casos façamos uma análise reflexiva. Em termos gerais, a aprendizagem dos conteúdos atitudinais supõe um conhecimento e uma reflexão sobre os possíveis modelos, uma análise e uma avaliação das normas, uma apropriação e elaboração do conteúdo, que implica a análise dos fatores positivos e negativos, uma tomada de posição, um envolvimento afetivo e uma revisão e avaliação da própria atuação.

Conclusões

No primeiro capítulo apresentei um quadro que relacionava as diferentes variáveis que configuram a prática educativa com os modelos teóricos dos métodos e os referenciais que determinam as tomadas de decisão. Neste quadro se situavam os dois referenciais básicos para a análise da prática, mas sem identificá-los. Em relação com esta, e em termos genéricos, o modelo educativo denominado tradicional marcou e condicionou a forma de ensinar ao longo dos diversos séculos e chegou a nossos dias num estado de saúde bastante bom. Se completamos o quadro da página seguinte (Quadro 2.3) relacionando-o com este modelo, dando resposta às perguntas que determinam ambos os referenciais, veremos que teríamos que situar como função fundamental do ensino a *seletiva e propedêutica*, e que sua realização estaria em concordância com determinados objetivos que dão prioridade às *capacidades cognitivas* acima das demais. Portanto, os conteúdos prioritários que daí decorrem seriam basicamente *conceituais*. Se nos situamos em outro referencial, a concepção da aprendizagem, veremos que tem uma interpretação principalmente *acumulativa*, e que os critérios que decorrem são os de um ensino *uniformizador* e essencialmente *transmissivo*.

Se prosseguimos com a leitura do quadro e tentamos responder às diferentes variáveis que se deduzem da combinação de ambos os referenciais, poderemos chegar a um modelo teórico cuja seqüência de ensino/aprendizagem deve ser, logicamente, a *aula magistral*, já que é a que corresponde de maneira mais apropriada aos objetivos de caráter cognitivo e aos conteúdos conceituais, e à concepção da aprendizagem como processo acumulativo através de propostas didáticas transmissoras e uniformizadoras. Sob esta concepção, as relações interativas podem se limitar às unidirecionais professor/aluno, de caráter diretivo. Uma vez que a forma de ensino é transmissora e uniformizadora, os tipos de agrupamentos podem se circunscrever a atividades de grande grupo. Pelo mesmo motivo, a distribuição do espaço pode se reduzir à convencional de uma sala por grupo, com uma organização por fileiras de mesas ou classes.

Quanto ao tempo, não é necessário adequá-lo a outros condicionantes à parte dos organizativos; portanto, é lógico estabelecer um módulo fixo para cada área com uma duração de uma hora. O caráter propedêutico do ensino relacionado com a preparação para os estudos universitários e, portanto, ligado às disciplinas convencionais, faz com que a organização dos conteúdos respeite unicamente a lógica das matérias. Já que os conteúdos prioritários são de caráter conceitual e o modelo de ensino é transmissivo, o livro didático é o melhor meio para resumir os conhecimentos. E, finalmente, a avaliação, como meio de reconhecer os mais preparados e selecioná-los em seu caminho para a universidade, deve ter um caráter sancionador centrado exclusivamente nos resultados.

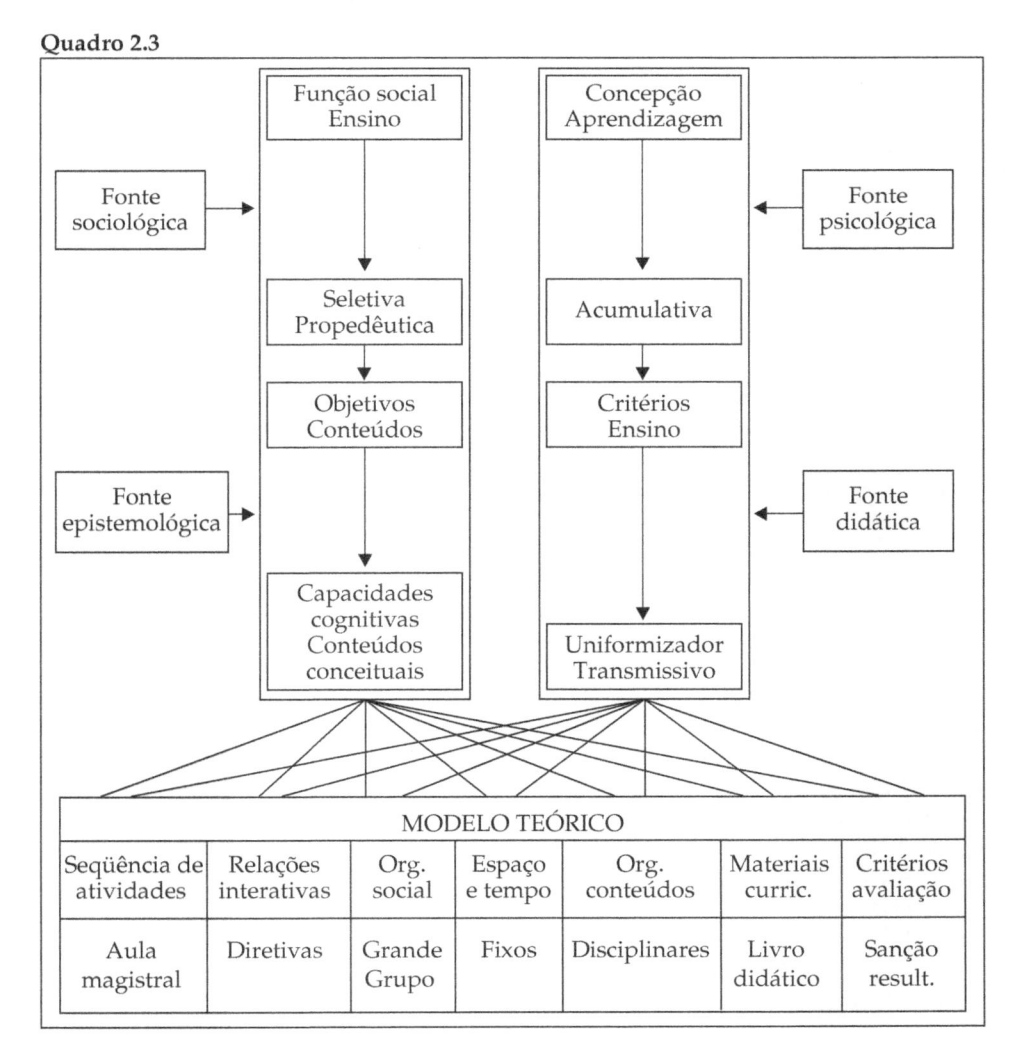

Quadro 2.3

Seqüência de atividades	Relações interativas	Org. social	Espaço e tempo	Org. conteúdos	Materiais curric.	Critérios avaliação
Aula magistral	Diretivas	Grande Grupo	Fixos	Disciplinares	Livro didático	Sanção result.

Quadro 2.4

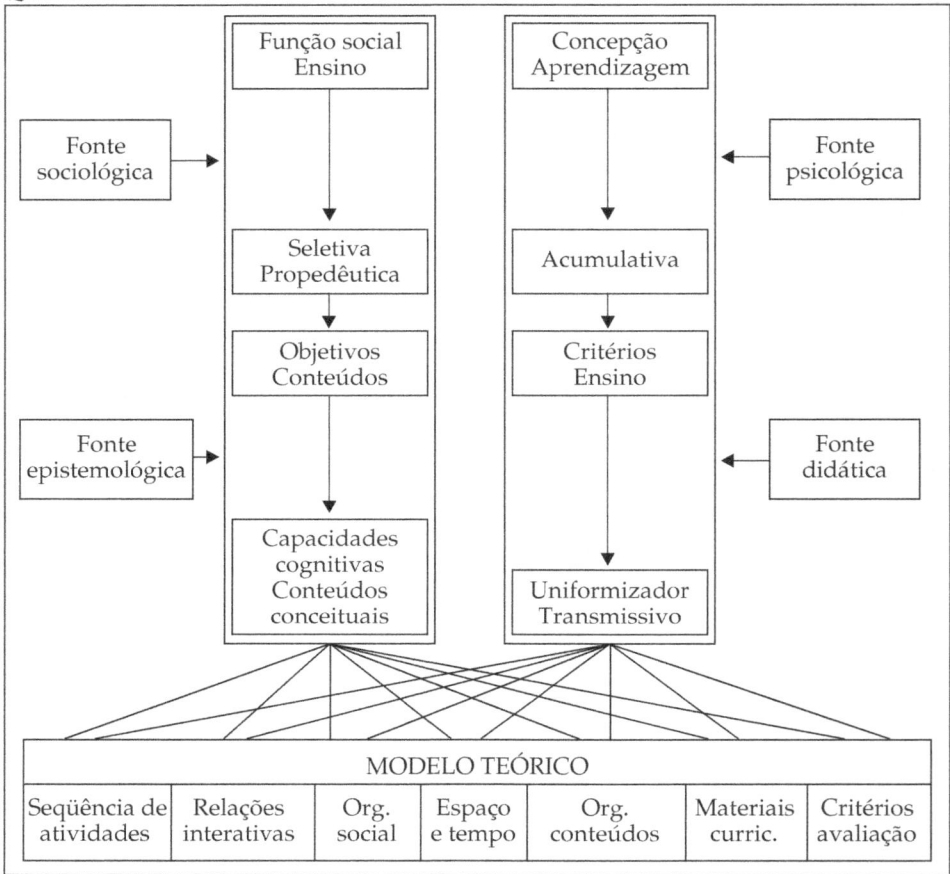

Fonte sociológica →	Função social Ensino ↓ Seletiva Propedêutica ↓ Objetivos Conteúdos ↓ Capacidades cognitivas Conteúdos conceituais	Concepção Aprendizagem ↓ Acumulativa ↓ Critérios Ensino ↓ Uniformizador Transmissivo
Fonte epistemológica →		← Fonte psicológica
		← Fonte didática

MODELO TEÓRICO						
Seqüência de atividades	Relações interativas	Org. social	Espaço e tempo	Org. conteúdos	Materiais curric.	Critérios avaliação

De outra parte (Quadro 2.4), se os referenciais para a determinação do modelo de intervenção pedagógica variam, de maneira que a função social do ensino amplia suas perspectivas e adquire um papel mais global que abarque todas as capacidades da pessoa desde uma proposta de *compreensividade* e de *formação integral*, e a concepção da aprendizagem que as fundamenta é a *construtivista*, estaremos impulsionados a observar *todas as capacidades* e, conseqüentemente, os diferentes tipos de conteúdo. Tudo isso num ensino que atenda à *diversidade* dos alunos em processos autônomos de *construção* do conhecimento.

Quando a função social que se atribui ao ensino é a formação integral da pessoa, e a concepção sobre os processos de ensino/aprendizagem é construtivista e de atenção à diversidade, podemos ver que os resultados do modelo teórico não podem ser tão uniformes como no modelo tradicional. A resposta é muito mais complexa e obriga a interpretar as características das diferentes variáveis de maneira muito mais flexível. Não existe uma única resposta. Posto que a importância relativa dos diferentes objetivos e conteúdos, as características evolutivas e diferenciais dos alunos e o próprio estilo dos professores podem variar, a forma de ensino não pode se limitar a um único modelo. Assim, pois, a busca do "modelo único", do "método ideal" que substitui o modelo único tradicional não tem nenhum sentido. A resposta não pode se reduzir a simples determinações gerais. É preciso introduzir, em cada momento, as ações que se adaptem às novas necessidades formativas que surgem constantemente, fugindo dos estereótipos ou dos apriorismos. O objetivo não pode ser a busca da "fórmula magistral", mas a melhora da prática. Mas isto não será possível sem o conhecimento e uso de alguns marcos teóricos que nos permitam levar a cabo uma verdadeira reflexão sobre esta prática, que faça com que a intervenção seja o menos rotineira possível; que atuemos segundo um pensamento estratégico que faça com que nossa intervenção pedagógica seja coerente com nossas intenções e nosso saber profissional. Tendo presente este objetivo, nos capítulos seguintes farei um exame das diferentes variáveis metodológicas e analisaremos como podem ir se configurando de diferente forma segundo os papéis e as funções que atribuímos em cada momento ao ensino, sob uma concepção construtivista do ensino e da aprendizagem.

REFERÊNCIAS BIBLIOGRÁFICAS

APPLE, M. W. (1986): *Ideología y currículum.* Madri. Akal.
APPLE, M. W. (1987): *Educación y poder.* Madri. Paidos/MEC.
APPLE, M. W. (1989): *Maestros y textos. Una economía política de las relaciones de clase y de sexo en educación.* Barcelona. Paidos/MEC.
ASHMAN, A.; CONWAY, R. (1990): *Estrategias cognitivas en educación especial.* Madri. Satillana.
AUSUBEL, D. P.; NOVAK, J. D.; HANESIAN, H. (1983): *Psicología Educativa: Un punto de vista cognoscitivo.* México. Trillas.
BERNSTEIN, B. (1990): *Poder, educación y conciencia. Sociología de la transmisión cultural.* Barcelona. El Roure.
CARRETERO, M. (1993): *Constructivismo y educación.* Zaragoza. Edelvives.
COLL, C. (1983): "La construcción de esquemas de conocimiento en el proceso de enseñanza/aprendizaje" em: C. COLL (ed.): *Psicología genética y aprendizajes escolares.* Madri. Siglo XXI.
COLL, C. (1986): *Marc Curricular per a l' Ensenyament Obligatori.* Barcelona. Dep. de Enseñanza de la Generalitat de Cataluña.
COLL, C. (1990): "Un marco de referencia psicológico para la educación escolar: La concepción constructivista del aprendizaje y de la enseñanza" em: C. COLL, J. PA-

LACIOS; A. MARCHESI (comps.), *Desarrollo psicológico y educación. II. Psicología de la Educación.* Madri. Alianza, pp. 435-453.

COLL, C.; POZO, I.; SARABIA, B.; VALLS, E. (1992): *Enseñanza y aprendizaje de conceptos, procedimientos y actitudes.* Madri. Aula XXI/Santillana.

COLL, C.; MARTÍN, E.; MAURI, T.; MIRAS, M.; ONRUBIA, J.; SOLÉ, I.; ZABALA, A. (1993): *El constructivismo en el aula.* Barcelona. Graó. (Biblioteca de Aula, 2).

DEWEY, J. (1985): *Democràcia i escola.* Vic. EUMO.

—— "Educar en la diversidad" (1983): *Cuadernos de Pedagía,* 212.

ESCAÑO, J.; GIL DE LA SERNA, M. (1992): *Cómo se aprende y cómo se enseña.* Barcelona. ICE UB/Horsori.

FERNÁNDEZ ENGUITA, M. (1990): *La escuela a examen.* Madri. Eudema.

—— "La diversitat" (1987) em: *Perspectiva Escolar,* 119. Monografía.

MONEREO, C. (Comp.) (1991): *Enseñar a pensar a través del currículum escolar.* Barcelona. Casals.

MORENO, A. (1989): "Metaconocimiento y aprendizaje escolar" em: *Cuadernos de Pedagogía,* 173, pp. 53-58.

POZO, J. I. (1988): "Estrategias de aprendizaje" em: C. COLL, J. PALACIOS; A. MARCHESI (Comps.), *Desarrollo Psicológico y educación. II. Psicología de la Educación.* Madri. Alianza, pp. 199-221.

PUIGDELLÍVOL, I. (1992): *Programació d' aula i adequació curricular. El tractament de la diversitat.* Barcelona. Graó (GUIX, 15).

SOLÉ, I. (1990): "Bases psicopedagógicas de la práctica educativa" em: T. MAURI, I. SOLÉ, L. del CARMEN e A. ZABALA: *El currículum en el centro educativo.* Barcelona ICE/UB Horsori, pp. 52-90.

SOLÉ, I. (1991): "¿Se puede enseñar lo que se ha de construir?" Em: *Cuadernos de Pedagogía,* 188, pp. 33-35.

TORRES, J. (1991): *El currículum oculto.* Madri. Morata.

TORRES, J. (1994): *Globalización e interdisciplinariedad: el currículum integrado.* Madri. Morata.

3
As seqüências didáticas e as seqüências de conteúdo

AS SEQÜÊNCIAS DE ENSINO/ APRENDIZAGEM OU DIDÁTICAS

Das diferentes variáveis que configuram as propostas metodológicas, analisaremos primeiro a que é determinada pela série ordenada e articulada de atividades que formam as unidades didáticas. Situamos esta variável em primeiro lugar porque é a mais fácil de reconhecer como elemento diferenciador das diversas metodologias ou formas de ensinar. Os tipos de atividades, mas sobretudo sua maneira de se articular, são um dos traços diferenciais que determinam a especificidade de muitas propostas didáticas. Evidentemente, a exposição de um tema, a observação, o debate, as provas, os exercícios, as aplicações, etc., podem ter um caráter ou outro segundo o papel que se atribui, em cada caso, aos professores e alunos, à dinâmica grupal, aos materiais utilizados, etc. Mas o primeiro elemento que identifica um método é o tipo de ordem em que se propõem as atividades. Deste modo, pode se realizar uma primeira classificação entre métodos expositivos ou manipulativos, por recepção ou por descoberta, indutivos ou dedutivos, etc. A maneira de situar algumas atividades em relação às outras, e não apenas o tipo de tarefa, é um critério que permite realizar algumas identificações ou caracterizações preliminares da forma de ensinar. Em qualquer caso, e como já dissemos no primeiro capítulo, o parcelamento da prática educativa em diversos componentes tem certo grau de artificialidade, unicamente explicável pela dificuldade que representa encontrar um sistema interpretativo que permita, ao mesmo tempo, o estudo conjunto e inter-relacionado de todas as variáveis que incidem nos processos educativos. Como tais, estes processos constituem uma realidade global que é totalmente evidente quando pensamos numa seqüência de ensino/ aprendizagem sem, por exemplo, ter definido o tipo de relações que se estabelece na aula entre professores e alunos e entre os próprios meninos e meninas. Estas relações são fundamentais na configuração do clima de convivência e, por conseguinte, de aprendizagem. Mas acreditamos que a opção de começar pelas seqüências se justifica se, tal como já mencionamos nos capítulos anteriores, levamos em conta a importância capital das intenções educacionais na definição dos conteúdos de aprendizagem e, portanto, do papel das atividades que se propõem. Desta forma, haverá uma grande diferença entre um ensino que considere conteúdo de aprendizagem, por exemplo, a observação dos fenômenos naturais, e o que situe num lugar de destaque as atitudes ou determinadas habilidades sociais, o que determinará um tipo de conteúdos, algumas atividades e, sobretudo, um tipo de seqüência.

Podemos considerar que frente a um modelo geralmente expositivo e configurador da denominada aula magistral, surgiu uma diversidade de propostas nas quais a seqüência didática se torna cada vez mais complexa. Não é tanto a complexidade da estrutura das fases que a compõem, mas a das próprias atividades, de tal forma que, esquematicamente e seguindo Bini (1977), a seqüência do modelo tradicional, que ele denomina circuito didático dogmático, estaria formada por quatro fases:

a) Comunicação da lição.
b) Estudo individual sobre o livro didático.
c) Repetição do conteúdo aprendido (numa espécie de ficção de haver se apropriado dele e o ter compartilhado, embora não se esteja de acordo com ele), sem discussão nem ajuda recíproca.
d) Julgamento ou sanção administrativa (nota) do professor ou da professora.

Se bem que este modelo, tal como descreve Bini, normalmente não se dá de forma tão simples, constitui, sim, o ponto de partida, com variações significativas, de muitas das formas de ensino habituais. Se excetuamos a avaliação negativa que se pode deduzir da forma como se descreve a fase de estudo individual, certamente poderemos concluir que corresponde à seqüência estereotipada do modelo tradicional expositivo.

O objetivo deste livro, como já dissemos, não consiste em avaliar determinados métodos, nem propor nenhum em conclusão, mas em pôr sobre a mesa os instrumentos que nos permitam introduzir nas diferentes formas de intervenção aquelas atividades que possibilitem uma melhora de nossa atuação nas aulas, como resultado de um conhecimento mais profundo das variáveis que intervêm e do papel que cada uma delas tem no processo de aprendizagem dos meninos e meninas. Portanto, a identificação das fases de uma seqüência didática, as atividades que a conformam e as relações que se estabelecem devem nos servir para compreender o valor educacional que têm, as razões que as justificam e a necessidade de introduzir mudanças ou atividades novas que a melhorem. Assim, pois, a pergunta que devemos nos fazer, em primeiro lugar, é se esta seqüência é mais ou menos apropriada e, por conseguinte, quais são os argumentos que nos permitem fazer esta avaliação.

Se adotarmos esta proposição sobre a seqüência do modelo tradicional, também deveremos aplicá-lo a qualquer outra seqüência, como a do modelo de "estudo do meio", que consta das seguintes fases:
a) Atividade motivadora relacionada com uma situação conflitante da realidade experiencial dos alunos.
b) Explicação das perguntas ou problemas que esta situação coloca.
c) Respostas intuitivas ou "hipóteses".
d) Seleção e esboço das fontes de informação e planejamento da investigação.
e) Coleta, seleção e classificação dos dados.
f) Generalização das conclusões tiradas.
g) Expressão e comunicação.

O que podemos dizer desta seqüência além da constatação de sua maior complexidade? Vale a pena complicar tanto? Contribui para melhorar a aprendizagem dos alunos? Podem se acrescentar ou eliminar algumas atividades? Quais? Mas, sobretudo, que razões podemos esgrimir para fundamentar as avaliações que fazemos ou as decisões que tomamos? Que avaliação podemos fazer desta seqüência e que razões a justificam?

Para poder responder a estas e outras perguntas,utilizaremos neste capítulo os referenciais básicos para a análise de quatro seqüências correspondentes a quatro unidades didáticas exemplificadas, muito utilizadas e conhecidas por todos nós. Em primeiro lugar, depois da descrição de cada uma delas, analisaremos as diferentes concepções do ensino que as respaldam, utilizando os diferentes tipos de conteúdos como instrumentos para detectar as posturas que as fundamentam. Posteriormente, uma vez vistas as intenções de cada uma das unidades, comprovaremos que modificações e mudanças haveria que introduzir para melhorar a aprendizagem dos conteúdos. Para realizar esta análise utilizaremos as condições da aprendizagem significativa, o que nos obrigará a introduzir uma nova unidade de análise, a seqüência de conteúdo, a fim de poder acompanhar os processos de ensino/aprendizagem segundo as características particulares de cada um dos diferentes tipos de conteúdos.

QUATRO UNIDADES DIDÁTICAS COMO EXEMPLO

Nos quatro exemplos de unidades de intervenção, poderemos observar um grau diferente de participação dos alunos, assim como o trabalho de diferentes conteúdos. Foram selecionadas partindo da base de que são as mais generalizáveis. Começaremos pela mais simples e conhecida de todos – uma aula expositiva unidirecional –, para depois continuar com outras mais complexas. Não as situaremos em idades nem áreas determinadas, mas, como poderemos observar, os exemplos são mais próximos do Ensino Médio ou dos níveis superiores do Ensino Fundamental. Quanto à referência às áreas, com exceção da segunda, que poderia ser para as áreas mais procedimentais, como matemática ou língua, as outras serviriam para qualquer área, especialmente para aquelas que têm uma carga conceitual maior, como ciências sociais ou ciências naturais.

Unidade 1

1. Comunicação da lição
   O professor ou a professora expõe o tema. Enquanto explica, os alunos tomam notas. O professor ou a professora permite alguma pergunta, a que responde oportunamente. Quando acaba, define a parte do tema que será objeto da prova que vale nota.
   Segundo a área ou matéria, os conteúdos podem ser um relato histórico, uma corrente filosófica, literária ou artística, um princípio matemático ou físico, etc.
2. Estudo individual sobre o livro-texto
   Cada um dos meninos e meninas, utilizando diferentes técnicas (quadros, resumos, sínteses), realiza o estudo do tema
3. Repetição do conteúdo aprendido
   Cada menino ou menina, individualmente, memoriza os conteúdos da lição que supõe será objeto da prova ou exame.
4. Prova ou exame
   Em classe, todos os alunos respondem às perguntas do exame durante uma hora.
5. Avaliação
   O professor ou a professora comunica aos alunos os resultados obtidos.

Unidade 2

1. Apresentação, por parte do professor ou da professora, de uma situação problemática
   O professor ou a professora expõe aos alunos uma situação conflitante que pode ser solucionada por meios matemáticos, se a situação é matematizável (frações), lingüística (construção de frases), física (relações entre velocidade, espaço e tempo) ou de qualquer outra área.
2. Busca de soluções
   O professor ou a professora pede aos meninos e meninas que exponham diferentes formas de resolver o problema ou a situação.
3. Exposição do conceito e o algoritmo
   O professor ou a professora aproveita as propostas dos alunos para elaborar o novo conceito (fração, sintagma nominal, velocidade) e ensinar o modelo de algoritmo

(operações de frações, análise sintática, fórmula da velocidade), o problema ou a situação.
4. Generalização
O professor ou a professora demonstra a função do modelo conceitual e o algoritmo em todas aquelas situações que cumprem determinadas condições.
5. Aplicação
Os alunos, individualmente, aplicam o modelo a diversas situações.
6. Exercitação
Os alunos realizam exercícios do uso do algoritmo.
7. Prova ou exame
Em classe, todos os alunos respondem às perguntas e fazem os exercícios do exame durante uma hora.
8. Avaliação
O professor ou a professora comunica aos alunos os resultados obtidos.

Unidade 3

1. Apresentação, por parte do professor ou da professora, de uma situação problemática relacionada a um tema
O professor ou a professora desenvolve um tema sobre um fato ou acontecimento, destacando os aspectos problemáticos e os que são desconhecidos para os alunos.
Os conteúdos do tema e da situação que se propõe podem ser um conflito social ou histórico, uma diferença na interpretação de determinadas obras literárias ou artísticas, a comparação entre um conhecimento vulgar de certos fenômenos biológicos e possíveis explicações científicas, etc.
2. Diálogo entre professor ou professora e alunos
O professor ou a professora estabelece um diálogo com os alunos e entre eles e promove o surgimento de dúvidas, questões e problemas relacionados com o tema.
3. Comparação entre diferentes pontos de vista
O professor ou a professora facilita diferentes pontos de vista e promove a discussão em grupo.
4. Conclusões
A partir da discussão do grupo e de suas contribuições, o professor ou a professora estabelece as conclusões.
5. Generalização
Com as contribuições do grupo e as conclusões obtidas, o professor ou a professora estabelece as leis, os modelos interpretativos ou os princípios que se deduzem deles.
6. Exercícios de memorização
Os meninos e meninas, individualmente, realizam exercícios de memorização que lhes permitam lembrar os resultados das conclusões e da generalização.
7. Prova ou exame
Na classe, todos os alunos respondem às perguntas e fazem os exercícios do exame durante uma hora.
8. O professor ou a professora comunica aos alunos os resultados obtidos

Unidade 4

1. Apresentação por parte do professor ou da professora de uma situação problemática relacionada com um tema
   O professor ou a professora desenvolve um tema em torno de um fato ou acontecimento, destacando os aspectos problemáticos e os que são desconhecidos para os alunos.
   Como na unidade anterior, os conteúdos do tema e da situação que se coloca podem ir desde um conflito social ou histórico, diferenças na interpretação de certas obras literárias ou artísticas, até o contraste entre um conhecimento vulgar de determinados fenômenos biológicos e possíveis explicações científicas.
2. Proposição de problemas ou questões
   Os alunos, coletiva e individualmente, dirigidos e ajudados pelo professor ou professora, expõem as respostas intuitivas ou suposições sobre cada um dos problemas e situações propostos
4. Proposta das fontes de informação
   Os alunos, coletiva e individualmente, dirigidos e ajudados pelo professor ou professora, propõem as fontes de informação mais apropriadas para cada uma das questões: o próprio professor, uma pesquisa bibliográfica, uma experiência, uma observação, uma entrevista, um trabalho de campo.
5. Busca da informação
   Os alunos, coletiva e individualmente, dirigidos e ajudados pelo professor ou professora, realizam a coleta dos dados que as diferentes fontes lhes proporcionaram. A seguir selecionam e classificam estes dados.
6. Elaboração das conclusões
   Os alunos, coletiva e/ou individualmente, dirigidos e ajudados pelo professor ou professora, elaboram as conclusões que se referem às questões e aos problemas propostos.
7. Generalização das conclusões e síntese
   Com as contribuições do grupo e as conclusões obtidas, o professor ou professora estabelece as leis, os modelos e os princípios que se deduzem do trabalho realizado.
8. Exercícios de memorização
   Os meninos e meninas, individualmente, realizam exercícios de memorização que lhes permitam lembrar dos resultados das conclusões, da generalização e da síntese.
9. Prova ou exame
   Na classe, todos os alunos respondem às perguntas e fazem os exercícios do exame durante uma hora.
10. Avaliação
    A partir das observações que o professor fez ao longo da unidade e a partir do resultado da prova, este comunica aos alunos a avaliação das aprendizagens realizadas.

Antes de continuar, insistindo no que manifestei anteriormente, e para não fazer uma leitura com preconceitos contra ou a favor, faremos algumas considerações em relação a estes exemplos. Com estas representações não pretendo ilustrar nenhuma tendência nem, naturalmente, fazer avaliações tendenciosas. Uns mais, outros menos, todos temos utilizado, ou utilizamos, formas de ensinar relacionadas com alguma destas seqüências. Como observaremos a seguir, todas elas podem ser válidas. Cada uma delas tem aspectos suficientemente positivos, daí que todas podem ter alguma utilidade. De qualquer forma, segundo quais sejam nossos objetivos, nosso conhecimento dos processos subjacentes à aprendizagem e o contexto educativo em que se realizam, nos daremos conta de que são incompletas. O que nos interessa desta análise é reconhecer as possibilidades e as carências de cada unidade, com o fim de que nos permita compreender outras propostas e reconhecer, em cada momento, aquelas seqüências que se adaptam mais às necessidades educacionais de nossos alunos.

CRITÉRIOS PARA A ANÁLISE DAS SEQÜÊNCIAS: OS CONTEÚDOS DE APRENDIZAGEM COMO EXPLICITAÇÃO DAS INTENÇÕES EDUCATIVAS

Um primeiro olhar nos exemplos propostos servirá para examinar se cada um deles pretende alcançar os mesmos objetivos. Assim, para a análise das seqüências examinaremos, em primeiro lugar, os conteúdos que se trabalham, a fim de julgar se são os mais apropriados para a consecução dos objetivos.

- Se observamos o Quadro 3.1, veremos que os conteúdos da *primeira unidade* são fundamentalmente conceituais. A técnica expositiva dificilmente pode tratar outra coisa que não seja conteúdos conceituais. Em todo caso, podem se expor modelos de realização de algum conteúdo procedimental, ou pode se fazer alguma avaliação sobre as atitudes de algum personagem. Mas o tratamento é basicamente conceitual. As habilidades que se trabalham (tomar notas, técnicas de estudo, síntese, memorização) não podem ser consideradas conteúdos de aprendizagem, já que em nenhum momento são levadas em conta como objetos de ensino, mas como meios para a memorização e, portanto, não se ensinam nem se avaliam diretamente. As atitudes que se desenvolvem nesta unidade não vão além das necessidades para a manutenção da ordem e do respeito dos professores. Com tudo isto podemos concluir que os conteúdos que se trabalham são conceituais e que o objetivo fundamental dos professores consiste em que os alunos "saibam" determinados conhecimentos.
- Os conteúdos da *unidade 2* são fundamentalmente procedimentais no que se refere ao uso do algoritmo e conceituais quanto à compreensão dos conceitos associados, neste caso os de fração, sintagma nominal ou velocidade. Os conteúdos atitudinais mais claros só aparecem na fase de diálogo entre alunos e professor ou professora, enquanto que nas outras fases são apenas o resultado do papel exigido

pelo desenvolvimento das atividades. Nesta unidade se pretende que os meninos e meninas "saibam fazer" os algoritmos de fração ou velocidade, a análise sintática ou a resolução de problemas de velocidades em que seja necessário utilizar a fórmula correspondente – conteúdos procedimentais – e que "sabiam" os conceitos associados.

Quadro 3.1

UNIDADE 1	CONTEÚDOS		
1. Comunicação da lição	C		
2. Estudo individual	C	P	
3. Repetição do conteúdo aprendido	C	P	
4. Prova ou exame	C		
5. Avaliação	C		
UNIDADE 2	**CONTEÚDOS**		
1. Apresentação situação problemática	C		
2. Busca de soluções	C	P	A
3. Exposição do conceito e algoritmo	C	P	
4. Generalização	C	P	
5. Aplicação	C	P	
6. Exercitação	P	C	
7. Prova ou exame	C	P	
8. Avaliação	C	P	
UNIDADE 3	**CONTEÚDOS**		
1. Apresentação situação problemática	C		
2. Diálogo professores/alunos	C	P	A
3. Comparação pontos de vista	C	P	A
4. Conclusões	C		
5. Generalização	C		
6. Exercícios de memorização	C	P	
7. Prova ou exame	C		
8. Avaliação	C		
UNIDADE 4	**CONTEÚDOS**		
1. Apresentação situação problemática	C		
2. Problemas ou questões	C	P	A
3. Respostas intuitivas ou suposições	C	P	A
4. Fontes de informação	C	P	A
5. Busca de informação	P	C	A
6. Elaboração de conclusões	P	C	A
7. Generalização	C		
8. Exercícios de memorização	P	C	
9. Prova ou exame	C		
10. Avaliação	C	P	A

- Na *unidade 3* se pretende que os alunos cheguem a conhecer determinados conteúdos de caráter conceitual. Para sua compreensão se utiliza uma série de técnicas e procedimentos – diálogo e debate, fundamentalmente –, mas como na primeira unidade analisada, estes conteúdos têm uma função de uso, já que certamente não serão levados em conta ao se avaliar. Os conteúdos atitudinais que aparecem – interesse em fazer propostas, participação nos diálogos e debates, respeito pela vez de falar e pela opinião dos demais – tampouco serão considerados conteúdos avaliáveis. Vemos, pois, que nesta unidade aparecem atividades que, apesar de se centrarem na aprendizagem de conteúdos conceituais, utilizam conteúdos de caráter procedimental e atitudinal, e que aparentemente não são objeto de estudo porque não há uma intenção explicitamente educativa, uma vez que tampouco são objeto da avaliação. Se isto é assim, e estes conteúdos procedimentais não são avaliados no desenvolvimento da unidade nem ao final dela, podemos concluir que a única coisa que se pretende é a aprendizagem de conteúdos conceituais, que "saibam" sobre temas históricos, sociais, literários, artísticos ou científicos. Pelo contrário, se os conteúdos de caráter procedimental e atitudinal que se trabalham são avaliados posteriormente e, portanto, se tem consciência de que também são conteúdos que devem se "ensinar" enquanto são utilizados, poderemos dizer que se pretende que os meninos e meninas "saibam" os temas, "saibam fazer" diálogos e debates e "sejam" participativos e respeitosos.
- Na *unidade 4* vemos que em praticamente todas as atividades que formam a seqüência aparecem conteúdos conceituais, procedimentais e atitudinais. Neste caso, os alunos controlam o ritmo da seqüência, atuando constantemente e utilizando uma série de técnicas e habilidades: diálogo, debate, trabalho em pequenos grupos, pesquisa bibliográfica, trabalho de campo, elaboração de questionários, entrevista, etc. Ao mesmo tempo, encontram-se diante de uma série de conflitos pessoais e grupais de sociabilidade que é preciso resolver, o que implica que devam ir aprendendo a "ser" de uma determinada maneira: tolerantes, cooperativos, respeitosos, rigorosos, etc. Nesta seqüência vemos que, como nas outras, aparecem conteúdos das três categorias. Mas neste caso existe um trabalho muito explícito no campo dos conteúdos procedimentais e atitudinais. Do mesmo modo que na unidade anterior, o fato de que apareçam estes conteúdos não quer dizer que exista uma consciência educativa. Enquanto isto não se traduza na maneira de trabalhar estes conteúdos por parte dos professores e não sejam objeto de avaliação, não poderemos considerá-los conteúdos explícitos de aprendizagem. No entanto,

se nos detemos na fase de avaliação, pode se ver que não se faz apenas uma avaliação da prova realizada, mas que a classificação é o resultado das observações feitas durante toda a unidade. Neste caso, pode se afirmar que se pretende que os alunos "saibam" os termos tratados, "saibam fazer" questionários, investigações, entrevistas, etc., e que cada vez "sejam" mais tolerantes, cooperativos, organizados, etc.

Uma primeira avaliação feita segundo a tipologia de conteúdos, como reflexo da função que se atribui ao ensino, permite nos darmos conta de que nos três primeiros casos encontramos diferentes formas de ensinar que não deixam de estar situadas num modelo de formação centrado nos conteúdos convencionais ligados ao "saber" e ao "saber fazer" mais ou menos acadêmicos, com uma função basicamente propedêutica. No caso da unidade 4, se não fosse a aparência de que a avaliação observa os diferentes tipos de conteúdo, poderíamos dizer que se trata de uma forma de ensinar que também se limita aos conteúdos convencionais do "saber", e também poderíamos pensar que os procedimentos, os valores e as atitudes que se desenvolvem são simplesmente uma estratégia para fazer com que a aprendizagem seja mais interessante ou mais profunda. Por outro lado, dado que a avaliação também contempla os procedimentos e atitudes como conteúdos de aprendizagem, podemos considerar que o objetivo do ensino, para este professor ou professora, atende a uma formação mais integral.

A avaliação que podemos fazer destes casos até agora está relacionada à idéia que temos sobre o que deve ser o ensino e, portanto, na maior ou menor coincidência com os objetivos implícitos de cada uma das unidades. Numa primeira aproximação, e se partíssemos do pressuposto de que estes professores sempre utilizam a mesma forma de ensinar, poderíamos estar mais ou menos de acordo com cada um deles, segundo o sentido e o papel que nós atribuímos ao ensino. Agora, se nossa concepção perseguisse a formação integral do aluno, só poderíamos nos inclinar para a unidade 4, já que é o único caso em que se trabalham explicitamente as diferentes capacidades da pessoa. Mas, inclusive neste caso, seria necessário comprovar posteriormente se existe uma coincidência com o tipo de cidadão e cidadã que se promove. No entanto, em nenhum caso podemos pensar que estas são as únicas formas de trabalhar e, portanto, podemos pensar que o próprio professor combina estes quatro tipos de unidades, além de outras. Assim, supondo que em cada caso estes sejam os conteúdos que se querem trabalhar, nos interessa descobrir se a seqüência didática proposta serve para alcançar os objetivos previstos, quer dizer, se promove a aprendizagem. É neste momento que temos que nos perguntar se todas as seqüências são úteis para chegar àquilo que pretendemos. Então, é o momento de utilizar o outro referencial de análise: a atenção à diversidade e a concepção construtivista.

A CONCEPÇÃO CONSTRUTIVISTA E A ATENÇÃO À DIVERSIDADE

Podemos extrair do conhecimento da forma de produção das aprendizagens duas perguntas: a primeira, relacionada com a potencialidade das seqüências para favorecer o maior grau de significância das aprendizagens, e a segunda, sua capacidade para favorecer que os professores prestem atenção à diversidade.

Expressada de forma muito sintética, e como vimos, a aprendizagem é uma construção pessoal que cada menino e cada menina realizam graças à ajuda que recebem de outras pessoas. Esta construção, através da qual podem atribuir significado a um determinado objeto de ensino, implica a contribuição por parte da pessoa que aprende, de seu interesse e disponibilidade, de seus conhecimentos prévios e de sua experiência. Em tudo isto desempenha um papel essencial a pessoa especializada, que ajuda a detectar um conflito inicial entre o que já se conhece e o que se deve saber, que contribui para que o aluno se sinta capaz e com vontade de resolvê-lo, que propõe o novo conteúdo como um desafio interessante, cuja resolução terá alguma utilidade, que intervém de forma adequada nos progressos e nas dificuldades que o aluno manifesta, apoiando-o e prevendo, ao mesmo tempo, a atuação autônoma do aluno. É um processo que não só contribui para que o aluno aprenda certos conteúdos, mas também faz com que aprenda a aprender e que aprenda que pode aprender. Sua repercussão não se limita ao que o aluno sabe, igualmente influi no que sabe fazer e na imagem que tem de si mesmo.

Este conhecimento nos permite estabelecer uma série de perguntas ou questões acerca das diferentes seqüências didáticas, com o objetivo de reconhecer sua validade mas, sobretudo, de nos facilitar pistas para reforçar algumas atividades ou acrescentar outras novas. As perguntas podem ser feitas da seguinte forma:

Na seqüência didática existem atividades:
a) que nos permitam determinar os *conhecimentos prévios* que cada aluno tem em relação aos novos conteúdos de aprendizagem?
b) cujos conteúdos são propostos de forma que sejam *significativos e funcionais* para os meninos e as meninas?
c) que possamos inferir que são adequadas ao *nível de desenvolvimento* de cada aluno?
d) que representem um desafio alcançável para o aluno, quer dizer, que levam em conta suas competências atuais e as façam avançar com a ajuda necessária; portanto, que *permitam criar zonas de desenvolvimento proximal* e intervir?
e) que provoquem um *conflito cognitivo* e promovam a *atividade mental* do aluno, necessária para que estabeleça relações entre os novos conteúdos e os conhecimentos prévios?

f) que promovam uma *atitude favorável*, quer dizer, que sejam motivadoras em relação à aprendizagem dos novos conteúdos?
g) que estimulem a *auto-estima* e o *autoconceito* em relação às aprendizagens que se propõem, quer dizer, que o aluno possa sentir que em certo grau aprendeu, que seu esforço valeu a pena?
h) que ajudem o aluno a adquirir habilidades relacionadas com o *aprender a aprender*, que lhe permitam ser cada vez mais autônomo em suas aprendizagens?

Se utilizamos estas perguntas nas quatro unidades que apresentamos como exemplo, poderemos estabelecer as considerações que se expõem a seguir.

Unidade 1

1. Comunicação da lição 2. Estudo individual sobre o livro-texto 3. Repetição do conteúdo aprendido 4. Prova ou exame 5. Avaliação

a) Conhecimentos prévios

Nesta unidade podemos observar que o professor ou a professora pouco controla o processo de aprendizagem dos alunos, as atividades propostas não lhes permite saber de que conhecimentos prévios dispõem. O professor supõe que todos os meninos e meninas sabem do que necessitam para esta unidade, ou prescinde deste conhecimento. Em todo caso, podemos supor que parte do resultado da última avaliação. Se esta informação é insuficiente, certamente bastaria introduzir uma atividade inicial, por exemplo, um diálogo ou debate sobre o tema, que facilitasse informar-se sobre os conhecimentos dos alunos para que servisse como ponto de partida da exposição.

b) Significância e funcionalidade dos novos conteúdos

Pela descrição da seqüência não podemos saber se os conteúdos tratados são suficientemente significativos ou funcionais. Que o sejam ou não depende de como se tenha iniciado a intervenção. Se a exposição é uma simples transmissão dos conteúdos que não guarda nenhuma relação com algum fato próximo à realidade experiencial ou afetiva do aluno – como partir de alguma situação conflitante ou problemática –, os conteúdos do tema serão considerados somente como uma lição que é preciso conhecer para desempenhar-se com êxito na prova e não tanto como um conhecimento que é interessante possuir.

c) Nível de desenvolvimento

O grau de complexidade da exposição e o número de variáveis inter-relacionadas que se utilizem determinarão a dificuldade da compreensão. Se à exposição não se acrescentam atividades de diálogo com os alunos ou entre eles, que permitam nos darmos conta da conveniência dos novos conteúdos, tanto em relação às dificuldades de compreensão como a sua capacidade, será um processo sem controle, no qual a aprendizagem dependerá apenas da capacidade pessoal de cada um dos meninos e meninas.

d) Zona de desenvolvimento proximal
Se, quando se estabeleceram formas de comunicação individualizadas, já é bastante difícil determinar se os desafios que se propõem aos alunos e o tipo de ajuda são apropriados para cada um deles, poder controlar esta condição é praticamente impossível numa seqüência como esta. Será necessário introduzir atividades que estimulem os alunos a expressar o que pensam sobre o tema tratado, de forma que nos dêem pistas acerca dos diferentes níveis de complexidade que deve ter a exposição.

c) Conflito cognitivo e atividade mental
Numa seqüência deste tipo, o professor nunca controla a atividade mental do aluno. Se a exposição introduz as possíveis questões, paradoxos ou contradições, sem dúvida favorecerá os conflitos cognitivos de alguns alunos, mas não os de todos, nem com a profundidade suficiente para garantir que cada um deles realize o processo construtivo que a aprendizagem exige. Para poder influir no processo de elaboração individual, na atividade mental de cada menino e menina, terá que introduzir atividades que obriguem os alunos a questionar seus conhecimentos e a reconsiderar as interpretações que fizeram deles.

f) Atitude favorável
A motivação para a aprendizagem não decorre da seqüência em si mesma, ao menos neste caso, já que tal como está descrita não conta com nenhuma atividade prévia à exposição para despertar o interesse dos alunos. O fato de que seja mais ou menos interessante dependerá da forma e das características da exposição. A maneira de fazê-la, o tipo de relações e cumplicidades que se estabelecem entre professor e aluno, os exemplos, a empatia e o grau de comunicação são as cartas de que o professor pode dispor, numa seqüência deste tipo, para fomentar o interesse pela aprendizagem. Se efetuamos uma leitura tópica desta seqüência, tal como a descreve Bini, certamente poderemos dizer que as razões que justificam a motivação dos alunos estão fora do conteúdo de aprendizagem e se centram em alcançar alguns bons resultados. O que mais importa não é saber, mas superar as provas da avaliação, de maneira que as estratégias de aprendizagem que se mobilizam são aquelas que garantem o êxito na prova e não no conhecimento. Para poder incidir nesta variável é necessário pôr em jogo diferentes recursos

que não podem se concretizar somente numa atividade mais ou menos satisfatória no começo da unidade, mas terá que complementá-la com uma série de medidas estreitamente relacionadas com a necessidade de promover a auto-estima e o autoconceito de cada menino e menina.

g) Auto-estima e autoconceito

Este tipo de seqüência dispõe poucos meios para o professor se relacionar afetivamente com os alunos, daí que é muito difícil que os aspectos associados aos sentimentos, às avaliações próprias e dos outros, às expectativas, etc. se traduzam em ações dos professores que possam incidir favoravelmente. Devemos ter presente que, usando exclusivamente uma seqüência deste tipo, os momentos de relação pessoal se limitam a alguns contatos esporádicos, muitas vezes fora da aula, ou à informação, geralmente por escrito e muito concisa, que se dá nas avaliações. Se levamos em conta que o fomento da auto-estima e do autoconceito é fundamental para favorecer a aprendizagem, teremos que introduzir atividades que permitam intercâmbios freqüentes professor/ aluno. Teremos que reconsiderar, também, que sentido deve ter a avaliação, para que se centre não tanto no que lhes falta aprender como no progresso que estão experimentando.

h) Aprender a aprender

Neste modelo, as atividades que o aluno realiza de forma independente são básicas. A partir da exposição do professor ou da professora, o aluno fica com o papel principal – será ele que fará o estudo, as atividades de memorização e a prova, de maneira que terá que se virar naquelas atividades que lhe permitam superar as provas ou exames. Tanto é assim que estas últimas certamente serão as habilidades em que conseguirá ser mais competente. Mas não devemos esquecer que não são habilidades exclusivas, nem certamente as mais importantes, para posteriormente realizar aprendizagens de maneira autônoma – sempre que entendamos que estas aprendizagens não são unicamente as relacionadas com a superação de provas mais ou menos escolares.

Conclusões

Podemos deduzir, desta análise, que dificilmente se pode atender aos princípios de uma aprendizagem significativa e que leve em conta a diversidade se não se incluem muitas outras atividades que ofereçam mais informação acerca dos processos que os alunos seguem, que permitam adequar a intervenção a estes acontecimentos. Mas como veremos quando tratarmos, neste mesmo capítulo, do ensino dos conteúdos factuais e conceituais, esta seqüência é, com algumas mudanças, muito benéfica. Principalmente quando os conteúdos são factuais (nomes, obras, datas, acontecimentos, dados, descrições, etc.) ou quando os conceitos são suficientemente simples para a idade dos alunos. Neste caso, somente se atendidas as condições que promovem a motivação, dado que há poucas dificuldades de compreensão e que muitas vezes a simples exposição e memorização posterior é suficiente para que a aprendizagem seja significativa. Por outro lado, quando os conteúdos são mais complexos, esta seqüência é muito simples para poder satisfazer todas as condições de que os professores necessitam para controlar os processos de ensino que garantam uma aprendizagem verdadeiramente compreensiva.

O desprestígio de que goza esta seqüência, nas posições progressistas, se deve ao uso único e excludente que se faz dela e ao fato de ser utilizada normalmente pelas propostas que consideram que uma das funções primordiais do ensino é a seletiva, transformando assim o modelo de intervenção num instrumento seletivo essencial. De certo modo se diz: não apenas não serve quem não sabe, como tampouco serve quem não é capaz de aprender um sistema de exposição simples. Quem não aprende desta maneira não está preparado ou não está em condições de seguir os estudos. O êxito, ou a sobrevivência no modelo, é o que o legitima, ao mesmo tempo, como meio e como fim em si mesmo. Mas este uso perverso do modelo de seqüência não deve nos fazer perder de vista sua potencialidade para determinados conteúdos.

Unidade 2

1. Apresentação, por parte do professor ou da professora, de uma situação problemática 2. Busca de soluções 3. Exposição do conceito e algoritmo 4. Generalização. 5. Aplicação 6. Exercitação 7. Prova ou exame 8. Avaliação

a) Conhecimentos prévios

A segunda atividade desta seqüência, quando o professor pede aos alunos diferentes formas de resolver o problema ou conflito, é a que pode permitir saber que conhecimentos têm acerca do tema em questão. Mas para que isto seja assim, será necessário que estas perguntas, e principalmente as respostas, tenham sido feitas pelos alunos que se encontram numa situação mais desfavorável e não apenas por uns poucos alunos, nem por aqueles que geralmente dispõem de mais informação. Caso contrário, é fácil cair na ilusão de acreditar que as respostas dadas espontaneamente por parte dos alunos correspondem ao conhecimento de todos e de cada um dos meninos e meninas.

b) Significância e funcionalidade dos novos conteúdos

Esta seqüência resolve com clareza esta condição, já que o conceito não aparece antes de que tenha se apresentado sua necessidade. Em primeiro lugar, foi preciso elaborar o conceito para poder resolver o problema, de maneira que o termo aparece quando já se construiu o significado. A generalização necessária de todo conceito se produz quando já se comprovou seu valor num caso concreto e não antes. Nas atividades posteriores de aplicação, irá se aprofundar na significância e na funcionalidade dos conceitos. No entanto, a ressalva que podemos fazer está relacionada com o grau de participação na elaboração do conceito, de maneira que se não existe um diálogo constante entre professor e alunos, especialmente com os que apresentam mais dificuldades, pode se produzir o paradoxo de que a única pessoa que realmente construiu o significado do novo conteúdo seja o próprio professor.

c) Nível de desenvolvimento

Como acontece com os conhecimentos prévios, o momento fundamental para determinar a capacidade dos alunos para compreender os novos conteúdos é a atividade em que eles mesmos propõem soluções ao problema colocado pelo professor ou professora. Sempre que estas propostas não sejam de uns poucos alunos nem as dos menos representativos. Nas atividades posteriores de exercitação e sobretudo nas de aplicação, também poderemos comprovar o grau de compreensão e as dificuldades de cada aluno.

d) Zona de desenvolvimento proximal

A informação que pode se tirar da segunda atividade pode indicar onde se deve situar os desafios na exposição que dará lugar à conceitualização. Mas isto não bastará se na exposição não se introduz um diálogo com todos os alunos, que permita reconduzir o discurso segundo as interpretações que façam. Os dados que tenhamos sobre o que sabem e podem saber ou fazer serão cruciais no planejamento dos exercícios. Esta informação deve nos permitir estabelecer uma ordenação progressiva das atividades, a fim de que cada aluno avance segundo seu ritmo e suas possibilidades reais.

e) Conflito cognitivo e atividade mental

A primeira atividade proposta, em que o professor propõe uma situação problemática, e a segunda, em que os alunos tentam dar uma resposta, são as que permitem satisfazer esta condição. Estes problemas, caso se consiga que os alunos se apropriem deles, são os que devem promover a atividade mental necessária para a construção do conceito. Mas toda a seqüência está sujeita a esta condição, de maneira que o processo de generalização e a aplicação descontextualizadora posterior efetivam esta função de incentivo à construção de significado. Será preciso ver o grau de envolvimento dos alunos neste processo, a fim de que não se limite a um acompanhamento mecânico de alguns passos supostamente construtivos.

f) Atitude favorável

A primeira atividade pode cumprir uma função motivadora sempre que os problemas propostos tenham sua origem em situações próximas dos interesses dos alunos. Portanto, dependerá do tipo de problemas e das situações propostas que os alunos estejam dispostos a aprender. O grau de envolvimento dos alunos em todo o processo também será o que nos informa sobre sua atitude. Devemos levar em conta que, com exceção das duas primeiras atividades e as posteriores, de aplicação e exercitação, os intercâmbios possíveis com os alunos podem ser insuficientes para mantê-los interessados. Também dependerá do papel da avaliação e do tipo de provas que se realizem, já que o interesse pelo saber pode se deslocar facilmente para o interesse pela nota ou conceito.

g) Auto-estima e autoconceito

O fato de partir das opiniões dos alunos e de suas contribuições para resolver os problemas é uma forma de avaliá-los. Nesta seqüência, apesar de se dar muita importância aos conhecimentos e às idéias dos alunos, a potencialização ou a não-potencialização da imagem pessoal dependerá do tipo de comentários efetuados e do tipo de avaliações realizado ao longo da unidade. Será também o tipo de avaliação, mas sobretudo a avaliação que se faça tanto dos resultados obtidos como do processos seguidos, o que determinará que a auto-estima ou o auto-conceito sejam mais ou menos positivos.

h) Aprender a aprender

A contribuição essencial desta seqüência é que segue fases fundamentalmente indutivas, nas quais o aluno elabora certos conceitos e faz a descontextualização necessária de toda generalização, aplicando o conceito em outras situações. Esta forma de pensar lhe oferece estratégias cognitivas extremamente valiosas em qualquer situação de aprendizagem. Mas, apesar disso, o grau de autonomia do aluno é limitado e as habilidades aprendidas se concretizam mais no contexto escolar: estudo compreensivo, memorização e exercitação.

Conclusões

Como pudemos ver, esta seqüência satisfaz de maneira adequada muitas das condições que fazem com que a aprendizagem possa ser o mais significativa possível. Permite prestar uma atenção notável às características diferenciais dos alunos, sempre que se introduza um maior número de intercâmbios que favoreça o deslocamento do protagonismo para os alunos. E é aqui que se encontra a grande debilidade desta seqüência, já que facilmente se corre o risco de dar por bom o discurso do professor e as respostas de alguns alunos como supostos representantes do pensamento da maioria. Ao mesmo tempo, a motivação inicial pode perder força se não se introduzem atividades que dêem sentido à tarefa de aprendizagem, principalmente nas atividades mais pesadas de exercitação. E, finalmente, é crucial o papel que se atribui à avaliação, já que pode modificar por completo a valoração da seqüência segundo a função que este elemento tenha na unidade.

Unidade 3

1. Apresentação por parte do professor ou da professora de uma situação problemática em relação a um tema 2. Diálogo entre professor ou professora e alunos 3. Comparação entre diferentes pontos de vista 4. Conclusões 5. Generalização 6. Exercícios de memorização 7. Prova ou exame 8. Avaliação.

a) Conhecimentos prévios

Como se pode ver, esta seqüência apresenta uma diferença fundamental em relação às anteriores no que se refere ao grau de participação dos alunos. As duas primeiras atividades são como as da unidade 2. Portanto, como naquele caso, a segunda permite examinar com bastante fidelidade que conhecimentos têm os meninos e meninas, sempre que todos participem do diálogo. Neste caso, devemos acrescentar que os alunos participam na maioria das atividades que compõem a unidade, fato que permite que o conhecimento sobre o estado de elaboração e o que sabem apareça freqüentemente e que possibilita, ao mesmo tempo, a adequação das intervenções do professor às necessidades que se apresentam.

b) Significância e funcionalidade dos novos conteúdos

O esquema da seqüência é muito similar ao anterior, mas além das mudanças determinadas pelo grau de participação dos alunos, cabe acrescentar que neste caso só se tratam de maneira manifesta conteúdos de caráter conceitual, enquanto que no anterior os procedimentais eram básicos. Como no modelo anterior, isto faz com que o sentido das aprendizagens esteja claramente determinado desde o começo. Os novos conteúdos de aprendizagem aparecem, no princípio, como meios para resolver os conflitos que o professor propôs e não como um conhecimento fora de um contexto mais ou menos próximo do aluno.

c) Nível de desenvolvimento

A participação dos alunos durante a seqüência permite, desde que o professor esteja alerta, reconhecer as dificuldades de compreensão que se apresentam. Portanto, é possível adequar as explicações aos diferentes graus de assimilação.

d) Zona de desenvolvimento proximal

A segunda e terceira atividades são cruciais para examinar o que pensam os alunos, que dúvidas têm e que interpretações fazem. Esta série de informações pode ser suficiente para orientar o tipo de exemplos que é preciso dar, ou argumentos que é preciso colocar para que a construção do conhecimento seja realizada por todos os meninos e meninas.

e) Conflito cognitivo e atividade mental

O ponto de partida desta seqüência é a criação do conflito cognitivo e a ativação do pensamento, de maneira que esta é uma das funções da primeira atividade. Mas este argumento não se limita a esta atividade, senão que nas seguintes se busca que os alunos manifestem suas opiniões, a fim de que lhes seja mais fácil entender as conclusões e o processo de generalização. No entanto, dado o protagonismo que o professor tem ao tirar conclusões, e no momento da generalização, é bem possível que este processo construtivo só seja realizado por aqueles que tenham sido capazes de participar ativamente. Certamente será necessário introduzir alguma atividade que promova um maior grau de participação dos alunos no processo de generalização e, portanto, um maior controle do professor sobre o processo de aprendizagem.

f) Atitude favorável

Esta é a outra função que a primeira atividade deveria cumprir. O fato de que se parta de uma situação conflitante pode facilitar que os alunos se engajem, mas, logicamente, para que este interesse não se manifeste apenas nos mais estimulados intelectualmente, será necessário entreter os alunos para permitir a participação de todos. A vantagem desta unidade é que oferece a possibilidade de potencializar nas atividades seguintes, o interesse inicial ou favorecer outros momentos para provocá-lo novamente. Como sempre, o papel que desempenhe a avaliação será crucial como meio para promover interesse pelo conteúdo de aprendizagem ou simplesmente pela nota final.

g) Auto-estima e autoconceito

As opiniões dos alunos são a matéria-prima para a construção do discurso do professor e para gerar as conclusões. É lógico que se os diferentes momentos de diálogo são utilizados para promover a avaliação pessoal, estes ajudarão na formação de imagens positivas. Mas o simples fato de que haja um maior número de relações interpessoais não quer dizer que ajudem na melhora do autoconceito. O tipo de intercâmbios, as avaliações que se fazem das opiniões e, principalmente, o tipo de valoração final das aprendizagens alcançadas e sua publicidade serão peças cruciais na construção positiva da auto-estima.

h) Aprender a aprender

O que comentamos na unidade 2 em relação a este fator também pode se aplicar a esta unidade. Esta seqüência ajuda a promover certas habilidades de construção pessoal de conceitos, às quais é preciso acrescentar as técnicas de estudo e de memorização. Todas elas são estratégias cruciais para possibilitar novas aprendizagens, mas têm o defeito de se limitar a um determinado tipo de habilidades, embora sejam, sem dúvida, as mais habituais no contexto escolar.

Conclusões

Esta seqüência, pelo fato de seguir um esquema centrado na construção sistemática dos conceitos e oferecer um grau notável de participação dos alunos, especialmente nos processos iniciais, satisfaz em grande parte, as condições que possibilitam que as aprendizagens sejam o mais significativas possível. As carências são conseqüência da dificuldade para manter o controle do processo individual de cada aluno. É fácil cair na tentação de acreditar que todos e cada um dos meninos e meninas participam numa autêntica construção pessoal de significados. Dado que o ritmo da classe, e sobretudo a obtenção de conclusões, tem como protagonista o professor ou a professora, pode se cair facilmente numa situação em que os alunos se limitam apenas a reproduzir as explicações finais – objeto de avaliação – e considerem as atividades prévias como uma simples liturgia necessária para dar um tom atual à intervenção educativa. Neste caso, será responsabilidade do tipo de provas de avaliação conseguir que a aprendizagem seja mais ou menos profunda, que se reduza à simples exposição das conclusões e generalizações, ou que se converta num instrumento da revisão que o aluno faz do processo que seguiu, desde as perguntas iniciais até a elaboração de suas próprias "descobertas".

Unidade 4

> 1. Apresentação por parte do professor ou da professora de uma situação problemática em relação a um tema 2. Proposição de problemas ou questões 3. Explicitação de respostas intuitivas ou suposições 4. Proposta das fontes de informação 5. Busca da informação 6. Elaboração de conclusões 7. Generalização das conclusões e síntese. 8. Exercícios de memorização 9. Prova ou exame 10. Avaliação

a) Conhecimentos prévios

Como nas duas unidades anteriores, as atividades iniciais têm como uma das funções prioritárias evidenciar os conhecimentos prévios.

No entanto, neste caso a estrutura da seqüência se organiza em torno das contribuições que os alunos fazem em cada momento. São eles que manifestam seus problemas ou perguntas, que serão os que deverão articular toda a intervenção. O objetivo da unidade não consiste em conhecer um tema, mas em dar resposta a determinadas perguntas que os alunos se fazem e que consideram que é interessante resolver. Também se parte do princípios de que os alunos possuem um conhecimento. Portanto, antes de iniciar a investigação, busca-se que este conhecimento aflore ou que os alunos se inclinem por possíveis soluções, quer dizer, que elaborem suas hipóteses ou suposições. Estes dados serão cruciais para saber que conhecimentos têm os alunos sobre o tema tratado. O problema surge quando nos perguntamos qual é o grau de envolvimento dos alunos nas perguntas e hipóteses que fazem. Neste ponto é necessário empreender um trabalho em pequenos grupos ou individualmente, que ajude todos os meninos e meninas a participarem em sua elaboração. Nesta seqüência, o papel fundamental do professor consiste em incentivar a participação. Se não há participação, o processo só será seguido por uns poucos, embora se tenha a falsa impressão de se tratar de um processo coletivo.

b) Significância e funcionalidade dos novos conteúdos

Neste caso, o que se aprende sempre é o resultado da resposta às perguntas que se fazem. Portanto, todos os conteúdos que se referem ao tema têm sentido como meios para ampliar o conhecimento ou resolver situações que os alunos considerem interessantes, já que se não fosse assim não teriam feito a pergunta. Assim, quanto aos conteúdos conceituais, a significância e a funcionalidade estão garantidas. Por outro lado, se nos detemos nos conteúdos procedimentais, nos damos conta de que nunca aparecem como uma necessidade da aprendizagem escolar, mas como um meio imprescindível para resolver os problemas ou questões colocados. A realização de uma pesquisa bibliográfica ou a utilização da medida, da enquete, da observação direta, da experimentação, etc., para não mencionar todas as habilidades, técnicas e estratégias ligadas às funções da língua – ler, escrever, escutar, falar –, têm lugar de forma natural em função de uma necessidade de uso, o que implica a evidente significância destas aprendizagens.

c) Nível de desenvolvimento

As perguntas feitas, as suposições propostas, o diálogo que se estabelece em pequenos grupos ou coletivamente, o tipo de técnicas de informação utilizadas, os dados selecionados, etc., podem proporcionar informação suficiente para determinar qual o grau de dificuldade de aprendizagem que apresenta o tema. No entanto, será necessário que o professor ou a professora não deixe nas mãos de uns poucos alunos a dinâmica do processo e que intervenha para promover a participação e a explicitação do pensamento de todos os meninos e meninas.

d) Zona de desenvolvimento proximal

A segunda e a terceira atividades são cruciais para examinar o que pensam os alunos, que dúvidas têm e que interpretações fazem. Esta série de informações pode ser suficiente par orientar o tipo de exemplos ou argumentos que é necessário oferecer a fim de que a construção do conhecimento seja realizada por todos e cada um dos meninos e meninas.

e) Conflito cognitivo e atividade mental

Apesar do fato de que a seqüência se articula segundo o esquema da pesquisa, o que quer dizer que seu desenvolvimento implica um profundo processo intelectual, seguidamente os aspectos que chamam mais a atenção das fases de investigação – por exemplo, visitas, observações, ensaios de laboratório, entrevistas, elaboração de simulações ou produtos – podem fazer com que o aluno demonstre muita atividade, mas que na realidade, se limite a seguir estritamente as ordens e instruções, sem que estas ações cheguem a se transformar no meio intencional para favorecer a realização do processo mental exigido pela aprendizagem. Tanto é assim que, com a passagem do tempo, muitas vezes os alunos se limitam a recordar os aspectos mais episódicos do trabalho realizado. Agora, esta consideração não tem cabimento nesta unidade, já que houve um verdadeiro trabalho nas fases 1, 2, 3 e 4. No entanto, seria um comentário acertado naquelas unidades cujas atividades de pesquisa são feitas sem que o aluno participe da definição de razões que justificam a saída, a experimentação ou a observação, de forma que se convertem em atividades sem nenhum outro sentido além da decisão mais ou menos arbitrária do professor. Fazem-se coisas bastante interessantes, mas não se sabe o porquê. O que deveria ser um meio para promover a atividade mental, dado que para favorecê-la é preciso contribuir com manipulações – sobretudo em determinadas idades –, se converte numa finalidade em si mesma.

f) Atitude favorável

A motivação é a alma da seqüência. Ou os alunos estão interessados ou a seqüência se interrompe em alguma das fases. A atividade inicial pretende criar os primeiros interesses e deve ser a que provoca as perguntas. É, pois, a peça-chave da unidade. Ou se criam as condições para que os meninos e meninas formulem as questões que querem resolver ou dificilmente se pode seguir adiante. Mais, todas as fases posteriores giram em torno do protagonismo dos alunos, de tal forma que além de ser um fator motivador em si mesmas, a tensão necessária para desenvolver a unidade passa pela manutenção constante do interesse. E aqui é onde o papel do professor adquire todo seu sentido, como favorecedor e dinamizador de todo o processo, estabelecendo os desafios individuais e coletivos e oferecendo meios que mantenham a atenção dos alunos.

g) Auto-estima e autoconceito

Nesta unidade, todo o peso do trabalho repousa na dinâmica do grupo. Suas contribuições são as que configuram as diferentes fases da seqüência e a maioria dos conteúdos. Portanto, há uma valoração das contribuições e dos conhecimentos dos alunos e certas expectativas em relação às suas capacidades, tanto para solucionar os problemas que lhes suscitam os temas tratados, como para resolver os conflitos de todo tipo que surgirão numa seqüência pouco determinada. Ao mesmo tempo, levando em conta a quantidade de relações que se estabelecem, as possibilidades de intervir durante o processo permitem fazer avaliações que ajudem ou não a criar sensações positivas de auto-estima e auto-conceito. Logicamente, será a consciência dos professores diante destas necessidades que influirá nas idéias dos alunos, já que, evidentemente, a unidade não o garante por si mesma. Por último, temos que examinar novamente o papel decisivo da avaliação. Neste caso, o único traço diferencial que encontramos é o fato de que a avaliação não apenas é o resultado da prova, como também do trabalho realizado ao longo da unidade. Agora, em nenhum caso podemos saber que tipo de avaliação se faz, o que nos permite tirar conclusões sobre se promove ou não as avaliações pessoais que melhoram a auto-estima e o autoconceito.

h) Aprender a aprender

Este é um dos fatores mais claros nesta unidade, no mínimo pelo fato de incluir, além das habilidades escolares de estudo individual, muitas outras de variedade e características suficientemente diferenciadas. Dependendo dos diferentes tipos de instrumentos ou fontes de informação, sejam diretos ou indiretos, o número de técnicas e habilidades para favorecer que aprendam a aprender será notável. Mas será necessário que haja um verdadeiro trabalho de ensino destas estratégias de aprendizagem, um trabalho que não se reduza a um uso mais ou menos episódico.

Conclusões

Esta seqüência, comparada com os demais, é a que apresenta uma maior variedade de atividades, o que logicamente lhe permite satisfazer a totalidade dos condicionantes, a fim de que as aprendizagens sejam o mais significativas possível. Para que estas razões sejam acertadas, os professores deverão ter uma consciência clara a respeito do sentido de cada fase. Numa unidade deste tipo é fácil se deixar levar pela dinâmica do grupo e perder de vista os objetivos que se perseguem. Os problemas e a complexidade da organização do grupo fazem com que esta tarefa ocupe um espaço de tempo notável, somado à necessidade de reconduzir os interesses naturais dos alunos para os objetivos previstos. Apesar de tudo, o maior risco está na possibilidade de cair no denominado falso ativismo, quer dizer, que a atenção do educador se centre nas atividades de pesquisa: observações diretas, visitas, excursões, elaborações, etc., abandonando as atividades prévias e posteriores que são básicas para alcançar a compreensão dos conhecimentos propostos. Embora este não seja o caso, também é possível que não realize um trabalho sério de estudo, posterior às atividades de compreensão, de forma que não haja oportunidade para se fazer os exercícios de memorização imprescindíveis para possibilitar sua lembrança posterior.

AS SEQÜÊNCIAS DE CONTEÚDO, OUTRA UNIDADE DE ANÁLISE

A confluência do referencial construtivista com a explicitação dos conteúdos segundo sua tipologia nos permitiu analisar algumas seqüências didáticas. Isto tornou possível que examinássemos os diferentes conteúdos e chegássemos a algumas conclusões sobre a necessidade de insistir, modificar ou ampliar estas seqüências com outras atividades. No entanto, vocês devem ter se dado conta de que a análise focalizou os conteúdos conceituais, deixando de lado os outros, de tal forma que a maioria das considerações foi feita em relação a estes conteúdos. Portanto, as atividades propostas têm por objetivo a melhora da significância na aprendizagem dos conteúdos conceituais. Esta inclinação é determinada pelas próprias características das seqüências. Como pudemos ver, todas elas trabalham conteúdos conceituais, mas só a segunda introduz determinados conteúdos procedimentais, enquanto que a quarta os amplia com outros de tipo procedimental e atitudinal. Assim, pois, o estudo esteve condicionado pelas características das seqüências. Se, em vez de nos centrarmos preferencialmente nos conteúdos conceituais, tivéssemos prestado atenção aos procedimentais e atitudinais, poderíamos considerar que a análise está completa?

Em primeiro lugar, vamos nos deter na segunda seqüência que, além dos conceitos, considera como conteúdos de aprendizagem os algoritmos, a análise sintática ou a aplicação da fórmula da velocidade, segundo os exemplos de uma ou outra área. Agora, a pergunta que nos colocamos é a seguinte: com a seqüência descrita e o conhecimento que temos sobre a aprendizagem destes conteúdos de caráter procedimental, podemos deduzir que as atividades propostas são apropriadas? Nesta unidade pudemos comprovar que algumas atividades tornaram possível a compreensão dos conceitos associados aos procedimentos, de maneira que os meninos e meninas podem entender que função têm e como são utilizados, ao mesmo tempo que fizeram toda uma série de exercícios para se iniciar em seu domínio. Se agora examinamos os conteúdos procedimentais da unidade 4, veremos que se utilizam alguns como o trabalho em equipe, a pesquisa, a entrevista, etc. Mas com o trabalho realizado nestas duas unidades não podemos assegurar que os alunos cheguem a dominar estes diferentes procedimentos e técnicas. Sabemos que os trabalham, mas isto não basta. Para que realmente cheguem a dominá-los, será necessário, em primeiro lugar verificar se nas outras unidades, anteriores e posteriores, há momentos em que estes conteúdos voltam a aparecer.

Ampliemos agora nosso objeto de análise aos conteúdos atitudinais que podem ser trabalhados na unidade 4 e nos perguntemos: nesta unidade, se aprendeu a ser mais tolerante, respeitoso e cooperador? Nossa resposta nos fará ver ainda mais a necessidade de revisar não apenas as unidades anteriores e posteriores da própria área ou disciplina, como todas as unidades de todas as áreas que incidem nos alunos. Assim, pois, vemos que nos falta uma nova unidade de análise que se centre em todas aquelas atividades que podem incidir na aprendizagem de um determinado conteúdo. Trata-se de um conjunto de atividades que em alguns casos se concretiza em apenas uma unidade didática e em outros casos se estende ao longo de várias, ou inclusive de todas as unidades didáticas.

Para poder estabelecer as características desta unidade de análise – básica sobretudo nas áreas de caráter mais procedimental e para os conteúdos de caráter atitudinal e, também, portanto, para os conteúdos dos denominados eixos transversais e aqueles objetivos relacionados com a moral e a ética – proporemos um exemplo em que se utilizam seqüências didáticas da unidade de tipo 4 ao longo de todo um curso.

Vamos nos situar na área de conhecimento do meio no ensino fundamental. Organizemos os conteúdos em quinze unidades, de forma que para cada uma corresponda duas semanas. As unidades são as seguintes: Unidade 1 – A paisagem; Unidade 2 – A vegetação; Unidade 3 – A hidrografia... Unidade 15 – A passagem do tempo. Dos possíveis conteúdos que serão abordados nas diversas unidades, iremos nos fixar somente em três: os componentes da paisagem, a interpretação e a realização de planos e mapas e a cooperação. Conteúdos fundamentalmente de caráter conceitual, procedimental e atitudinal, respectivamente.

O conteúdo conceitual "componentes da paisagem" será trabalhado especificamente na primeira unidade. Será realizada uma série de atividades de ensino com o objetivo de que ao final da unidade se tenha aprendido esse conteúdo. Teremos uma série de atividades com um princípio e um final na própria unidade. No começo, os alunos desconhecem a maioria dos "componentes da paisagem", mas no final, se as atividades foram apropriadas, podem considerá-los aprendidos. Neste caso, temos uma seqüência de atividades específicas para este conteúdo. Nas unidades posteriores utilizaremos estes conceitos e certamente ampliaremos e melhoraremos seu conhecimento, mas podemos considerar que as atividades fundamentais se desenvolveram na primeira unidade. Estas atividades são as que configurarão a *seqüência do conteúdo "componentes da paisagem"*.

O conteúdo procedimental "interpretação e realização de planos e mapas" já aparece na primeira unidade, que, pelo fato de estar localizada no começo do curso, implica um grau de exigência muito baixo. Nesta unidade será iniciado um trabalho de elaboração de planos e mapas que se estenderá ao longo de todo o curso, em diversas unidades. Assim, haverá muitas atividades que terão como objetivo o conhecimento e o domínio deste conteúdo. Este conjunto de atividades necessárias para sua aprendizagem constitui a *seqüência do conteúdo "interpretação e realização de planos e mapas"*.

O conteúdo atitudinal "cooperação" certamente já aparece na primeira unidade e em outras se torna um conteúdo essencial, seja pelo tema, seja pelas situações de trabalho e convivência que se propõem. Ao longo do curso, e em todas as unidades, haverá vivências ou experiências cruciais para a aprendizagem deste conteúdo. O conjunto destas atividades deverá garantir o alcance dos objetivos estabelecidos em relação à cooperação. Portanto, dentro do conjunto de atividades que ajudam uma formação cooperativa, será necessário observar aquelas que se realizam, explícita ou implicitamente, não apenas na área de conhecimento do meio, como nas demais áreas e em outros momentos escolares. A *seqüência do conteúdo "cooperação"* estará formada pelo conjunto de atividades, nas diferentes unidades didáticas das diferentes áreas ou fora delas, que incidem na formação de atitudes cooperativas.

Assim, podemos definir a unidade de análise que desenhamos como o *conjunto ordenado de atividades estruturadas e articuladas para a consecução de um objetivo educacional em relação a um conteúdo concreto*. Esta unidade de análise, como as seqüências didáticas, está inserida num contexto em que se deverá identificar, além dos objetos didáticos e do conteúdo objeto da seqüência, as outras variáveis metodológicas: relações interativas, organização social, materiais curriculares, etc.

Por tudo o que vimos a respeito destas seqüências, a exemplo das didáticas, não nos interessa preliminarmente tanto a forma em que se desenvolve cada uma das atividades, mas estabelecer sua inserção ou não no conjunto de atividades, uma vez determinadas suas características. O que convém é examinar o sentido total da seqüência e, portanto, o lugar que ocupa cada atividade e como se articula e estrutura nesta seqüência, com o objetivo de prever quais são as atividades que é preciso modificar ou acrescentar.

Estas seqüências serão mais ou menos complexas conforme o número de atividades envolvidas na aprendizagem de um conteúdo determinado, a duração da seqüência e o número de unidades didáticas das quais fazem parte as diferentes atividades.

O ENSINO SEGUNDO AS CARACTERÍSTICAS TIPOLÓGICAS DOS CONTEÚDOS

Uma vez identificadas as seqüências de conteúdo, o passo seguinte consiste em relacioná-las com o conhecimento que temos sobre os processos subjacentes à aprendizagem dos diferentes conteúdos, segundo sua tipologia. Isto nos permitirá estabelecer que condições de ensino devem observar as seqüências que encontramos representadas de maneira esquemática no Quadro 3.2, para cada um dos diferentes tipos de conteúdo.

Ensinar conteúdos factuais

No capítulo anterior já vimos que se aprendem os fatos mediante atividades de cópia mais ou menos literais, com o fim de integrá-los nas estruturas de conhecimento, na memória. O caráter reprodutivo dos fatos implica exercícios de repetição verbal. Repetir tantas vezes quanto seja necessário até que se consiga a automatização da informação. Assim, pois, as atividades básicas para as seqüências de conteúdos factuais terão que ser aquelas que têm *exercícios de repetição* e, conforme a quantidade e a complexidade da informação, utilizem estratégias que reforcem as repetições mediante *organizações significativas ou associações*.

Esta simplificação da aprendizagem faz com que as seqüências para estes conteúdos possam ser extremamente simples. Uma apresentação dos conteúdos sob um modelo expositivo, um estudo individual que consiste em exercícios de repetição e uma posterior prova podem ser suficientes; sempre com a condição de que cada uma destas fases cumpra uma série de requisitos para evitar que as aprendizagens estejam desvinculadas da capacidade de utilizá-las em outros contextos que não sejam os estritamente escolares. Desse modo, o modelo descrito na unidade 1 pode atender perfeitamente às condições para esta aprendizagem, sempre que a exposição consiga atrair o interesse dos alunos, que não haja um excesso de informação, que se conheçam e se tomem como ponto de partida os conhecimentos que já têm e, sobretudo, que os alunos disponham dos conhecimentos conceituais a que pertence cada um dos fatos: saber o que é um rio quando se aprendem os nomes dos rios ou uma corrente artística quando se memorizam suas obras mais representativas.

Quadro 3.2

Conteúdos referentes a *fatos*	Conteúdos referentes a *conceitos*	Conteúdos *procedimentais*	Conteúdos *atitudinais*
• *Apresentação* – motivação: sentido das atividades – atitude favorável – conhecimentos prévios – quantidade de informação adequada – apresentação em termos de funcionamento para os alunos • *Compreensão dos conceitos associados* – significância dos conceitos associados • *Exercitação* – estratégias de codificação e assimilação • *Avaliação* – inicial – formativa – somativa	• *Apresentação* – motivação: sentido das atividades – atitude favorável – conhecimentos prévios – nível de abstração adequado – quantidade de informação adequada – apresentação em termos de funcionamento para os alunos • *Elaboração* – funcionalidade de cada uma das atividades – atividade mental e conflito cognitivo – zona de desenvolvimento proximal – consciência do processo de elaboração • *Construção* – conclusões – generalizações – resumo de idéias importantes – síntese que integra a nova informação com os conhecimentos anteriores – consciência do processo de construção • *Aplicação* – descontextualização • *Exercitação* – Estratégias de codificação e retenção • *Avaliação* – inicial – formativa – somativa	• *Apresentação* – motivação: sentido das atividades – atitude favorável – competência procedimental prévia – apresentação de modelos • *Compreensão* – significatividade e funcionalidade – representação global do processo – verbalização – reflexão sobre as ações • *Processos de aplicação e exercitação* – regulação do processo de aprendizagem – práticas guiadas e ajudas – aplicação em contextos diferenciados – exercitações suficientes, progressivas e ordenadas • *Avaliação* – inicial – formativa – somativa	• *Apresentação* – motivação – atitude favorável – conhecimentos prévios • *Proposta de modelos* • *Propostas de normas* • *Construção* – análise dos fatores positivos e negativos – tomada de posição – implicação afetiva – compromisso explícito • *Aplicação* – conduta coerente • *Avaliação* – inicial – formativa – somativa

Quanto à atenção à diversidade, devemos levar em conta que numa aprendizagem de fatos, se os alunos são suficientemente maduros, a atenção sempre recai nos próprios alunos. São eles, e apenas eles, que terão que realizar as atividades de estudo, que, como vimos, são de repetição. Neste caso, levar em conta a diversidade dos alunos consiste em avaliar o número de atividades que deve realizar cada aluno para aprender o conteúdo e não a maneira de ensiná-lo. Uma vez exposto o conteúdo, para atender à diversidade o professor ou a professora só tem que estimular os meninos e meninas a que façam as atividades de memorização de que cada um necessita. Que cada aluno realize o número de exercícios que precisa é algo que não depende do professor. Portanto, o próprio aluno tem que exercitar por sua conta até que seja capaz de assimilar o conteúdo. De qualquer forma, será necessário propiciar um clima que favoreça a realização de determinados exercícios individuais que costumam ser bastante monótonos.

Ensinar conceitos e princípios

Como os conceitos e princípios são temas abstratos, requerem uma *compreensão do significado* e, portanto, um *processo de elaboração* pessoal. Neste tipo de conteúdo são totalmente necessárias as diferentes condições estabelecidas anteriormente sobre a significância na aprendizagem: atividades que possibilitem o reconhecimento dos conhecimentos prévios, que assegurem a significância e a funcionalidade, que sejam adequadas ao nível de desenvolvimento, que provoquem uma atividade mental, etc. As seqüências de conteúdos conceituais têm que levar em conta todas elas. Portanto, a análise que fizemos anteriormente nos exemplos das quatro unidades é a adequada, já que, como vimos, a maioria destas seqüências se situa numa mesma unidade didática.

Ensinar conteúdos procedimentais

Teremos que dedicar mais tempo a estes conteúdos, posto que a adaptação que devemos fazer das considerações gerais da aprendizagem significativa é mais complexa. Neste caso, o dado mais relevante é determinado pela necessidade de realizar exercícios suficientes e progressivos das diferentes ações que formam os procedimentos, as técnicas ou estratégias. Uma vez aceita essa informação, as seqüências dos conteúdos procedimentais deverão conter atividades com algumas condições determinadas:
- As atividades devem *partir de situações significativas e funcionais*, a fim de que o conteúdo possa ser aprendido junto com a capacidade de poder utilizá-lo quando seja conveniente. Por isto é

imprescindível que este conteúdo tenha sentido para o aluno: ele deve saber para que serve e que função tem, ainda que seja útil apenas para poder realizar uma nova aprendizagem. Caso se desconheça sua função, ter-se-á aprendido o conteúdo procedimental, mas não será possível utilizá-lo quando se apresente a ocasião. Em geral estes conteúdos são trabalhados prescindindo de suas funções, se insiste às vezes em sua aprendizagem, mas não na finalidade a que estão ligados. Assim, encontramos trabalhos repetitivos e, portanto, esgotantes, cujo único sentido parece ser o domínio do conteúdo procedimental em si mesmo.
- A seqüência deve contemplar atividades que *apresentem os modelos* de desenvolvimento do conteúdo de aprendizagem. Modelos onde se possa ver todo o processo, que apresentem uma visão completa das diferentes fases, passos ou ações que os compõem, para passar posteriormente, se a complexidade do modelo assim o requer, ao trabalho sistemático das diferentes ações que compreendem. Estes modelos deverão ser propostos unicamente quando se inicia o trabalho de aprendizagem, mas será necessário insistir neles em diferentes situações e contextos sempre que convenha.
- Para que a ação educativa resulte no maior benefício possível, é necessário que as atividades de ensino/aprendizagem se ajustem ao máximo a uma seqüência clara com uma ordem de atividades que siga um *processo gradual*. Esta consideração é visível nos conteúdos mais algorítmicos como, por exemplo, o cálculo, onde o processo de mais simples para mais complexo é uma constante. Por outro lado, não é tão evidente na maioria dos outros conteúdos procedimentais. Um exemplo bastante evidente é o do ensino da observação. Hoje em dia, sobretudo nas áreas de Ciências Sociais e Naturais, se propõem atividades de observação de uma maneira sistemática. Mas se analisamos as características das atividades que se propõem ao longo das diferentes unidades didáticas, observamos que normalmente não respondem a uma determinada ordem de dificuldade. Existem algumas atividades e uma exercitação, mas não há uma ordem progressiva que facilite a aprendizagem além da simples repetição.
- São necessárias atividades com *ajudas de diferente grau e prática guiada*. A ordem e o progresso das seqüências de ensino/aprendizagem, no caso dos conteúdos procedimentais, estarão determinados, na maioria das vezes, pelas características das ajudas que se irão dando ao longo da aplicação do conteúdo. Assim, em muitos casos, a estratégia mais apropriada, depois da apresentação do modelo, será a de proporcionar ajudas ao longo das diferentes ações e ir retirando-as progressivamente. Agora, a única maneira de decidir o tipo de ajuda que se deve dar e a oportunidade de

mantê-la, modificá-la ou retirá-la consiste em observar e conduzir os alunos através de um processo de prática guiada, em que eles poderão ir assumindo, de forma progressiva, o controle, a direção e a responsabilidade da execução.
* Atividades de *trabalho independente*. Estreitamente ligado ao que comentávamos em relação ao ponto anterior, o ensino de conteúdos procedimentais exige que os meninos e meninas tenham a oportunidade de levar a cabo realizações independentes, em que possam mostrar suas competências no domínio do conteúdo aprendido. O trabalho independente, por um lado, é o objetivo que se persegue com a prática guiada e, por outro, se assume em sua verdadeira complexidade quando se aplica a contextos diferenciados.

Ensinar conteúdos atitudinais

As características dos conteúdos atitudinais, e o fato de que o componente afetivo atue de forma determinante em sua aprendizagem, fazem com que as atividades de ensino destes conteúdos sejam muito mais complexas que as dos outros tipos de conteúdo. O caráter conceitual dos valores, as normas e as atitudes, quer dizer, o conhecimento do que cada um deles é e implica, pode ser aprendido mediante estratégias já descritas para os conteúdos conceituais. Agora, para que este conhecimento se transforme em referência de atuação é preciso mobilizar todos os recursos relacionados com o componente afetivo. O papel e o sentido que pode ter o valor solidariedade, ou o respeito às minorias, não se aprende apenas com o conhecimento do que cada uma destas idéias representa. As atividades de ensino necessárias têm que abarcar, junto com os campos cognitivos, os afetivos e condutuais, dado que os pensamentos, os sentimentos e o comportamento de uma pessoa não dependem só do socialmente estabelecido, como, sobretudo, das relações pessoais que cada um estabelece com o objeto da atitude ou do valor. Como bem se sabe, as intenções, neste âmbito, não coincidem indefectivelmente com as atuações.

É fundamental levar em conta não tanto os aspectos evidentes e explícitos dos valores no momento das exposições, debates ou diálogos em que são tratados, como toda a *rede de relações* que se estabelece em aula: o tipo de interação entre professores e alunos, entre os próprios alunos e entre todos os membros da equipe docente. Estas relações e imagens, e as interpretações das condutas e comportamentos, serão algumas das peças-chave na configuração dos valores e das atitudes pessoais.

O fato de que estas inter-relações sejam um dos fatores determinantes supõe que é preciso prestar atenção a muitos dos aspectos que não se incluem de maneira manifesta nas unidades didáticas e que se referem aos aspectos organizativos e participativos. Muitos dos valores que se pretendem ensinar se aprendem quando são vividos de maneira natural; e isso só é possível quando o ambiente de aula, as decisões organizativas, as relações interpessoais, as normas de conduta, as regras de jogo e os papéis que se atribuem a uns e a outros correspondem àqueles valores que se quer que sejam aprendidos. A maneira de organizar as atividades e os papéis que cada um dos meninos e meninas deve assumir pode promover ou não atitudes como as de cooperação, tolerância e solidariedade.

Estas considerações exigem que se dê uma atenção especial à série de medidas que se toma na escola e que nunca foi objeto dos planos de ensino – o denominado currículo oculto –, posto que muitas atuações podem ser contraditórias com os propósitos estabelecidos nos objetivos educacionais da escola. Neste sentido, a manifestação explícita dos conteúdos em geral implícitos, e a reflexão pessoal e grupal dos professores e de todos os componentes da comunidade escolar, tornam-se algo fundamental.

E uma das primeiras medidas a se tomar é a de sensibilizar o aluno sobre as normas existentes na escola e na aula, com o objetivo de que compreenda sua necessidade e de que, a partir da reflexão e da análise, não apenas as aceite, mas as respeite como suas. Essa finalidade requer a promoção da *participação ativa* do aluno, fugindo do verbalismo e potencializando o intercâmbio entre os alunos para debater as opiniões e idéias sobre tudo o que os afeta em seu trabalho nas aulas e na escola, pedindo, ao mesmo tempo, *compromissos* derivados dos valores e atitudes aceitos livremente. Esse processo deve permitir que os meninos e meninas se sintam protagonistas de suas aprendizagens e agentes na formulação das propostas de convivência e trabalho, mediante a promoção da aceitação e da internalização das concepções e avaliações das atitudes a serem promovidas, participando no controle do processo e dos resultados.

Neste sentido a *assembléia de alunos* como recurso didático pode responder às necessidades de participação na formação dos valores que queremos que governem a escola. A introdução do caráter público que a assembléia representa faz com que os compromissos pessoais tenham uma implicação condutual, emocional e cognitiva diante dos demais, o que possibilita que o grupo-classe, e não apenas os professores, possa colaborar na regulação dos compromissos adquiridos.

Além destes critérios de caráter geral, nas seqüências de aprendizagem para estes conteúdos, em cada unidade didática e no curso das diferentes unidades, será preciso levar em conta uma série de medidas:
- Adaptar o caráter dos conteúdos atitudinais às *necessidades e situações reais* dos alunos, levando em conta, ao defini-las, as características, os interesses e as necessidades pessoais de cada um deles

e do grupo-classe em geral. Como nos demais tipos de conteúdos, os conhecimentos prévios de que o aluno dispõe devem ser o ponto de partida, mas neste caso a medida tem que ser observada de forma muito mais "sutil". A interpretação que é preciso fazer dos diferentes valores deve levar muito mais em conta os traços sócio-culturais dos alunos, sua situação familiar e os valores que prevalecem em seu ambiente para que a interpretação dos diferentes valores se adapte às características de cada um dos contextos sociais em que se encontram as escolas.

- Partir da realidade e *aproveitar os conflitos que nela se apresentam* tem que ser o fio condutor do trabalho destes conteúdos. Aproveitar as experiências vividas pelos alunos e os conflitos ou pontos de vista contrários que apareçam nestas vivências ou na dinâmica da aula, a fim de promover o debate e a reflexão sobre os valores que decorrem das diferentes atuações ou pontos de vista. Propor situações que ponham em conflito os conhecimentos, as crenças e os sentimentos de forma adaptada ao nível de desenvolvimento dos alunos.
- Introduzir processos de *reflexão crítica* para que as normas sociais de convivência integrem as próprias normas. É preciso ajudar os alunos a relacionar estas normas com determinadas atitudes que se queiram desenvolver em situações concretas e promover a reflexão crítica acerca dos contextos históricos e institucionais nos quais se manifestam estes valores.
- Favorecer *modelos* das atitudes que se queiram desenvolver, não apenas por parte dos professores, incentivando e promovendo comportamentos coerentes com estes modelos. Desenvolver atividades que façam com que os alunos participem em processos de mudança atitudinal, pondo em crise suas próprias proposições. Incentivar e ajudar para que ensaiem e provem as mudanças que em muitos casos serão necessárias, favorecendo o apoio dos colegas nestas mudanças e promovendo as avaliações adequadas ao trabalho realizado e aos êxitos alcançados.
- Fomentar a *autonomia moral* de cada aluno, o que implica não apenas que os professores estabeleçam espaços para colocá-la em prática, como também que criem nos alunos espaços de experimentação dos processos de aquisição que permitam esta autonomia.

Conclusões

Neste capítulo pudemos ver que a partir de nossas propostas de trabalho aparecem, para os alunos, diferentes oportunidades de aprender diversas coisas e, para nós como educadores, uma diversidade de meios para captar os processos de construção que eles edificam, de possibilidades de neles incidir e avaliá-los. Também observamos que os diferentes conteúdos que apresentamos aos meninos e meninas exigem esforços de aprendizagem e ajudas específicas. Nem tudo se aprende do mesmo modo, no mesmo tempo nem com o mesmo trabalho. Discernir o que pode ser objeto de uma unidade didática, como conteúdo prioritário, do que exige um trabalho mais continuado, ao longo de diversas unidades e, inclusive, em áreas e situações escolares diversificadas, talvez seja um exercício ao qual não estamos suficientemente acostumados, mas nem por isso é menos necessário. Quantas vezes nos mostramos perplexos porque nossos alunos esqueceram a realização de um procedimento? Quantas vezes nos perguntamos como é possível que não sejam capazes de utilizar o que sabem fazer numa área quando lhes é apresentado um problema numa área diferente? Por que nosso desejo de que sejam tolerantes e respeitosos se vê frustrado justamente naquelas ocasiões em que é mais necessário exercer a tolerância e o respeito? Como pode ser que os conceitos que pareciam seguros não resistam ao embate das mínimas contradições?

A resposta que atribui estes fatos exclusivamente a características dos alunos não deveria nos tranqüilizar, embora seja lógico que a utilizemos, se não temos outras. Em minha opinião, refletir sobre o que implica aprender o que propomos, e o que implica aprendê-lo de maneira significativa, pode nos conduzir a estabelecer propostas mais fundamentadas, suscetíveis de ajudar mais os alunos e ajudar nós mesmos. As contribuições deste capítulo pretendem, por um lado, oferecer elementos para esta reflexão e, por outro, demonstrar que as diferentes propostas didáticas que oferecemos de maneira mais ou menos consciente têm diferentes potencialidades. Em resumo, o que queremos dizer é que mais do que nos movermos pelo apoio acrítico a um ou outro modo de organizar o ensino, devemos dispor de critérios que nos permitam considerar o que é mais conveniente num dado momento para determinados objetivos a partir da convicção de que nem tudo tem o mesmo valor, nem vale para satisfazer as mesmas finalidades. Utilizar estes critérios para analisar nossa prática e, se convém, para reorientá-la em algum sentido, pode representar, em princípio, um esforço adicional, mas o que é certo é que pode evitar perplexidades e confusões posteriores.

REFERÊNCIAS BIBLIOGRÁFICAS

"Atitudes, valores e normas" (1993) em: *Aula de Innovación Educativa*, 16-17. Monografia.
ASHMAN, A.; CONWAY, R. (1990): *Estrategias cognitivas en educación especial*. Madri. Santillana.
BINI, G. e outros (1977): *Los libros de texto en la América Latina*. México. Nueva Imagen.

COLL, C. (1986): *Marc Curricular per a l'Ensenyament Obligatori.* Barcelona. Departamento de Enseñanza de la Generalitat de Cataluña.
COLL, D.; ROCHERA, M. J. (1990): "Estructuración y organización de la enseñanza: Las secuencias de aprendizaje" em C. COLL, J. PALACIOS; A. MARCHESI (Comps.), *Desarrollo psicológico y educación. II. Psicología de la Educación.* Madri. Alianza, pp. 373-393.
COLL, C. e outros (1992): *Los contenidos en la Reforma. Enseñanza y aprendizaje de conceptos, procedimientos y actitudes.* Madri. Aula XXI/Santillana.
"Didáctica de los procedimientos" (1992) em: *Aula de Innovación Educativa,* 3. Monografia.
"Els valors a l'escola" (1992) em: *Guix,* 180. Monografia.
GUITART, R. M. (1993): "Os contenidos actitudinales en los Proyectos de Centro" em: *Aula de Innovación Educativa,* 16-17, pp. 72-78.
HERNÁNDEZ, F. X. (1989): "El lugar de los procedimientos" em: *Cuadernos de Pedagogía,* 172, pp. 20-23.
HERNÁNDEZ, F. X.; TREPAT, C. (1991): "Procedimientos en Historia" em: *Cuadernos de Pedagogía,* 193, pp. 60-64.
MARTÍNEZ, M.; PUIG, J. M. (Coord.) (1991): *La educación moral. Perspectivas de futuro y técnicas de trabajo.* Barcelona. ICE UB/Graó (MIE, 4).
MAURI, T.; GÓMEZ, I.; VALLS, E. (1992): *Els continguts escolars. El tractament en el currículum.* Barcelona. ICE UB/Graó (MIE-Materials curriculars, 2).
MONEREO, C. (Comp.) (1991): *Enseñar a pensar a través del currículum escolar.* Barcelona. Casals.
MORENO, A. (1989): "Metaconocimiento y aprendizaje escolar" em: *Cuadernos de Pedagogía,* 173, pp. 53-58.
POZO, J. I. (1988): "Estrategias de aprendizajes" em: C. COLL, J. PALACIOS; A. MARCHESI (Comp.), *Desarrollo Psicológico y educación. II. Psicología de la Educación.* Madri. Aula XXI/Santillana.
VALLS, E. (1993): *Los procedimientos: aprendizaje, enseñanza y evaluación.* Madrid. Aula XXI/Santillana.
YUS, R. (1994): "Las actitudes en el alumnado moralmente autónomo" em: *Aula de Innovación Educativa,* 26, pp. 71-79.
GIMENO, J. (1988): *El currículum: una reflexión sobre la práctica.* Madri. Morata.
ZABALA, A. (Coord.) (1993): *Com treballar els continguts procedimentals a l'aula.* Barcelona. Graó. (Punt i Seguit, 8).
ZABALA, A. (1994): "Les seqüències de contingut, instrument per a l'anàlisi de la pràctica" em: *Guix,* 201-202, pp. 23-29.

4
As relações interativas em sala de aula: o papel dos professores e dos alunos

AS RELAÇÕES INTERATIVAS

As seqüências didáticas, como conjuntos de atividades, nos oferecem uma série de oportunidades comunicativas, mas que por si mesmas não determinam o que constitui a chave de todo ensino: as relações que se estabelecem entre os professores, os alunos e os conteúdos de aprendizagem. As atividades são o meio para mobilizar a trama de comunicações que pode se estabelecer em classe; as relações que ali se estabelecem definem os diferentes papéis dos professores e dos alunos. Deste modo, as atividades, e as seqüências que formam, terão um ou outro efeito educativo em função das características específicas das relações que possibilitam.

Desde princípios do século XX, temos assistido a um debate sobre o grau de participação dos alunos no processo de aprendizagem. A perspectiva denominada "tradicional" atribui aos professores o papel de transmissores de conhecimentos e controladores dos resultados obtidos. O professor ou os professores detêm o saber e sua função consiste em informar e apresentar a meninos e meninas situações múltiplas de obtenção de conhecimentos, através de explicações, visitas a monumentos ou museus, projeções, leituras, etc. O aluno, por sua vez, deve interiorizar o conhecimento tal como lhe é apresentado, de maneira que as ações habituais são a repetição do que se tem que aprender e o exercício, entendido como cópia do modelo, até que seja capaz de automatizá-lo. Esta concepção é coerente com a crença de que a aprendizagem consiste na reprodução da informação, sem mudanças, como se se tratasse de uma cópia na memória do que se recebe através de diferentes canais. Esta maneira de entender a aprendizagem configura uma determinada forma de relacionar-se em classe.

Por outro lado, na escola se estudam muitas coisas diferentes, com intenções também distintas. Os objetivos educacionais, e portanto os tipos de conteúdos aos quais se referem, influem, e inclusive às vezes determinam, o tipo de participação dos protagonistas da situação didática, assim como as características específicas que esta participação assume.

Neste capítulo examinaremos como a concepção construtivista do ensino e da aprendizagem e a natureza dos diferentes conteúdos estabelecem determinados parâmetros nas atuações e relações que acontecem em aula. Tomadas como referenciais, permitirão nos aprofundar no conhecimento das diferentes propostas didáticas e de nossa forma de intervenção. Faremos uma revisão sintética do tipo de inter-relações e do papel dos professores e dos alunos que decorre da concepção construtivista, para em seguida examinarmos cada um dos diferentes aspectos que a configuram. Na última parte do capítulo faremos referência às características específicas dos conteúdos tratados.

Segundo esta concepção, ensinar envolve estabelecer uma série de relações que devem conduzir à elaboração, por parte do aprendiz, de representações pessoais sobre o conteúdo objeto de aprendizagem. A pessoa, no processo de aproximação aos objetos da cultura, utiliza sua experiência e os instrumentos que lhe permitem construir uma interpretação pessoal e subjetiva do que é tratado. Não é necessário insistir no fato de que em cada pessoa o resultado deste processo será diferente, trará coisas diferentes, e a interpretação que irá fazendo da realidade também será diferente; apesar de possuir elementos compartilhados com os outros, terá determinadas características únicas e pessoais.

Assim, pois, a diversidade é inerente à natureza humana, e qualquer atuação encaminhada para desenvolvê-la tem que se adaptar a esta caraterística. Falamos, portanto, de um "ensino adaptativo" (Miras, 1991), cuja característica distintiva é sua capacidade para se adaptar às diversas necessidades das pessoas que o protagonizam. Esta característica se concretiza em todas as variáveis que estão presentes nas diferentes estratégias que podem ser postas em marcha para "operacionalizar" a influência educativa.

Portanto, podemos falar da diversidade de estratégias que os professores podem utilizar na estruturação das intenções educacionais com seus alunos. Desde uma posição de intermediário entre o aluno e a cultura, a atenção à diversidade dos alunos e das situações necessitará, às vezes, desafiar; às vezes, dirigir; outras vezes, propor, comparar. Porque os meninos e as meninas, e as situações em que têm que aprender, são diferentes.

Isto tudo sugere que a interação direta entre alunos e professor tem que permitir a este, tanto quanto for possível, o acompanhamento dos processos que os alunos e alunas vão realizando na aula. O acompanhamento e uma intervenção diferenciada, coerentes com o que desvelam, tornam necessária a observação do que vai acontecendo. Não se trata de uma observação "desde fora", mas de uma observação ativa, que também permita integrar os resultados das intervenções que se produzam. Portanto, na boa lógica construtivista, parece mais adequado pensar numa organização que favoreça as interações em diferentes níveis: em relação ao grupo-classe, quando de uma exposição; em relação aos grupos de alunos, quando a tarefa o requeira ou o permita; interações individuais, que permitam ajudar os alunos de forma mais específica; etc. Assim se favorece a possibilidade de observar, que é um dos pontos em que se apóia a intervenção. O outro ponto de apoio é constituído pela plasticidade, a possibilidade de intervir de forma diferenciada e contingente nas necessidades dos alunos.

Uma interpretação construtivista do ensino se articula em torno do princípio da atividade mental dos alunos – e, portanto, também da diversidade. Apesar disso, situar no eixo o aluno ativo não significa promover uma atividade compulsiva, reativa, tampouco situar os professores num papel secundário.

Promover a atividade mental auto-estruturante, que possibilita estabelecer relações, a generalização, a descontextualização e a atuação autônoma, supõe que o aluno entende o que faz e por que o faz e tem consciência, em qualquer nível, do processo que está seguindo. Isto é o que lhe permite dar-se conta de suas dificuldades e, se for necessário, pedir ajuda. Também é o que lhe permite experimentar que aprende, o que, sem dúvida, o motiva a seguir se esforçando.

Mas que isto aconteça não é uma casualidade. Que o aluno compreenda o que faz depende, em boa medida, de que seu professor ou professora seja capaz de ajudá-lo a compreender, a dar sentido ao que tem entre as mãos; quer dizer, depende de como se apresenta, de como tenta motivá-lo, na medida em que lhe faz sentir que sua contribuição será necessária para aprender. O fato de que possa estabelecer relações depende, também, do grau em que o professor lhe ajuda a recuperar o que possui e destaca os aspectos fundamentais dos conteúdos que se trabalham e que oferecem mais possibilidades de relacionar com o que conhece. Evidentemente, também depende da organização dos conteúdos, que os torne mais ou menos funcionais. Que os meninos e meninas possam seguir o processo e situar-se nele depende também do grau de contribuição do professor, com sínteses e recapitulações, com referências ao que já se fez e ao que resta por fazer; os critérios que pode transmitir acerca do que constitui uma relação adequada contribui, sem dúvida, para que os alunos possam avaliar a própria competência, aproveitar as ajudas que lhes são oferecidas e, se for necessário, pedi-las.

É todo um conjunto de interações baseadas na atividade conjunta dos alunos e dos professores, que encontram fundamento na zona de desenvolvimento proximal, que, portanto, vê o ensino como um processo de construção compartilhada de significados, orientados para a autonomia do aluno, e que não opõe a autonomia – como resultado de um processo – à ajuda necessária que este processo exige, sem a qual dificilmente se poderia alcançar com êxito a construção de significados que deveriam caracterizar a aprendizagem escolar.

A INFLUÊNCIA DA CONCEPÇÃO CONSTRUTIVISTA NA ESTRUTURAÇÃO DAS INTERAÇÕES EDUCATIVAS NA AULA[1]

Do conjunto de relações interativas necessárias para facilitar a aprendizagem se deduz uma série de funções dos professores, que tem como ponto de partida o próprio planejamento. Podemos caracterizar essas funções da seguinte maneira:
   a) Planejar a atuação docente de uma maneira suficientemente flexível para permitir a *adaptação às necessidades dos alunos* em todo o processo de ensino/aprendizagem.
   b) Contar com as *contribuições e os conhecimentos* dos alunos, tanto no início das atividades como durante sua realização.
   c) Ajudá-los a *encontrar sentido no que estão fazendo* para que conheçam o que têm que fazer, sintam que podem fazê-lo e que é interessante fazê-lo.
   d) Estabelecer *metas ao alcance dos alunos* para que possam ser superadas com o esforço e a ajuda necessários.
   e) Oferecer *ajudas adequadas*, no processo de construção do aluno, para os progressos que experimenta e para enfrentar os obstáculos com os quais se depara.
   f) Promover *atividade mental auto-estruturante* que permita estabelecer o máximo de relações com o novo conteúdo, atribuindo-lhe significado no maior grau possível e fomentando os processos de metacognição que lhe permitam assegurar o controle pessoal sobre os próprios conhecimentos e processos durante a aprendizagem.
   g) Estabelecer um ambiente e determinadas relações presididos pelo respeito mútuo e pelo sentimento de confiança, que promovam a *auto-estima e o autoconceito*.
   h) Promover *canais de comunicação* que regulem os processos de negociação, participação e construção.
   i) Potencializar progressivamente a *autonomia* dos alunos na definição de objetivos, no planejamento das ações que os conduzirão a eles e em sua realização e controle, possibilitando que aprendam a aprender.
   j) Avaliar os alunos *conforme suas capacidades e seus esforços*, levando em conta o ponto pessoal de partida e o processo através do qual adquirem conhecimento e incentivando a *auto-avaliação* das

competências como meio para favorecer as estratégias de controle e regulação da própria atividade.

Planejamento e plasticidade na aplicação

A complexidade dos processos educativos faz com que dificilmente se possa prever com antecedência o que acontecerá na aula. Agora, este mesmo inconveniente é o que aconselha que os professores contem com o maior número de meios e estratégias para poder atender às diferentes demandas que aparecerão no transcurso do processo de ensino/aprendizagem. Este fato recomenda duas atuações aparentemente contraditórias: por um lado, poder contar com uma proposta de intervenção suficientemente elaborada; e por outro, simultaneamente, com uma aplicação extremamente plástica e livre de rigidez. Trata-se de uma aplicação que nunca pode ser o resultado da improvisação, já que a própria dinâmica da aula e a complexidade dos processos grupais de ensino/aprendizagem obrigam a dispor previamente de um leque amplo de atividades que ajudem a resolver os diferentes problemas que a prática educativa coloca.

É imprescindível prever propostas de atividades articuladas e situações que favoreçam diferentes formas de se relacionar e interagir: distribuições grupais, com organizações internas convenientemente estruturadas através de equipes fixas e móveis com atribuições de responsabilidades claramente definidas; espaços de debate e comunicação espontâneos e regrados, como resultado da resolução de um conflito determinado nas assembléias periódicas; trabalhos de campo, excursões e visitas que situem os alunos frente à necessidade de resolver situações de convivência diferentes das que habitualmente lhes oferece a escola, a família ou o grupo de amigos; conjuntos de atividades e tarefas que gerem e favoreçam uma multiplicidade de situações comunicativas e de inter-relação que possam ser orientadas e utilizadas educativamente por parte dos professores.

Ao mesmo tempo, o planejamento tem que ser suficientemente diversificado para incluir atividades e momentos de observação do processo que os alunos seguem. É preciso propor aos alunos exercícios e atividades que ofereçam o maior número de produções e condutas para que sejam processadas, a fim de que oportunizem todo tipo de dados sobre as ações a empreender. Mover-se nos parâmetros de referências metodológicas extremamente abertas à participação do aluno para conhecer o processo que cada um segue. Procurar fórmulas organizativas que permitam a atenção individualizada, o que implica o planejamento estruturado de atividades em pequenos grupos ou individualmente, para que exista a possibilidade de atender a alguns alunos enquanto os demais estão ocupados em suas tarefas. Tudo isso deve permitir a individualização do tipo de ajuda, já que nem todos aprendem da mesma forma nem no mesmo ritmo e, portanto, tampouco o fazem com as mesmas atividades.

Tem que ser um planejamento suficientemente flexível para poder se adaptar às diferentes situações da aula, como também deve levar em conta as contribuições dos alunos desde o princípio. É importante que possam participar na tomada de decisões sobre o caráter das unidades didáticas e a forma de organizar as tarefas e seu desenvolvimento, a fim de que não apenas aumentem o nível de envolvimento no ritmo da classe em geral, como em seus próprios processos de aprendizagem, entendendo o porquê das tarefas propostas e responsabilizando-se pelo processo autônomo de construção do conhecimento.

Quer dizer, um planejamento como previsão das intenções e como plano de intervenção, entendido como um marco flexível para a orientação do ensino, que permita introduzir modificações e adaptações, tanto no planejamento mais a longo prazo como na aplicação pontual, segundo o conhecimento que se vá adquirindo através das manifestações e produções dos alunos, seu acompanhamento constante e a avaliação continuada de seu progresso.

Levar em conta as contribuições dos alunos tanto no início das atividades como durante o transcurso das mesmas

Para poder estabelecer os vínculos entre os novos conteúdos e os conhecimentos prévios, em primeiro lugar é preciso determinar que interesses, motivações, comportamento, habilidades, etc., devem constituir o ponto de partida. Para conseguir que os alunos se interessem é preciso que os objetivos de saber, realizar, informar-se e aprofundar sejam uma conseqüência dos interesses detectados; que eles possam saber sempre o que se pretende nas atividades que realizam e que sintam que o que fazem satisfaz alguma necessidade. Mas para isso é indispensável que os meninos e meninas tenham a oportunidade de expressar suas próprias idéias e, a partir delas, convém potencializar as condições que lhes permitam revisar a fundo estas idéias e a ampliar as experiências com outras novas, fazendo com que se dêem conta, também, de suas limitações, situando-os em condição de modificá-las se for necessário, ao mesmo tempo que se buscam outras alternativas.

Estas condições obrigam a que uma das primeiras tarefas dos professores consista em levar em conta os conhecimentos prévios dos meninos e meninas, não apenas em relação aos conteúdos, como também aos papéis de todas as instâncias que participam nos processos de ensino/aprendizagem e, portanto, é preciso examinar a disposição, os recursos e as capacidades gerais com que conta cada aluno em relação à tarefa proposta.

Para conseguir esta informação, será necessário, em primeiro lugar gerar um ambiente em que seja possível que os alunos se abram, façam perguntas e comentem o processo que seguem, através de situações de diálogo e participação, como meio para a exploração dos conhecimentos prévios.

Para que tudo isto possa se realizar, os professores devem acreditar sinceramente nas capacidades dos alunos, ganhando a confiança deles a partir do respeito mútuo. Tem que avaliar o aluno pelo que é, confiando nele e dando condições para que aprenda a confiar em si mesmo. Neste sentido, dado o importante papel que desempenham as expectativas dos professores para com os alunos, será preciso encontrar em todos os alunos aspectos positivos (posto que sem dúvida existem) e que as expectativas se expressem convenientemente. Os alunos respondem e se adaptam de maneira diversa às propostas educacionais, mostrando maior ou menor interesse e dedicação nas tarefas, entre outros motivos, em função do que se espera, o que influi na intervenção do professor. Assim, aqueles que sentem que se espera deles um bom rendimento e que receberam ajuda e atenção por parte do professor, provavelmente confirmarão as expectativas gerais; por sua parte, meninos e meninas dos quais se esperavam poucos êxitos e que podem ter recebido uma ajuda educacional de menor qualidade também responderão às expectativas geradas ao não encontrar as condições apropriadas para melhorar seu rendimento (Solé, 1993).

Para poder levar em conta as contribuições dos alunos, além de criar o clima adequado, é preciso realizar atividades que promovam o debate sobre suas opiniões, que permitam formular questões e atualizar o conhecimento prévio, necessário para relacionar uns conteúdos com outros. Quer dizer, apresentar os conteúdos relacionados com o que já sabem, com seu mundo experiencial, estabelecendo, ao mesmo tempo, certas propostas de atuação que favoreçam a observação do processo que os alunos seguem para poder assegurar que seu nível de envolvimento é o adequado. Sem este ponto de partida, dificilmente será possível determinar os passos seguintes.

Ajudá-los a encontrar sentido no que fazem

Para que os alunos vejam sentido no trabalho que irão realizar é necessário que conheçam previamente as atividades que devem desenvolver, não apenas como são, como também o motivo pelo que foram selecionadas essas e não outras; que sintam que o trabalho que lhes é proposto está ao alcance deles e que seja interessante fazê-lo. Levando em conta estas condições, será necessário ajudar os meninos e meninas para que saibam o que têm que se fazer, a que objetivos responde, que finalidade se persegue, com que se pode relacionar e em que projeto global pode se inserir. Trata-se de condições não muito habituais, dada a tendência a dar por bom e inquestionável, e portanto com certo grau de imposição, o trabalho escolar e determinados conteúdos, também como resposta às demandas, muitas vezes arbitrárias, dos programas oficiais. É habitual encontrar propostas de exercícios em que os alunos atuam sem ter outra visão do trabalho do que a exclusiva resolução pontual da atividade. Dificilmente pode se produzir uma aprendizagem profunda se não existe uma percepção das razões que a justificam, além da necessidade de superação de alguns exames.

Assim, pois, será necessário comunicar os objetivos das atividades aos alunos, ajudá-los a ver de forma clara os processos e os produtos que se espera que adquiram ou produzam, introduzindo, no maior grau possível, a atividade pontual no âmbito de marcos ou objetivos mais amplos, a fim de que esta atividade adquira um significado adequado. É condição indispensável que vejam a proposta como atrativa, que estejam motivados para realizar o esforço necessário para alcançar as aprendizagens. Vale a pena considerar que, em geral, é preciso provocar o interesse e que este exige atenção para que ao longo do processo de aprendizagem não se dilua. Assim, é fundamental ajudar a tomar consciência dos próprios interesses e buscar o interesse geral, assim como aproveitar a participação e o envolvimento no planejamento, organização e realização de todas as atividades que se desenvolvem em classe, como meio para assegurar que o que fazem responde a uma necessidade.

De qualquer forma, não se deve esquecer que o melhor incentivo ao interesse é experimentar que se está aprendendo e que pode se aprender. A percepção de que a gente mesmo é capaz de aprender atua como requisito imprescindível para atribuir sentido a uma tarefa de aprendizagem. A maneira de ver o aluno e de avaliá-lo é essencial na manifestação do interesse por aprender. O aluno encontrará o campo seguro num clima propício para aprender significativamente, num clima em que se valorize o trabalho que se faz, com explicações que o estimulem a continuar trabalhando, num marco de relações em que predomine a aceitação e a confiança, num clima que potencializa o interesse por empreender e continuar o processo pessoal de construção do conhecimento.

Estabelecer metas alcançáveis

Para aprender não basta que o aluno participe na definição dos objetivos e no planejamento das atividades se estes objetivos e atividades não representam, em primeiro lugar, desafios que o ajudem a avançar e, em segundo, se não são metas a seu alcance.

Será necessário provocar desafios que questionem os conhecimentos prévios e possibilitem as modificações necessárias na direção desejada, segundo os objetivos educacionais estabelecidos. Isto quer dizer que o ensino não deve se limitar ao que o aluno já sabe, mas que a partir deste conhecimento tem que conduzi-lo à aprendizagem de novos conhecimentos, ao domínio de novas habilidades e à melhora de comportamentos já existentes, pondo-o em situações que o obriguem a realizar um esforço de compreensão e trabalho.

Agora, os desafios têm que ser alcançáveis, já que um desafio tem sentido para o aluno quando este sente que com seu esforço e a ajuda necessária pode enfrentá-lo e superá-lo. Nesse momento sua tarefa será gratificante. Assim, é necessário prestar atenção à adequação entre as propostas e as possibilidades reais de cada menino e menina. Esta necessidade de adequação diversificada dos desafios obriga a questionar a excessiva homogeneidade das propostas que facilmente, pelo fato de implicar para todos o mesmo trabalho, podem excluir aqueles que não encontrem sentido num processo que, supostamente, não lhes trará nenhuma satisfação. Também induz a pensar que a diversificação se estende à maneira de responder dos diferentes alunos: uns com mais facilidade, outros com mais dificuldade; uns mais autonomamente, outros com necessidade de mais ajuda ou de uma ajuda qualitativamente diferente.

Oferecer ajudas contingentes

A elaboração do conhecimento exige o envolvimento pessoal, o tempo e o esforço dos alunos, assim como ajuda especializada, estímulos e afeto por parte dos professores e dos demais colegas. Ajuda pedagógica ao processo de crescimento e construção do aluno para incentivar os progressos que experimenta e superar os obstáculos que encontra. Ajuda necessária, porque sem ela os alunos por si sós dificilmente conseguiriam aprender, e aprender o mais significativamente possível. Mas sabendo, ao mesmo tempo, que deve ser só ajuda, já que o ensino não pode substituir os processos singulares e individuais que deve seguir cada um dos meninos e meninas em sua formação como pessoas.

Oferecer ajudas contingentes supõe intervir e oferecer apoio em atividades ao alcance dos meninos e meninas para que, graças ao esforço no trabalho e a estas ajudas, possam modificar os esquemas de conhecimento e atribuir novos significados e sentidos que lhes permitam adquirir progressivamente mais possibilidades de atuar de forma autônoma e independente em situações novas e cada vez mais complexas.

O apoio e a assistência que têm que acompanhar as exigências e os desafios devem ser instrumentos de todo tipo, tanto intelectuais como emocionais. Ajudas que se refletirão nas características das tarefas e na organização das mesmas e do grupo/classe em geral, de forma que seja possível a intervenção individualizada dos professores, e também como medidas ligadas ao tipo de avaliação, mas fundamentalmente vinculadas à maneira de comunicar e manifestar o conhecimento sobre o processo e os resultados alcançados.

Dada a diversidade dos alunos, o ensino não pode se limitar a proporcionar sempre o mesmo tipo de ajuda nem intervir da mesma maneira em cada um dos meninos e meninas. É preciso diversificar os tipos de ajuda; fazer perguntas ou apresentar tarefas que requeiram diferentes níveis de raciocínio e realização; possibilitar, sempre, respostas positivas, melhorando-as quando inicialmente são mais insatisfatórias; não tratar de forma diferente os alunos com menos rendimento; estimular constantemente o progresso pessoal. Mas também é imprescindível diversificar as atividades, a fim de que os alunos possam escolher entre tarefas variadas e propor diversas atividades com diferentes opções ou níveis possíveis de realização.

Para que tudo isso seja possível é preciso tomar medidas de organização do grupo, de tempo e de espaço e, ao mesmo tempo, de organização dos próprios conteúdos, que possibilitem a atenção às necessidades individuais. Agrupamentos flexíveis, equipes fixas ou variáveis, trabalho individual, oficinas e "cantos", contratos de trabalho, etc., com o objetivo de dispor de tempo e oportunidades para proporcionar em todo momento a ajuda de que cada aluno necessita. Organização dos conteúdos que possibilite um trabalho adequado às características experimentais e pessoais dos alunos, oferecendo diversos graus de compreensão que permitam distintas aproximações ao conhecimento e diferentes níveis de utilização dos conteúdos de aprendizagem.

Promover a atividade mental auto-estruturante

Aprender significa elaborar uma representação pessoal do conteúdo objeto da aprendizagem, fazê-lo seu, interiorizá-lo, integrá-lo nos próprios esquemas de conhecimento. Esta representação não inicia do zero, mas parte dos conhecimentos que os alunos já têm e que lhes permitem fazer conexões com os novos conteúdos, atribuindo-lhes certo grau de significância. As relações necessárias a estabelecer não se produzem automaticamente – são o resultado de um processo extremamente ativo realizado pelo aluno, o que há de possibilitar a organização e o enriquecimento do próprio conhecimento. Atividade que não significa fazer coisas indiscriminadamente, quer dizer, fazer por fazer – erro que cometem muitas propostas progressistas baseadas na simples realização de atividades em que o aluno está em constante movimento –, mas ações que promovam uma intensa atividade de reflexão sobre o que propõem as aprendizagens, diretamente proporcional a sua complexidade e dificuldade de compreensão. No entanto, é óbvio que para que esta atividade possa ter lugar, e segundo o nível de conhecimento cognitivo, os meninos e meninas terão que ver, tocar, experimentar, observar, manipular, exemplificar, comparar, etc., e a partir destas ações será possível ativar os processos mentais que lhes permitam estabelecer as relações necessárias para a atribuição de significado. Atividade mental que não pode se limitar à ação compreensiva exclusiva, pois para que essa aprendizagem seja o mais profunda possível, será necessário que, além disso, exista uma reflexão sobre o próprio processo de aprendizagem.

Para poder realizar este processo mental auto-estruturante, os meninos e meninas necessitam de uma série de estratégias metacognitivas que lhes possibilite assegurar o controle pessoal dos conhecimentos que vão construindo, assim como dos processos que se realizam na aprendizagem. Poderemos considerar que existe um controle pessoal quando se dispõem de estratégias que lhes oferecem a oportunidade de planejar as atividades, regular as atuações, a partir dos resultados que obtêm durante sua realização, e revisar e avaliar a efetividade das ações desenvolvidas.

Esta intensa atividade mental não se realiza facilmente. É preciso que os meninos e meninas sintam a necessidade de se fazer perguntas, de questionar suas idéias, de estabelecer relações entre fatos e acontecimentos, de revisar suas concepções. E para promover todas estas ações será necessário propor aquelas atividades que possibilitem este intenso processo mental. Aqui é preciso considerar a complexidade do conteúdo objeto de aprendizagem e as capacidades de que dispõem os alunos para compreendê-lo e dominá-lo, para planejar as atividades que favoreçam e promovam o esforço mental necessário para estabelecer vínculos entre suas concepções e o novo material de aprendizagem. Conforme as dificuldades do novo conteúdo, haverá que oferecer atividades nas quais os meninos e meninas se sintam cômodos em relação ao processo de compreensão e, portanto, será necessário partir de situações o mais próximas possível do seu mundo experiencial, através de atividades que apresentem referenciais que favoreçam este processo de compreensão. Convém levar em conta que em muitos casos não poderão ser unica-

mente atividades passivas, serão necessários o debate e o diálogo, quando não os trabalhos de observação, experimentação e manipulação.
Atividades que exigem dos alunos, além do mais, aplicar, analisar, sintetizar e avaliar o trabalho realizado e a eles mesmos; que promovam a reflexão conjunta dos processos seguidos, ajudando-os a pensar, para que sejam constantemente partícipes das próprias aprendizagens. Atividades que fomentem a tomada de decisões quanto às aprendizagens que devem ser realizadas, levando em conta o ponto pessoal de partida; que tornem possível pôr sobre a mesa as habilidades que utilizarão ou requererão; que orientem seus pensamentos mediante a interrogação e a formulação de hipóteses, solicitando aos alunos explicações sobre seus próprios processos e sobre o processo a partir do qual chegam ao conhecimento e utilizando a linguagem para a generalização em diferentes situações e contextos e a reconceitualização das experiências vividas. Verbalização também em situações de atividade compartilhada com outros e na resolução de problemas de maneira cooperativa, que permitam a confrontação de idéias, a resolução de dúvidas e o uso funcional em outras ocasiões em que seja necessário.

Estabelecer um ambiente e determinadas relações que facilitem a auto-estima e o autoconceito

Para aprender é indispensável que haja um clima e um ambiente adequados, constituídos por um marco de relações em que predominem a aceitação, a confiança, o respeito mútuo e a sinceridade. A aprendizagem é potencializada quando convergem as condições que estimulam o trabalho e o esforço. É preciso criar um ambiente seguro e ordenado, que ofereça a todos os alunos a oportunidade de participar, num clima com multiplicidade de interações que promovam a cooperação e a coesão do grupo. Interações essas presididas pelo afeto, que contemplem a possibilidade de se enganar e realizar as modificações oportunas; onde convivam a exigência de trabalhar e a responsabilidade de realizar o trabalho autonomamente, a emulação e o companheirismo, a solidariedade e o esforço; determinadas interações que gerem sentimentos de segurança e contribuam para formar no aluno uma percepção positiva e ajustada de si mesmo.
E isto é assim porque na aprendizagem intervêm numerosos aspectos do tipo afetivo e relacional, de maneira que o processo seguido e os resultados obtidos adquirem um papel definitivo na construção do conceito que se tem de si mesmo, na maneira de se ver e se avaliar e, em geral, no autoconceito. Ao mesmo tempo, este autoconceito influi na maneira de se situar frente à aprendizagem: com mais ou menos segurança, ilusão, expectativas.

Uma das tarefas dos professores consistirá em criar um ambiente motivador, que gere o autoconceito positivo dos meninos e meninas, a confiança em sua própria competência para enfrentar os desafios que se apresentem na classe. Estas representações serão o resultado do grau de adequação dos desafios que são propostos aos alunos e da avaliação que se faz de seu trabalho. Como já se disse, as características das atividades que se propõem serão essenciais, mas o que determina em maior ou menor grau a própria imagem serão os tipos de comentários de aceitação ou de rejeição por parte dos professores durante as atividades e, sobretudo, o papel que se atribui à avaliação. Assim, pois, as avaliações centradas exclusivamente nos resultados, e especialmente em relação a alguns objetivos gerais ou à média da classe, não ajudarão em absoluto a melhorar a auto-imagem de todos aqueles que, apesar do esforço realizado, não conseguem superar esta média. Para manter e melhorar uma auto-imagem que facilite a atitude favorável à aprendizagem, será necessário que estas avaliações sejam feitas conforme as possibilidades reais de cada um dos meninos e meninas, para que a aceitação das competências pessoais não ocorra em detrimento de uma auto-imagem positiva.

Promover canais de comunicação

Entender a educação como um processo de participação orientado, de construção conjunta, que leva a negociar e compartilhar significados, faz com que a rede comunicativa que se estabelece na aula, quer dizer, o tecido de interações que estruturam as unidades didáticas, tenha uma importância crucial. Para construir esta rede, em primeiro lugar é necessário compartilhar uma linguagem comum, entender-se, estabelecer canais fluentes de comunicação e poder intervir quando estes canais não funcionem. Utilizar a linguagem da maneira mais clara e explícita possível, tratando de evitar e controlar possíveis mal-entendidos ou incompreensões.

Para facilitar o desenvolvimento do aluno é preciso utilizar o grupo-classe, potencializando o maior número de intercâmbios em todas as direções. Para isso será imprescindível promover a participação e a relação entre os professores e os alunos e entre os próprios alunos, para debater opiniões e idéias sobre o trabalho a ser realizado e sobre qualquer das atividades que se realizam na escola, escutando-os e respeitando o direito de intervirem nas discussões e nos debates. É importante aceitar as contribuições dos meninos e meninas, mesmo que se expressem de forma pouco clara ou parcialmente incorreta, e estimular especificamente a participação dos alunos com menor tendência espontânea a intervir, através do oferecimento de espaços de trabalho em pequenos grupos ou da relação e de contato pessoais com alguns alunos em momentos pontuais. A diversificação dos tipos de atividades para tornar possível que num momento determinado os alunos possam escolher entre atividades diferentes e a proposição, em alguns casos, de atividades com opções ou alternativas diferentes para possibilitar a participação do conjunto de alunos no maior grau possível.

A rede comunicativa será mais ou menos rica conforme as possibilidades veiculadas pelas diferentes seqüências didáticas e as que se decorrem do tipo de estruturação do grupo e do papel que outorga aos diversos membros do grupo. Pode se escolher uma estrutura praticamente linear, cujas relações sejam fundamentalmente unidirecionais de professor a aluno e cujos níveis de comunicação se limitem a uma aceitação acrítica das exposições e critérios do primeiro. Ou também se pode promover que os canais comunicativos, e portanto da aprendizagem, se ampliem graças a modelos cuja estrutura organizativa obrigue a co-responsabilizar todo o grupo-classe com o objetivo de conviver e aprender e, assim, abrir o leque de possibilidades de relações entre os diferentes membros do grupo. Atividades comunicativas que fomentem a bidirecionalidade das mensagens e aproveitem a potencialidade educativa que oferece a aprendizagem entre iguais.

Potencializar a autonomia e possibilitar que os alunos aprendam a aprender

O crescimento pessoal dos alunos implica como objetivo último serem autônomos para atuar de maneira competente nos diversos contextos em que haverão de se desenvolver. Impulsionar esta autonomia significa tê-la presente em todas e cada uma das propostas educativas, para serem capazes de utilizar sem ajuda os conhecimentos adquiridos em situações diferentes da que foram aprendidos. Para poder alcançar esta autonomia será necessário que ao longo de todas as unidades didáticas os professores e os alunos assumam responsabilidades distintas, exercendo um controle diferente conforme os conteúdos tratados, com o objetivo de que no final os alunos possam aplicar e utilizar de maneira autônoma os conhecimentos que adquiriram.

Será necessário oportunizar situações em que os meninos e meninas participem cada vez mais intensamente na resolução das atividades e no processo de elaboração pessoal, em vez de se limitar a copiar e reproduzir automaticamente as instruções ou explicações dos professores. Numa primeira fase, os alunos seguirão os modelos ou as diferentes ações propostas pelos professores, com uma ajuda intensa por parte deste. Nas fases seguintes será retirada esta ajuda de maneira progressiva, usando pouco a pouco os conteúdos que ainda são utilizados pelo professor ou professora e assegurando a passagem progressiva de competências do nível interpessoal inicial, quando todos trabalham juntos, para o nível intrapessoal, quer dizer, quando o aluno é capaz de utilizá-las de forma autônoma.

Isto supõe levar a cabo uma ação de observação do processo de cada aluno para retirar as ajudas e assegurar-se, assim, de que o aluno atua de forma autônoma não apenas na compreensão, no domínio ou na interiorização dos conteúdos, procedimentais ou atitudinais, como também na definição de objetivos, no planejamento das ações que lhe permitam alcançá-los e em sua realização e controle. Enfim, em tudo o que envolve ter adquirido estratégias metacognitivas que possibilitem a autodireção e a auto-regulação do processo de aprendizagem.

Haverá que promover o trabalho independente através de situações em que possam se atualizar e utilizar autonomamente os conhecimentos construídos, assegurando a atividade construtiva do aluno e sua autonomia, a fim de que possa aprender por si mesmo. Frente aos entraves que se apresentam ao aprender, é possível recorrer à ajuda externa. Mas só na medida em que os meninos e meninas sejam capazes de se dar conta dos próprios erros e de buscar os recursos necessários para superá-los, poderemos falar de aprender a aprender, o que quer dizer que para aprender a aprender eles também devem aprender a se dar conta do que sabem e do que não sabem e a saber o que podem fazer quando encontram um obstáculo. Será necessário ensinar-lhes que, quando aprendem, devem levar em conta o conteúdo de aprendizagem, assim como a maneira de se organizar e atuar para aprender.

Avaliá-los conforme suas possibilidades reais e incentivar a auto-avaliação de suas competências

Pudemos ver a importância da percepção que cada um tem de si mesmo para encontrar interesse na aprendizagem. Também vimos a necessidade de que os meninos e meninas sejam partícipes do próprio processo de aprendizagem, que sejam conscientes de como se desenvolveu. Do papel que tem para a aprendizagem a avaliação que os professores fazem de seus alunos e da necessidade de que as ajudas que ofereçam sejam adequadas a suas possibilidades reais, decorre que a função básica dos professores deve ser incentivar os alunos a realizar o esforço que lhes permita continuar progredindo. E isto só será possível quando a avaliação dos resultados que se transmite ao aluno for feita com relação a suas capacidades e ao esforço realizado. Este é provavelmente o único conhecimento que é preciso saber com justiça, já que é o que permite promover a auto-estima e a motivação para continuar aprendendo.

Assim, pois, será preciso confiar, e demonstrar esta confiança, no esforço dos meninos e meninas, devolvendo-lhes a avaliação de seu próprio progresso, levando em conta a situação pessoal de partida, os obstáculos que tiveram que superar e os tipos de ajuda com que contaram, quer dizer, o conjunto de variáveis que intervêm em cada um dos trajetos realizados. Trata-se de reconhecer o trabalho bem feito, mas sobretudo o esforço realizado, fazendo-os ver as dificuldades que tiveram que solucionar e os meios de que dispuseram. Enfim, respeitar o fato diferencial é uma medida-chave para promover a atitude favorável para continuar aprendendo e para melhorar o conhecimento dos processos pessoais de aprendizagem. Com esta finalidade será necessário apresentar atividades de avaliação nas quais seja possível atribuir os êxitos e os fracassos da aprendizagem a motivos modificáveis e controláveis, como fórmula para entender que é possível avançar quando se realiza o trabalho e o esforço suficientes para consegui-lo.

É necessário que os alunos conheçam e se apropriem dos critérios e dos instrumentos que os professores utilizam para avaliá-los. Que possam conhecer desde o princípio o que se quer deles, que sentido tem este objetivo, de que meios de ajuda disporão, que pautas e instrumentos são utilizados para conhecer suas aprendizagens e que critérios avaliativos serão aplicados. Neste sentido, ganha uma importância crucial a integração de atividades que promovam a auto-avaliação dos alunos. É preciso recusar fórmulas em que o controle e a avaliação recaem exclusivamente nos professores, sobretudo em situações e momentos alheios aos processos individuais de aprendizagem. Por outro lado, as situações de atuação conjunta favorecem o processo de autonomia progressiva e, portanto, a aquisição progressiva de estratégias de controle e regulação da própria atividade, imprescindíveis para promover a capacidade de aprender a aprender.

A INFLUÊNCIA DOS TIPOS DE CONTEÚDOS NA ESTRUTURAÇÃO DAS INTERAÇÕES EDUCATIVAS NA AULA

Do conhecimento de como se produzem os processos de aprendizagem se deduz, como vimos, uma série de relações que os incentiva. Estas condições são generalizáveis, referem-se a qualquer aprendizagem, independentemente do tipo de conteúdo. No entanto, todas elas são especialmente adequadas para o ensino dos conteúdos de caráter conceitual. Por outro lado também, neste caso as características dos diferentes conteúdos fazem com que o tipo de atuação do professorado, e as relações interativas que tenham que se promover, sejam de uma maneira ou de outra conforme os conteúdos sejam de um ou outro tipo. Portanto, haverá que matizar os critérios gerais descritos anteriormente ou acrescentar outros novos, conforme os conteúdos a serem trabalhados sejam de caráter procedimental ou atitudinal.

A condição ativa dos *conteúdos procedimentais* e o fato de que os meninos e meninas realizem a aprendizagem com estilos diferentes, mas sobretudo com ritmos diferentes, obriga a incluir, em primeiro lugar, atividades suficientes que permitam realizar as ações que comportam estes conteúdos tantas vezes quantas for necessário e, em segundo lugar, formas organizativas que facilitem as ajudas adequadas às necessidades específicas de cada um dos alunos. A realização de ações deve ser precedida, em termos gerais, da observação de modelos indicados pelos professores, adequados às possibilidades reais de cada menino e menina. Assim, pois, é preciso oferecer modelos da maneira de realizar o procedimento ou a técnica, é preciso oferecer um apoio constante na realização de cada um dos passos e é preciso retirar progressivamente estas ajudas até que os alunos sejam capazes de atuar de forma autônoma.

Para poder oferecer esta ajuda e apoio segundo as características particulares de cada menino e menina, será necessário adotar, entre outras coisas, medidas organizativas e meios materiais que facilitem uma atenção o mais individualizada possível: grupos fixos e móveis ou flexíveis, trabalho em dupla ou individual, com propostas de atividades e disposição de materiais que permitam o trabalho progressivo e sistemático na exercitação indispensável para o domínio da estratégia, procedimento ou técnica.

A aprendizagem dos *conteúdos atitudinais,* no entanto, requer uma reflexão mais profunda a respeito das relações interativas que devem ser promovidas. Relações que neste caso estão determinadas tanto pelas características gerais destes conteúdos – dada a importância que tem seu componente afetivo –, como pelos traços próprios de cada um dos valores, atitudes e normas que se propõem.

O fato de que para a aprendizagem dos conteúdos atitudinais seja preciso articular ações formativas, nas quais estes conteúdos sejam "vividos" pelos alunos, obriga a integrar em aula não apenas tarefas concretas, como principalmente formas específicas de desenvolvê-las em um clima e em relações adequadas entre professores e alunos e entre os próprios alunos. O ambiente geral, as avaliações que se faz e as relações que se estabelecem têm que traduzir os valores que se quer ensinar. Assim, por exemplo, se um dos valores que se quer transmitir é a solidariedade, não basta propor atividades de debate e reflexão sobre comportamento de cooperação em diferentes ambientes e espaços sociais, mas será necessário que na aula se viva num clima de solidariedade onde existam possibilidades de atuar segundo estes princípios. Uma observação, este clima será o resultado das imagens que os próprios professores transmitem.

Se lembramos alguns dos valores mais relevantes e algumas das atitudes que decorrem dos mesmos, nos daremos conta de que sua aceitação como conteúdos de aprendizagem obriga os professores e os alunos a adotarem certos papéis determinados. Se como exemplo tomamos qualquer dos valores de tolerância, justiça, cooperação, solidariedade, liberdade, respeito mútuo, responsabilidade, participação, diversidade – que todo mundo aceita que é preciso promover nas escolas – e pensamos as implicações educacionais que têm, poderemos ver que tipo de relações deve se propor na aula. Em primeiro lugar, observamos que dificilmente pode se cultivar algum destes valores se os próprios professores não têm, defendem e demonstram atitudes de tolerância, justiça, cooperação, etc. Isto, que é uma condição indispensável, não substitui as atuações educativas adequadas para que o valor em questão seja progressivamente incorporado pelos alunos.

Querer que os alunos assumam como valores a tolerância com os demais e a aceitação da diversidade, suas opiniões, suas maneiras de ser e suas crenças exige a presença em aula de um clima em que se atue de acordo com estes princípios. E este clima deve se traduzir em atividades que impliquem conviver, que não se limitem à simples realização de trabalhos mais ou menos acadêmicos, mas que proponham tarefas em que seja necessário aceitar a diferença: trabalho em grupos heterogêneos, visitas, passeios, atividades recreativas, etc. Requer-se um conjunto de atividades e situações em que se produzirão conflitos, em que se deverá levar em conta os demais e renunciar à imposição dos próprios pontos de vista. Atividades, enfim, que obriguem a manifestar o contraste entre os colegas como ponto de partida para analisar os próprios comportamentos e fazer as avaliações que permitam interiorizar os princípios da tolerância.

Estreitamente vinculado à tolerância, conseguir que o respeito mútuo seja assumido como princípio de atuação supõe um ambiente que possibilite o diálogo e a abertura aos demais, um clima de participação em que se avaliem as opiniões, em que seja possível defender os diferentes pontos de vista, em que exista a possibilidade de debater o que cada um pensa, aceitando que há diversas perspectivas sobre um mesmo fato, e a conivência harmoniosa de opiniões discrepantes. Implica fazer com que os alunos vejam ao que conduz a falta de respeito e sobre que princípios se sustenta. Os debates, a expressão das idéias, os diálogos, o trabalho em equipe ou a convivência são instrumentos tão necessários como os que decorrem do clima institucional que existe, da maneira de resolver os conflitos que possam se produzir ao nível de equipe por parte dos professores, de como se relacionam entre eles e com outros profissionais e pais, etc.

Para que os alunos sejam cada vez mais cooperativos e solidários será necessário promover atividades que os obriguem a trabalhar em diferentes tipos de grupos, que proponham situações que requeiram compartilhar materiais, trabalhos e responsabilidades, que lhes permitam se ajudar entre eles e nas quais se avalie sua conduta em relação a seu grau de participação. Atividades em que as relações entre os colegas potencializem a colaboração em vez da competição. Vivência dos brinquedos em equipe e esportes, não com o objetivo-chave de submeter o outro, mas de compartilhar um tempo agradável em grupo. Também convém trabalhar a potencialidade do grupo cooperativo como ajuda à aprendizagem e como instrumento de apoio emocional e situar o trabalho conjunto num marco em que o êxito de um implique o êxito dos outros, renunciando à situação habitual na qual o êxito costuma apoiar-se no fracasso mais ou menos encoberto do companheiro/adversário.

Formar na liberdade supõe considerá-la como uma possibilidade de expressão e ação (exercício responsável ao direito à liberdade); portanto, será necessário poder viver sensações em que se tenha cada vez mais a possibilidade de exercê-la. Trata-se de criar um clima em que os meninos e meninas percebam que são levados em conta; em que haja espaços onde possam atuar sentindo que o fazem segundo seus próprios critérios. São atividades em que as relações pessoais e coletivas são entendidas como vínculos de reciprocidade que fomentam a elaboração de projetos pessoais adequados às próprias necessidades e interesses em complementaridade com os dos demais. Neste sentido, convém evitar situações enganosas em que se dá liberdade aos alunos para que decidam o que convém que decidam; em que não se deixa que se enganem. Com os limites necessários para assegurar sua formação pessoal, educar na liberdade supõe assumir alguns riscos: os que decorrem de ter que renunciar à regulação externa exaustiva das decisões e dos comportamentos dos alunos. Portanto, educar na liberdade é educar nos critérios que tornam possível seu exercício responsável e respeitoso em relação aos demais.

Conseguir que a responsabilidade seja considerada como um valor próprio e se atue de acordo com ela implica promover, progressivamente, o trabalho autônomo. Há que possibilitar que os alunos, desde pequenos, sintam que há confiança em suas capacidades para assumir responsabilidades, que são capazes de tomar decisões de forma autônoma, que vejam que suas valorações e opiniões contam. Por tudo isso, é necessário que na aula se compartilhem cada vez em maior grau a gestão da escola, as decisões cruciais na vida do grupo, na avaliação de seu trabalho e seu progresso.

Para que a participação, entendida como o compromisso pessoal para com o coletivo, seja um fato, será necessário dar oportunidades de participação em todos os níveis. Oferecer oportunidades de tomada de decisões que afetem a todo o grupo-classe, deixar espaços onde nem tudo esteja regulado externamente ou sujeito a mecanismos de controle. A participação não envolve tanto "fazer sua parte" num projeto pensado e compartimentado desde fora, mas definir um projeto compartilhado e estabelecer o compromisso pessoal para a realização de objetivos comuns.

Enfim, a complexidade do trabalho das atitudes e dos valores na escola é determinada por diversos fatores. Um deles, muito importante, decorre da contradição que seguido se torna evidente entre o que se tem que trabalhar em aula e o que está presente em nível social, nos meios de comunicação, nos interesses dos grupos de pressão, nos outros sistemas onde os alunos vivem. O segundo é a consideração que estes conteúdos devem, necessariamente, impregnar as relações institucionais em seu conjunto. E, o terceiro, a dificuldade para achar "procedimentos" claramente estabelecidos para trabalhá-los, ao contrário do que acontece com outros conteúdos. Acrescentamos, também, desde o ponto de vista do docente: haver refletido sobre os valores, haver adotado pontos de vista e opções e ser beligerante quando necessário. Tudo isso coloca alguns desafios suficientemente importantes para os professores, que requerem respostas individuais e coletivas.

Conclusões

Para concluir este capítulo devemos dizer que os princípios da concepção construtivista do ensino e da aprendizagem escolar proporcionam alguns parâmetros que permitem orientar a ação didática e que, de maneira específica, ajudam a caracterizar as interações educativas que estruturam a vida de uma classe. O resultado da análise destes parâmetros apresenta um marco complexo. Ensinar é difícil e não dá para esperar que a explicação das variáveis que intervêm possa ser feita por um discurso simplista.

Agora, tampouco devemos perder de vista que, em grande parte, poder trabalhar desde este marco implica uma atitude construtivista – baseada no conhecimento e na reflexão –, que contribui para que nossas intervenções, talvez de forma intuitiva em grande parte, se ajustem às necessidades dos alunos que temos em frente, nos levem a incentivá-los, a ver seus aspectos positivos, a avaliá-los conforme seus esforços e a atuar como o apoio de que necessitam para seguir adiante. Esta atitude, que mobiliza diversos recursos, se concretiza de forma diferente conforme o trabalho que realizam se centra mais em conteúdos conceituais, procedimentais ou atitudinais. Que todos façam parte do que temos que ensinar na escola não se deduz tanto de uma exigência burocrática da administração educacional, mas da necessidade de educar de modo íntegro as pessoas. De nosso ponto de vista, esta reflexão, talvez mais ideológica, se articula com a reflexão anterior, talvez mais psicopedagógica, para estabelecer as bases de um ensino que possa ajudar os alunos a se formarem como pessoas no contexto da instituição escolar.

NOTA

1 – Os conceitos expostos neste item procedem, fundamentalmente, das contribuições de T. Mauri, J. Onrubia e I. Sole, nos respectivos capítulos odo livro de C. Coll e outros (1993), *El constructivismo en el aula*, Barcelona, Graó.

REFERÊNCIAS BIBLIOGRÁFICAS

CALVO BUEZAS, T. e outros (1993): *Educar para la tolerancia*. Madri. Editorial Popular.
COLL, C. (1987): *Psicología y currículum*. Barcelona. Laia.
COLL, C. (1990): "Un marco de referencia psicológico para la educación escolar: La concepción constructivista del aprendizaje y de la enseñanza" em: COLL, C., J. PALACIOS, A. MARCHESSI (Comps.): *Desarrollo psicológico y educación. II. Psicología de la Educación*. Madri. Alianza, pp. 435-453.
COLL, C.; SOLÉ, I. (1990): "La interacción mútua profesor/alumno en el proceso de enseñanza/aprendizaje" em: COLL, C., J. PALACIOS, A. MARCHESSI (Comps.): *Desarrollo psicológico y educación. II. Psicología de la Educación*. Madri. Alianza, pp. 315-333.
COLL, C.; MIRAS, M. (1990): "La representación mútua profesor/alumno y sus repercusiones sobre la enseñanza y el aprendizaje" em C. COLL, J. PALACIOS, A. MARCHESSI (Comps.): *Desarrollo psicológico y educación. II. Psicología de la Educación*. Madri. Alianza, pp. 297-313.
DAVIES, G. A.; THOMAS, M. A. (1992): *Escuelas eficaces y profesores eficientes*. Madri. La Muralla.
DELAMONT, S. (1984): *La interacción didáctica*. Madri. Cincel.
EDWARDS, D.; MERCER, N. (1988): *El conocimiento compartido*. Barcelona. Paidos/MEC.
"El mestre, memòries d'una quotidianitat" (1990) em: *Perspectiva Escolar*, 141. Monografía.
"El profesorado, ese desconocido" (1988) em: *Cuadernos de Pedagogía*, 161. Monografía.
"El profesorado" (1993) em: *Cuadernos de Pedagogía*, 220. Monografía.
GIMENO, J. (1989): *El currículum: una reflexión sobre la práctica*. Madri. Morata.
GIMENO, J. (1992): "Diseño del currículum, diseño de la enseñanza. El papel de los profesores" em: J. GIMENO, M. T. GÓMEZ, V. MIR, M. G. SERRATS: *Propuestas de intervención en el aula*. Madri. Narcea.
JORGA, J.; SANMARTÍ, N. (1993): "La función pedagógica de la evaluación" em: *Aula de Innovación Educativa*, 20, pp. 20-30.
MAURI, T. (1993) em: "¿Qué hace que el alumno y la alumna aprendan los contenidos escolares? La naturaleza activa y constructiva del conocimiento". Em: C. COLL e outros: *El constructivismo en el aula*. Barcelona. Graó. (Biblioteca de Classe, 2), pp. 65-100.
MIRAS, M. (1993): "Un punto de partida para el aprendizaje de nuevos contenidos: los conocimientos previos" em: C. COLL e outros: *El constructivismo en el aula*. Barcelona. Graó. (Biblioteca de Classe, 2), pp. 47-63.

MONEREO, C. e outros (1994): *Estrategias de enseñanza y aprendizaje*. Barcelona. Graó. (El Lápiz, 10).
MONEREO, C. (1995): "Enseñar a conciencia ¿Hacia una didáctica metacognitiva?" em *Aula de Innovación Educativa*, 34, pp. 74-80.
MONTERO, M. L. (1990): "Los estilos de enseñanza y las dimensiones de la acción didáctica" em: C. COLL, J. PALACIOS, A. MARCHESSI (Comps.): *Desarrollo psicológico y educación. II. Psicología de la Educación*. Madri. Alianza, pp. 273-295.
ONRUBIA, J. (1993): "Enseñar: crear Zonas de Desarrollo Próximo e intervenir en ellas" em: C. COLL e outros: *El constructivismo en el aula*. Barcelona. Graó. (Biblioteca de Classe, 2), pp. 101-124.
PÉREZ, A. I.; GIMENO, J. (1992): *Compreender y transformar la enseñanza*. Madri. Morata.
PÉREZ, A. I.(1992): "La función y formación del profesor/a en la enseñanza para la comprensión. Diferentes perspectivas" em: J. GIMENO, A. I. PÉREZ: *Compreender y transformar la enseñanza*. Madri. Morata, pp. 398-429.
SARRAMONA, J. (1993): *Cómo entender y aplicar la democracia en la escuela*. Barcelona. Ceac.
SOLÉ, I. (1990): "Bases psicopedagógicas de la practica educativa" em: T. MAURI, I. SOLÉ, L. M. DEL CARMEN, A. ZABALA: *El currículum en el centro educativo*. Barcelona ICE/UB Horsori, pp. 52-90.
SOLÉ, I. (1991): "¿Se puede enseñar lo que se ha de construir?" em: *Cuadenos de Pedagogía*, 188, pp. 33-35.
SOLÉ, I. (1993): "Disponibilidad del aprendizaje y sentido del aprendizaje" em: C. COLL e outros: *El constructivismo en el aula*. Barcelona. Graó. (Biblioteca de Classe, 2), pp. 25-46.
SOLÉ, I.; COLL, C. (1993): "Los profesores y la concepción constructivista" em: C. COLL e outros: *El constructivismo en el aula*. Barcelona. Graó. (Biblioteca de Classe, 2), pp.7-23.
STUBBS, M.; DELAMONT, S. (1978): *Las relaciones profesor-alumno*. Barcelona. Oikos-Tau.
YUS, R. (1994): "Las actitudes en el alumnado moralmente autónomo" em: *Aula de Innovación Educativa*, 26, pp. 71-79.

5
A organização social da classe

O PAPEL DOS AGRUPAMENTOS

Historicamente, a forma mais habitual de preparar as pessoas mais jovens de qualquer grupo social para sua integração na coletividade tem sido através de processos geralmente individuais, seja em casa ou no campo por parte dos pais, seja nas oficinas por parte de mestres artesãos. As classes mais privilegiadas tinham acesso a outros tipos de aprendizagens, como a leitura, a escrita ou outros saberes, mas sempre se tratava de uma formação individualizada. A maioria das aprendizagens era o resultado de atividades cotidianas. Quando chega o momento em que se considera necessário generalizar o ensino da leitura, da escrita e da denominada "cultura geral" para outras camadas sociais, é que se coloca a necessidade de resolver o problema de como ensinar ao mesmo tempo a um número máximo de alunos.

É assim que nascem as primeiras formas de agrupamento. Em fins do século XVI, se define uma das formas para organizar os alunos, que se tornará habitual praticamente até nossos dias: grupos de cinqüenta a sessenta alunos do mesmo sexo e da mesma idade situados numa mesma aula e dependentes de um professor/tutor ou de diversos professores. Toda escola, e mais quanto mais pretensões de "qualidade" tenha, dará ênfase em destacar a estrutura organizativa em grupos homogêneos e graduados. Nos núcleos de população com um número reduzido de alunos se aceitam, embora como algo negativo, outras formas organizativas diferentes, sempre dentro do grande grupo, neste caso heterogêneo. As relações e a organização social neste modelo são bastante simples. O grande grupo atua como um todo, como soma de pessoas selecionadas previamente segundo certos critérios uniformizadores: sexo, nível, capacidades... O grande grupo e a estrutura social têm a função de solucionar fundamentalmente os problemas de ordem e disciplina. As relações no grupo se articulam como uma fórmula para favorecer a comparação e a competição "estimuladora" (divisão em "romanos" e "cartagineses", êmulos, atos públicos de distribuição de notas, quadros de honra, etc.).

Em fins do século XIX e no começo do XX, começam a surgir de forma apreciável outras formas de organização da escola e das aulas que rompem com este modelo único. Estruturação das aulas em grupos fixos e móveis, equipes de trabalho, grupos homogêneos e heterogêneos, oficinas, "cantos", estudos individualizados, etc. O surgimento de diferentes modelos organizativos é a resposta às novas inquietações no ensino, às diferentes concepções educativas e aos conhecimentos psicopedagógicos. Defende-se o trabalho em equipe como meio para promover a socialização e a cooperação, para poder atender aos diferentes níveis e ritmos de aprendizagem, para resolver problemas de dinâmica grupal, para tornar possível a aprendizagem entre iguais, etc.

Neste capítulo descreveremos as formas mais genéricas de organização social nas escolas a partir de referenciais de análise que nos permitam reconhecer as possibilidades de cada uma das opções. Desta maneira poderemos dispor de critérios para selecionar, em cada momento, a forma de agrupamento mais adequada a nossas intenções educacionais. Analisaremos os motivos que as justificam e os critérios para avaliá-las e a seguir trataremos, com estas mesmas proposições, as variáveis metodológicas do tempo e do espaço.

FORMAS DE AGRUPAMENTO

Uma revisão das formas de organização grupal nos permite fazer uma classificação mais ou menos esquemática das diferentes maneiras de agrupar os meninos e meninas em classe.

Nesta classificação podemos observar que as diferenças mais características das diversas formas de agrupamentos estão determinadas por seu *âmbito de intervenção*: grupo/escola e grupo/classe; e em cada uma delas conforme o trabalho seja realizado com *todo o grupo ou com grupos ou equipes fixos ou móveis*. E também deve se precisar, nos dois âmbitos, se os critérios que se utilizaram para estabelecer estes agrupamentos foram a *homogeneidade ou a heterogeneidade* dos mesmos em relação a considerações de sexo, nível de desenvolvimento, conhecimentos, etc. (Quadro 5.1.)

Quadro 5.1

	Agrupamento	homogêneos	heterogêneos
Escola como grupo	grande grupo		x
	grupos/classe fixos	x	x
	grupos/classe móveis	x	x
	grande grupo	x	x
	equipes fixas	x	x
	equipes móveis	x	x
	individual		

Em primeiro lugar temos o *grupo/escola* como primeira configuração grupal da escola, grupo que em toda escola tem uma forma e estrutura social determinada. Neste primeiro âmbito encontramos atividades que se realizam em diferentes tipos de agrupamento: o grande grupo em atividades globais da escola, assembléias, atividades esportivas ou culturais, etc.; o *grupo/classe*, que geralmente implica grupos fixos de idade, embora em alguns casos sejam móveis e, portanto, os componentes variam conforme a atividade a ser desenvolvida, a área ou a matéria: oficinas, atividades facultativas, níveis, etc.

No âmbito do *grupo/classe* encontramos atividades de *grande grupo*: exposições, assembléias, debates, etc.; atividades organizadas em *equipes fixas*: organizativas, de convivência, de trabalho, etc.; atividades em *equipes móveis* de dois ou mais alunos: investigações, diálogos, trabalhos experimentais, observações, elaboração de dossiês, "cantos", etc.; atividades *individuais* de exercitação, aplicação, estudo, avaliação, etc.

DESCRIÇÃO E AVALIAÇÃO DAS DIFERENTES FORMAS DE AGRUPAMENTO

Como qualquer uma das outras variáveis metodológicas, as diferentes tendências de organização social das instituições educacionais e da classe têm sido determinadas mais pelo costume e pela história do que por uma reflexão fundamentada das opções escolhidas em cada momento. Assim, encontramos escolas e professores que mantiveram a todo custo os modelos herdados, e outros que foram mudando, quase de forma compulsiva, conforme as tendências do momento. E em ambos os casos se fazem desqualificações globais das opções contrárias. Em nossas escolas, infelizmente, não tem sido freqüente dispor de espaço e tempo para a reflexão serena, fato que não contribui para a análise constante, profunda e desapaixonada que uma tomada de decisão tão complexa merece. Como veremos, e esta pode ser a conclusão fundamental, cada uma das opções organizativas comporta determinadas vantagens e determinados inconvenientes, certas possibilidades e certas potencialidades educativas diferentes. De algum modo, nós, educadores, temos em mãos alguns instrumentos educativos que não são nem bons nem maus em si mesmos, mas que são basicamente ferramentas que podem ser adequadas para satisfazer determinadas necessidades educativas. Nossa tarefa consiste em conhecer estas potencialidades didáticas, sem renunciar, por princípio, a nenhuma delas, e utilizá-las convenientemente quando for necessário.

A escola como grande grupo

As características da organização grupal neste âmbito estão determinadas, em primeiro lugar, pela organização e pela estrutura de gestão da escola e, em segundo lugar, pelas atividades que toda a escola realiza de forma coletiva, as quais, apesar de serem bastante limitadas, são cruciais para o sentimento de identificação pessoal com a escola, tanto por parte dos alunos como dos professores.

Portanto, são instrumentos ou ferramentas formativas de todo o grupo/escola as atividades vinculadas à gestão da escola, que configuram determinadas relações interpessoais, uma distribuição de papéis e responsabilidades e um diferente grau de participação na gestão. E também o são as atividades gerais da escola, de caráter cultural, social e esportivo, de natureza interna e de difusão exterior, quer dizer, dirigidas aos familiares dos alunos ou abertas a setores mais amplos da comunidade, do bairro ou cidade. Assim, pois, é preciso distinguir entre as atividades com participação de toda a escola e as que são conseqüência da maneira de gerir esta escola.

Atividades gerais da escola

Durante o ano, a maioria das escolas organiza uma série de atividades que em geral são de caráter social, cultural, lúdico ou esportivo. As principais diferenças entre as escolas estão associadas à abrangência e à finalidade destas atividades. Portanto, há algumas que são do grupo e para o grupo, quer dizer, de caráter interno, e outras que estão abertas a outras coletividades. Em relação à função ou finalidade, encontraremos atividades para o prazer, a motivação, a promoção externa, a demonstração e o compromisso.

Todas as atividades de grupo/escola, se são satisfatórias, potencializam o sentimento de pertinência e de identificação com o grupo, a autoestima coletiva. Portanto, promovem atitudes de compromisso e responsabilidade para com os demais e também reforçam o estímulo e a motivação em relação aos projetos da escola, entre eles os que estão relacionados com a formação e o estudo. Esta identificação também envolve a adoção ou a rejeição dos valores do grupo, constituindo então um dos meios mais valiosos para promover a aprendizagem de conteúdos de caráter atitudinal.

Esta potencialidade obriga a avaliar com muita atenção as características das atividades que se propõem. Em muitos escolas existe uma contradição paradoxal: algumas, por exemplo, apesar de terem uma declaração de intenções não-consumistas, promovem festas, representações ou comemorações, em que é imprescindível a compra de fantasias ou vestidos caros e inúteis para outras atividades; outras fazem manifestações cooperativas e anticompetitivas e, em troca, seguido organizam concursos, competições e jogos com prêmios; há as que, apesar de se definirem como não-sexistas, não levam em conta este aspecto ao atribuir papéis de ambos os sexos nas representações, nas atuações ou nos brinquedos e também há as que fazem declarações de "humildade" e organizam grandes atos que basicamente são manifestações publicitárias.

Também encontraremos escolas em que muitas destas atividades gerais ocorrem no exterior ou estão dirigidas para o exterior: atividades de participação em festas ou atividades culturais de bairro, visitas a campos de trabalho, atividades de pesquisa social, serviços para a comunidade (coleta e reciclagem de papel, oferecimento das instalações escolares, etc.). Trata-se de atividades que demonstram o compromisso social da escola e que constituem a forma mais coerente, e portanto mais formativa, de responder a certas finalidades educacionais vinculadas a valores como a solidariedade, o respeito, o compromisso, etc.

Que critérios utilizaremos para avaliar estas atividades? Como em todas as experiências que os alunos vivem, deveremos nos perguntar que aprendizagens promovem. Temos que nos perguntar que conteúdos conceituais, procedimentais e sobretudo atitudinais são trabalhados em cada uma das atividades e relacioná-los com as finalidades educacionais que promovem. Uma vez mais, a análise dos conteúdos da aprendizagem deve nos permitir chegar a conclusões sobre a função social do ensino que a escola tem e sobre a capacidade de incidência formativa que estas atividades têm.

Tipo de gestão da escola

A estrutura e a organização da escola como grupo se define pelo tipo de organograma da escola e, portanto, pelo grau de envolvimento e atribuição de responsabilidades dos professores e dos próprios alunos. O funcionamento está determinado pelo regimento da escola, que define os papéis dos diferentes segmentos que compõem a comunidade escolar.

A distribuição de papéis e de responsabilidade que ocorre na escola pode ser resultado de uma análise exclusivamente pragmática, efetuada unicamente com critérios relativos às necessidades de dinamização, organização e desenvolvimento das diferentes tarefas de uma instituição com funções complexas. Ou, pelo contrário, pode responder a uma concepção que tem presente que a própria estrutura organizativa e as relações que define se convertem em instrumentos educativos de primeira ordem ao oferecer imagens, e sobretudo vivências, que marcam a maneira de entender o que são ou o que têm que ser as organizações sociais e a forma como se distribuem os deveres e os direitos de cada um de seus membros. Este funcionamento também define determinadas relações interpessoais, uma maneira de conceber as relações de trabalho, que podem ser de ajuda, de colaboração, de confiança ou exatamente o contrário. Uma gestão mais ou menos colegiada ou compartilhada, monitorias coordenadas ou não, certas decisões em equipe ou individuais, etc., vão incidindo de maneira imperceptível, mas profunda, no pensamento e nos valores dos alunos.

O diferente grau de participação na gestão

Se a estrutura organizativa é central no oferecimento de pautas e modelos de gestão e atribuição de responsabilidades, o grau e a maneira em que os diferentes segmentos da comunidade escolar participam nas decisões da escola são igualmente básicos na formação dos alunos. É especialmente importante o papel que os meninos e meninas devem desempenhar na definição das normas ou regras de convivência da escola.

Toda escola é regida por determinadas normas que permitem o funcionamento da coletividade. A disciplina necessária, o respeito mútuo e as relações de convivência devem ser garantidas por normas que regulem as atuações de todos os membros. As diferenças entre escolas não apenas afetam os diversos tipos de normas, como também afetam quem as promove ou estabelece, quem vela por seu cumprimento e quem julga a validade de sua aplicação. Assim, de certo modo, aplicando a distribuição de poderes de Montesquieu, poderíamos nos perguntar: quem ostenta o poder legislativo, o executivo e o judiciário na escola? Certamente encontraremos diferentes graus de participação dos alunos nestes "poderes", mas, dada a tradição escolar, é lógico que na maioria dos casos serão os professores ou a equipe diretiva que utilizarão a capacidade de legislar, executar e julgar na escola.

Chegando a este ponto, podemos fazer uma avaliação educativa das normas que regulam o funcionamento cotidiano da escola e de como são postas em prática. Em muitas escolas já é habitual encontrar declarações de princípios que consideram como função básica a formação de cidadãos democráticos capazes de atuar com autonomia e responsabilidade. Portanto, se trata de escolas que têm considerado como conteúdos de aprendizagem os valores e as atitudes democráticas, o espírito crítico, a responsabilidade pessoal, a aceitação das opiniões dos demais, a autonomia de pensamento e outros conteúdos de caráter atitudinal. Como já vimos no segundo capítulo, a forma de aprender estes conteúdos comporta um trabalho na escola que consiste fundamentalmente na realização de experiências que nunca são pontuais e episódicas, mas atividades continuadas, centradas em modelos em que se vivem estes valores e estas atitudes. Nestes casos, as recomendações ou imposições praticamente são inúteis. Por outro lado, é necessário que os meninos e meninas convivam num ambiente em que aqueles valores impregnem todas as atuações. Dificilmente um aluno ou uma aluna pode ser responsável e aceitar as idéias dos outros se não se exercitou em modelos que lhe obriguem a atuar sob estes princípios. Para ser coerente com objetivos desta magnitude é necessário que as decisões que são tomadas na escola, as normas de convivência que a regem e, sobretudo, a maneira de estabelecê-las e administrá-las estejam em consonância com as finalidades educacionais a que se propõem. Não há duvida de que são o instrumento mais poderoso que temos em nossas mãos para formar os meninos e meninas nestes valores. Se a opção da escola é a formação integral da pessoa e um dos objetivos é a educação nestes valores democráticos, haverá que incluir instâncias e processos que permitam que o aluno conheça progressivamente as regras do jogo de uma sociedade democrática e, especialmente, que saiba atuar e defendê-la. O julgamento e a revisão das normas da escola, as eleições de representantes, as assembléias de alunos ou da escola, se convém, e, finalmente, todas aquelas formas que permitem que os meninos e meninas aprendam a participar responsavelmente numa coletividade são os meios educativos que possibilitam a formação nesta faceta capital da personalidade.

Longe de se configurar como um elemento estritamente estrutural, o âmbito escola ou grupo/escola, sua gestão e a possibilidade que oferece a seus membros de participar responsavelmente surgem como o marco formativo que irá concretizar-se depois no âmbito mais restrito do grupo/classe, que será objeto de nossa atenção a seguir.

Distribuição da escola em grupos/classe fixos

Esta é a maneira convencional de organizar os grupos de alunos nas escolas. Trata-se de agrupamentos de 20 a 40 (ou inclusive mais) meninos e meninas de idade similar, que durante um ou mais anos trabalham as mesmas áreas ou matérias e terão os mesmos professores.

O fato de que seja a fórmula mais corrente para agrupar os alunos criou uma tradição, um conhecimento e certas habilidades que dificultam a aceitação de fórmulas de organização radicalmente diferentes. No entanto, é preciso analisar as vantagens e os inconvenientes para poder aproveitar os pontos positivos e resolver as deficiências que apresenta. Antes de mais nada, gostaria de considerar a opção de homogeneidade ou não destes grupos.

Nas escolas que têm que formar mais de um grupo/classe por série, devido ao elevado número de alunos, uma das dúvidas mais freqüentes que se coloca é a conveniência ou não de agrupá-los conforme os níveis de desenvolvimento ou de conhecimentos, ou fazê-lo heterogeneamente. Se nossa finalidade se limita à realização de determinadas capacidades de caráter cognitivo e se consideramos que a função do ensino é seletiva, a distribuição por grupos/classe homogêneos favorecerá a tarefa do ensino, posto que não haverá tantas diferenças entre os alunos. Agora, inclusive neste caso, o conhecimento que temos dos processos de ensino/aprendizagem nos obriga a avaliar uma série de condições que não se dão da mesma maneira nos grupos homogêneos, por exemplo, a aprendizagem entre iguais, o contraste entre modelos diferentes de pensar e atuar e o surgimento de conflitos cognitivos, a possibilidade de receber ajuda de colegas que sabem mais, etc. Todos estes fatores nos levam a considerar a conveniência de que os grupos/classe fixos tenham que ser heterogêneos.

No caso de que a opção escolhida seja a formação integral e que se centre tanto nas capacidades cognitivas como nas capacidades de equilíbrio pessoal, de relação interpessoal e de inserção social, as formas de agrupamento que não se baseiam na diversidade são improcedentes. Embora os conflitos aumentem devido à existência de níveis, culturas e interesses diferentes, sabemos que as aprendizagens são possíveis precisamente graças a estes conflitos. Para que os meninos e meninas possam reconhecer suas possibilidades e limitações, saibam aceitar-se, possam entender e respeitar a diferença, possam satisfazer as diferentes necessidades pessoais, sejam capazes de relacionar-se com os demais e ajudá-los, etc., deverão ter vivido situações, problemas e conflitos que tenham podido aprender a resolver com ajuda da professora ou do professor e dos outros companheiros e companheiras.

Aceitando a conveniência da heterogeneidade do grupo/classe fixo, revisaremos a seguir as vantagens e os inconvenientes que oferece. Independentemente das razões de facilidade organizativa, o motivo primordial que o justifica é o fato de oferecer aos meninos e meninas um grupo de colegas estável, favorecedor das relações interpessoais e da segurança afetiva. As outras vantagens estão relacionadas com o fato de que é a forma em que usualmente se têm organizado as escolas, de tal maneira que o maior número de propostas, materiais e recursos didáticos, assim como de estudos realizados, parte do pressuposto do grupo/classe fixo. Ao mesmo tempo, é uma organização adequada à estrutura espacial das escolas, entendida pelas famílias e pelo resto da coletividade, e baseada em certas tradições consolidadas de gestão da distribuição do trabalho docente.

Os inconvenientes dos grupos/classe fixos estão condicionados pela rigidez que lhes é atribuída, já que correm o risco de fechar-se em si mesmos. Por outro lado, embora se tenha buscado a heterogeneidade, se os alunos têm a mesma idade ainda são muito iguais e isso envolve o perigo de que os processos sejam analisados em relação a um grupo típico (3º do ensino fundamental, 2º do médio...) e no referencial temporal de uma série. Estes perigos e riscos podem ser neutralizados, ao menos em parte, com uma organização por ciclos de mais de uma série. Isto permite criar equipes de professores de ciclo com proposições mais amplas e globais do desenvolvimento dos alunos, ao mesmo tempo que se facilita a realização de atividades que rompam a rigidez do grupo/classe/série.

Distribuição da escola em grupos/classe móveis ou flexíveis

Entendemos por grupo/classe móvel o agrupamento em que os componentes do grupo/classe são diferentes conforme as atividades, áreas ou matérias e que pode chegar a ter professores diferentes para cada aluno.

Esta configuração é bastante habitual em escolas que trabalham mediante créditos com conteúdos ou matérias opcionais. Segundo este sistema, cada aluno pertence a tantos grupos quantas matérias ou atividades diferentes configurem seu percurso ou itinerário escolar. Também é habitual nas escolas que trabalham com oficinas abertas a todo um ciclo ou uma etapa, embora neste caso a estrutura básica continue sendo o grupo/classe e, em alguns momentos determinados, os meninos e meninas vão a oficinas diferentes. Portanto, trata-se de oficinas em que encontramos alunos de diferentes idades e que pertencem a diversos grupos/classe.

A razão fundamental que deu origem a esta forma organizativa foi a preocupação em atender aos diferentes interesses e capacidades dos meninos e meninas. E atendê-los fundamentalmente por dois motivos: num caso, quando favorece que cada aluno possa construir um itinerário escolar o mais personalizado possível, ao poder optar por matérias diferentes conforme seus interesses; e em outro, quando a distribuição é dada pelo grau de conhecimentos, de tal modo que, diante de um mesmo itinerário para todos, a designação para um grupo ou para outro é conseqüência do nível de competência pessoal. Assim, um aluno pode estar no grupo 6 de matemática, no 8 de língua e no 3 de ciências, enquanto que outro assiste ao grupo 7 de matemática, 6 de língua e 8 de ciências. Evidentemente, também pode se dar a combinação de ambos os casos.

Assim, pois, podemos observar que as vantagens manifestas são, por um lado, esta capacidade de ampliar a resposta à diversidade de interesses e competências dos alunos e, por outro, que em cada grupo existe uma homogeneidade que favorece a tarefa dos professores devido ao fato de poder garantir determinados níveis e determinados interesses similares. Quando os alunos podem participar na construção de seu percurso escolar, além de garantir uma melhor predisposição para a aprendizagem, se dá chance para que eles assumam um conhecimento mais profundo de seu processo educacional e um maior grau de responsabilização. Em ambos os casos, a flexibilidade na constituição dos grupos faz com que dificilmente se produza um desfecho negativo.

Uma distribuição grupal deste tipo comporta uma primeira dificuldade, determinada pela complexidade organizativa, mas que deve ser superada se nos detemos nas vantagens que supõe. Também há dois inconvenientes que é preciso solucionar. Um deles é a necessidade de garantir que cada aluno tenha acesso a um grupo de convivência estável. O outro, conseqüência dos agrupamentos por níveis de competência, é o perigo que já destacamos ao falar dos grupos homogêneos.

Até agora falamos das características dos diferentes agrupamentos no âmbito da escola. Mas avançar na compreensão da organização social da aula requer falar das diferentes formas de organizar as atividades na aula. Isto é o que faremos a seguir.

Organização da classe em grande grupo

Historicamente, esta é a forma mais habitual de organizar as atividades de aula. Nestas atividades todo o grupo faz o mesmo ao mesmo tempo, seja escutar, tomar nota, realizar provas, fazer exercícios, debates, etc. Os professores ou os alunos se dirigem ao grupo em geral, através de exposições, demonstrações, modelos, etc., introduzindo, evidentemente, ações de atendimento a meninos e meninas individualmente.

Esta fórmula é a mais simples e, como já apontamos, a que goza de mais tradição. Questionada pelas concepções progressistas por ter sido a forma exclusiva de agrupamentos de aula, num modelo de escola que considera todos os alunos como iguais e, em todo caso, no qual "sobram" as diferenças. Modelo que corresponde a um ensino de conteúdos fundamentalmente conceituais e ensinados como se se aceitasse que são aprendidos através da memorização mecânica. Esta herança tem feito com que, seguidamente, as desqualificações sejam genéricas, como se fosse uma forma de organização negativa em si mesma.

O problema surge quando se considera que é a única organização possível, de maneira que, independentemente do conteúdo a ser trabalhado, a forma de agrupamento dos alunos sempre é a mesma.

Vejamos a utilidade desta forma de agrupamento. Faremos uma análise segundo os diferentes tipos de conteúdo a serem ensinados e levaremos em conta, em todo momento, os condicionantes determinados pela necessidade de atender à diversidade dos alunos.

Quando é preciso ensinar conteúdos factuais a exposição deve ser clara, o número de alunos e a forma de organizá-los pode ser bastante simples: desde que o número de alunos não seja excessivo para permitir que o professor ou a professora mantenha o atendimento aos alunos, o grande grupo será a forma mais apropriada para desenvolver esta atividade. Se for conveniente, as recomendações sugeridas a cada aluno quanto ao trabalho individual poderiam ser feitas de forma pessoal. Portanto, o grande grupo é uma forma de organização apropriada quando os conteúdos a serem ensinados são factuais, sempre que a idade do aluno lhe permita seguir um plano de memorização de forma autônoma.

Começamos a detectar as limitações da organização em grande grupo quando os conteúdos a serem ensinados são conceituais. Em primeiro lugar, devido ao número de alunos, já que se o grupo é muito numeroso dificilmente poderemos estabelecer as inter-relações necessárias para conhecer o processo de aprendizagem que cada aluno segue. Em segundo lugar, realmente teremos poucas oportunidades de conhecer o processo de elaboração e compreensão de cada aluno se todo o grupo tem que estar sujeito aos diálogos individuais entre professor e aluno. Certamente este trabalho será mais fácil se dividimos o grande grupo em pequenos grupos, cada um deles com trabalhos específicos, para que seja possível circular pelos diferentes núcleos e oferecer a ajuda necessária a cada menino ou menina.

Assim, pois, podemos chegar à conclusão de que uma organização em grande grupo coloca muitos problemas para o ensino dos conceitos se não se introduzem medidas que permitam conhecer o grau e o tipo de processo que está seguindo cada aluno na construção do significado, a fim de que se possa prestar a ajuda que cada aluno precisa. Quanto mais complexo for o conteúdo a ser aprendido e mais jovens forem os alunos, mais dificuldades teremos para atender à diversidade numa estrutura de grande grupo.

Quanto aos conteúdos procedimentais, a estrutura de grande grupo servirá para dar a conhecer a utilidade do procedimento, técnica ou estratégia. Também poderão se explicar e mostrar as diferentes fases ou os passos que o compõem. E tudo isto com certas garantias de que estamos conseguindo dar conta das diversas formas de aprender dos alunos. Por outro lado, será muito difícil poder propor as atividades de aplicação e exercitação suficientes e necessárias para cada aluno, que representem um desafio pessoal e nas quais se possa prestar a ajuda de que cada um necessita.

Pudemos observar que os conteúdos atitudinais têm a dificuldade de que sua aprendizagem não pode se realizar com poucas atividades. O componente cognitivo destes conteúdos exige um trabalho de compreensão do que representam. Portanto, as atividades que este processo envolve podem ser feitas em grande grupo. Mas os componentes afetivos e comportamentais dos conteúdos atitudinais exigem atividades que impliquem colocar os alunos diante de conflitos ou situações problemáticas que terão que resolver. Situações que dificilmente podem se realizar em grande grupo, excetuando a assembléia.

A *assembléia de alunos* atua como instrumento de gestão e administração das regras de jogo do grupo, através dos debates, das propostas ou exposições, das revisões das normas de atuação e comportamento; como regulador das relações pessoais e como meio para manter a convivência. É o instrumento mais valioso de que dispomos para promover e potencializar muitos dos valores e das atitudes que consideramos conteúdos de aprendizagem. As normas que forem estabelecidas e os meios que forem utilizados para assegurar seu cumprimento, assim como a maneira de desenvolver a assembléia, o papel que se outorgue aos alunos, seu grau de responsabilidade e a distribuição de cargos darão a base para a reflexão sobre os atos e os comportamentos dos alunos e sobre os valores que os presidem. Mas se, ao mesmo tempo, não se criam situações que possibilitem a atuação mais ou menos desinibida dos alunos, dificilmente poderão apresentar-se as condições para que se vejam obrigados a escolher entre diferentes formas de comportamento.

Os tipos de atividades que podem ser realizados em grande grupo e que são fatores de conflito, sem deixarem de ser suficientemente controláveis pelo professor, são limitados. Este inconveniente faz com que muitos dos desejos de formação fiquem relegados a um segundo plano, ou esquecidos, se não se dispõe de outras formas organizativas, já que a necessidade de manter a ordem num grupo obriga a tomar medidas de controle que seguidamente entram em choque com as finalidades educacionais estabelecidas. O controle da organização de um grupo sem a existência de outras formas de organização, como as equipes fixas, obriga a que as relações sejam mais rígidas e muitas vezes autoritárias. Deste modo, se potencializam determinadas atitudes. Se são as atitudes desejadas, perfeito: a forma de agrupamento é a correta. Mas não poderemos dizer o mesmo se nossas intenções educacionais são outras.

De acordo com a revisão que realizamos do grande grupo, a respeito dos diferentes tipos de conteúdo, podemos concluir que se trata de uma forma organizativa apropriada para o ensino de fatos, que no caso dos conceitos e princípios aparecem muitos problemas para que se possa conhecer o verdadeiro grau de compreensão de cada menino e menina, que nos conteúdos procedimentais é impossível atender à diversidade no ritmo de aprendizagem e estabelecer as ajudas pertinentes e que no caso dos conteúdos atitudinais o grande grupo é especialmente adequado para a assembléia, mas é insuficiente.

Organização da classe em equipes fixas

A forma habitual de organização da classe em equipes fixas consiste em distribuir os meninos e meninas em grupos de 5 a 8 alunos, durante um período de tempo que oscila entre um trimestre e todo um ano, e nos quais cada um dos componentes desempenha determinados cargos e determinadas funções. As diferenças no número de componentes, a duração e o tipo de cargos e funções estão determinadas pela idade dos alunos. Assim, as equipes são mais reduzidas e sua duração é mais curta na educação infantil e nas séries iniciais do ensino fundamental do que no ensino médio, e os cargos e as funções estão relacionados com a capacidade de atuação autônoma dos meninos e meninas.

As funções fundamentais das equipes fixas são duas. A primeira é organizativa e deve favorecer as funções de controle e gestão da classe. A segunda é de convivência, já que proporciona aos alunos um grupo afetivamente mais acessível.

A função organizativa se resolve atribuindo a cada equipe, e dentro desta a cada aluno, certas tarefas determinadas, que vão desde a distribuição do espaço e da administração dos recursos da aula até a responsabilidade pelo controle e pelo acompanhamento do trabalho de cada um dos membros da equipe em cada uma das áreas. Assim, em cada um dos grupos podemos encontrar uma distribuição de cargos: coordenador da equipe, secretário, responsável pela manutenção, etc., e, por outro lado, as responsabilidades de cada um deles relacionadas com o processo mais acadêmico: responsável pela matemática, língua, etc., com funções de acompanhamento e auto-avaliação do grupo. Deste modo, cada um dos membros da equipe pode ter um cargo organizativo (secretário, coordenador...) e outro de responsável por uma área. Tal como apontamos anteriormente, as funções dos cargos e dos responsáveis estão determinadas pela idade dos alunos.

A outra razão que justifica os grupos fixos é que oferecem aos alunos um grupo que, por suas dimensões, permite as relações pessoais e a integração de todos os meninos e meninas. O objetivo consiste em formar grupos em que possam se estabelecer relações de amizade e colaboração, assim como de aceitação das diferenças. Com esta intenção, a constituição dos grupos leva em conta a diversidade de seus membros. Para alcançar estes objetivos se propõem atividades que não se reduzem às estritamente disciplinares, como por exemplo, saídas, passeios, etc.

A análise desta forma de agrupamento está relacionada com as duas funções expostas. A mais clara é a organizativa. A organização da classe em equipes fixas resolve muitos dos problemas de gestão e controle da classe. Ter uma estrutura socialmente complexa permite a co-responsabilização dos grupos em muitas das tarefas de organização da classe, liberando os professores, em grande parte, de um trabalho que consome muito tempo e costuma ser pouco "produtivo". Ocorre o paradoxo de que é fácil encontrar esta forma organizativa em aulas de educação infantil e nas séries iniciais do ensino fundamental, onde não há excessivos problemas de disciplina, enquanto que naqueles níveis em que as características da pré-adolescência com freqüência ocasionam problemas de convivência, os professores se encontram seguidamente órfãos de instrumentos que lhes ajudem a resolvê-los.

Mas ao mesmo tempo, uma organização deste tipo oferece uma grande quantidade de oportunidades para que os meninos e meninas assumam cada vez mais responsabilidades para com os outros, aprendam a se comprometer, a avaliar seu trabalho e o dos demais, a oferecer ajudas... É aqui também que há relação com a função de convivência, já que dá chance para que se estabeleçam vínculos afetivos, de ajuda, de companheirismo e de aceitação dos outros e de suas diferenças.

Portanto, independentemente de sua capacidade organizativa, as equipes fixas só têm sentido se a escola traçou como objetivos prioritários o desenvolvimento das capacidades de equilíbrio e autonomia pessoal, de relação interpessoal e de inserção social e, portanto, os conteúdos atitudinais que decorrem disso. Se estes são os objetivos, dificilmente serão alcançados se a escola não se dotar de instrumentos organizativos que, como as equipes fixas, os tornam possíveis.

Estes mesmos argumentos podem nos servir para julgar a conveniência de que os grupos fixos sejam homogêneos ou heterogêneos. A resposta está condicionada pelos objetivos educacionais estabelecidos. A homogeneidade de sexo, atitudes, capacidades ou interesses aparentemente favorece a gestão dos grupos, já que reduz os problemas de convivência. Problemas e conflitos que, como já sabemos, são as oportunidades formativas de que dispomos para conseguir a aprendizagem de determinados conteúdos atitudinais. Desde uma perspectiva que promova a colaboração e o respeito pela diferença, os grupos fixos sempre deverão ser heterogêneos.

Por outro lado, é bastante freqüente encontrar opiniões contrárias às equipes fixas, justificadas pela possibilidade de que os grupos se fechem, que surjam lideranças fortes ou despóticas, que apareça uma rejeição a um determinado menino ou menina, sem levar em conta que precisamente estas situações são as que permitem a intervenção educacional. Prescindir deste instrumento educativo pode ser uma forma de esconder a realidade da aula e desperdiçar a possibilidade de fazer intervenções que ajudem os grupos fechados a se abrirem, a reconduzir as atitudes despóticas dos líderes, a integrar os que foram rejeitados.

Em resumo, as equipes fixas oferecem numerosas oportunidades para trabalhar importantes conteúdos atitudinais. Sua estrutura também é apropriada para a criação de situações que promovam o debate e os correspondentes conflitos cognitivos e pela possibilidade de receber e dar ajuda, o que facilita a compreensão dos conceitos e procedimentos complexos. Comprometem os alunos na gestão e no controle da aula e constituem um bom instrumento para promover a cooperação e a solidariedade, valores que, embora sempre tenham sido fundamentais para a formação das pessoas, agora, numa escola cada vez mais aberta à diversidade (de culturas, de competências...), se erigem em instrumentos básicos de convivência e progresso.

Organização da classe em equipes móveis ou flexíveis

O termo equipe móvel ou grupo flexível implica o conjunto de dois ou mais alunos com a finalidade de desenvolver uma tarefa determinada. A duração destes agrupamentos se limita ao período de tempo de realização da tarefa em questão. Podem ser alguns breves momentos ou todo um trimestre. Sua vida se limita à tarefa e, portanto, numa organização de conteúdos por áreas ou matérias, não existe continuidade das equipes. A estrutura interna destas equipes está condicionada pelo trabalho a ser realizado e pela necessidade de formarem determinadas atitudes. As diferenças fundamentais com as equipes fixas são a variabilidade no número de integrantes e a permanência ou vida do grupo para além da atividade concreta.

Os motivos que justificam os grupos móveis são diversos, embora o principal seja a necessidade de atender às características diferenciais da aprendizagem dos meninos e meninas. Posto que esta estrutura permite distribuir trabalhos em pequenos grupos, é possível que os professores atendam àqueles grupos ou alunos que mais o necessitem, que distingam as tarefas a serem realizadas conforme possibilidades ou interesses, ou que exijam diferentes níveis de elaboração. Trabalhos que sempre devem estar bem definidos, para que os grupos possam trabalhar autonomamente e seja possível favorecer a atenção personalizada por parte dos professores. É o caso dos "cantos" na educação infantil ou das oficinas ou dos trabalhos de pesquisa em níveis superiores, em que os passos a serem seguidos e as técnicas a serem aplicadas são bastante conhecidos pelos alunos e, portanto, a intervenção dos professores está mais em oportunizar desafios e ajudas a cada aluno em particular, sem interromper o trabalho do resto do grupo.

Há outras razões comuns às equipes móveis e aos grupos fixos, que decorrem das possibilidades que a aprendizagem entre iguais oferece. Numa estrutura de tais características surgem muitas situações em que é possível que os próprios meninos e meninas se ajudem entre si. Ensinar modelos, novas explicações, ou interpretações mais próximas dos pontos de vista dos alunos faz com que nesta estrutura possam se beneficiar tanto da comparação entre perspectivas diferentes como da possibilidade de dar e receber ajuda entre colegas.

Outro dos motivos é determinado pelos próprios objetivos educacionais, quando se considera conteúdo de aprendizagem saber trabalhar em equipe e tudo o que isso envolve, tanto nos aspectos operativos de distribuição de trabalho como nos mais atitudinais de relação colaboração entre colegas; ou no caso da aprendizagem das línguas, concretamente da conversação e do diálogo; ou quando a autonomia e a co-responsabilidade são considerados conteúdos de aprendizagem; etc.

Quanto à homogeneidade ou não das equipes móveis, é preciso realizar as mesmas considerações que se mencionaram até agora em relação ao grupo/classe ou às equipes fixas. No entanto, neste caso, devemos levar em conta que, posto que são agrupamentos limitados a algumas atividades concretas e a um período de tempo curto, e portanto não são estáveis, os inconvenientes das equipes homogêneas, numa opção educativa de formação integral, podem ser relativizados. Caso se tenha a precaução de variar a configuração e o grau de homogeneidade dos grupos, conseguiremos, por um lado, aproveitar as vantagens que oferece o fato de poder trabalhar em alguns momentos com grupos de alunos de características similares – sexo, nível, interesses, etc. – e as vantagens educativas da diversidade. Deste modo, as equipes móveis algumas vezes poderão ser homogêneas e outras heterogêneas, segundo as intenções educacionais ou a situação do grupo e seus interesses.

Levando em conta as características e o funcionamento das equipes móveis, podemos observar que são especialmente adequadas, quando não imprescindíveis, para o trabalho de conteúdos procedimentais – portanto, nas áreas em que os componentes procedimentais são básicos, como as de língua, matemática, artes, etc. –, dada a necessidade de se adaptar às diferentes capacidades, ritmos, estilos e interesses de cada aluno. Para a aprendizagem dos conteúdos procedimentais é imprescindível realizar múltiplas atividades de aplicação e exercitação, convenientemente seqüenciadas e progressivas. Neste caso, uma estrutura de classe limitada ao grande grupo obrigará a estabelecer uma seqüência idêntica para todos, com as dificuldades para atender aos diferentes estilos e ritmos de aprendizagem que isso supõe. De outro modo, uma distribuição em equipes favorece a definição de propostas educativas que levam em conta a diversidade dos alunos. Também será extremamente apropriada para o trabalho dos conteúdos atitudinais no âmbito das relações interpessoais.

Trabalho individual

Consiste nas atividades que cada menino ou menina realiza por si só e é a forma de trabalho que a maioria de seqüências de ensino/aprendizagem propõe num ou noutro momento. Seja qual for a corrente pedagógica, nas propostas educativas sempre esteve presente o trabalho individual. E é lógico que seja assim, porque a aprendizagem, por mais que se apóie num processo interpessoal e compartilhado, é sempre, em última instância, uma apropriação pessoal, uma questão individual. As diferenças são encontradas no papel que se atribui a este trabalho, no momento em que ele é realizado, nos tipos de conteúdos que se trabalham e em seu grau de adaptação às características pessoais de cada aluno.

É impossível fazer uma análise isolada do trabalho individual, já que seu valor varia enormemente conforme seja realizado. Se não fosse assim, poderíamos dizer que é imprescindível, e pouco mais. Vejamos em que condições se aplica esta forma de trabalho e que conteúdos são trabalhados para fazer uma avaliação.

Começaremos com um modelo expositivo e posteriormente introduziremos diferentes atividades conforme os conteúdos que forem trabalhados. Numa seqüência de ensino/aprendizagem tópica, de exposição-memorização-exame, o trabalho individual é realizado na fase de memorização e exame. Nesta seqüência, evidentemente esquemática, a fase expositiva ocorre em grande grupo; a memorização é uma tarefa individual que cada menino ou menina realiza em aula, ou em casa, nas séries mais avançadas e, finalmente, o exame é um trabalho individual que se realiza em grande grupo. Neste modelo, é um tipo de trabalho que não permite a interação professor/aluno, além da devolução do exame com a nota correspondente. Se analisamos este processo desde a perspectiva dos tipos de conteúdos que podem ser trabalhados, observaremos que quando os conteúdos são de caráter factual, as atividades de aprendizagem que consistem em exercícios que ajudam a memorizar – fundamentalmente atividades de repetição verbal – são bastante simples e cada aluno as pode realizar sem mais ajuda do que a motivação para fazê-las. Posto que as diferenças de aprendizagem entre os alunos se centram, a grosso modo, no tempo que cada um tem que dedicar ao estudo, e posto que é um fator que só depende dos próprios alunos, podem fazê-lo sozinhos com bastante chance de êxito. Um resultado negativo na prova não implicará repetir todo o processo de ensino/aprendizagem, mas unicamente exigirá que o aluno por si só lhe dedique o tempo de que realmente necessite.

Por outro lado, não podemos dizer o mesmo no caso dos conceitos e dos princípios. Para poder adaptar o processo de ensino às características singulares da aprendizagem de cada um dos meninos e meninas, será necessário introduzir mudanças qualitativas na forma de realizar este trabalho individual. Neste caso, não podemos deixar o aluno sozinho na fase de estudo, já que se não entendeu o conceito – durante a exposição, com os diálogos e as perguntas que se introduziram, nos debates ou nos trabalhos em grupos reduzidos –, dificilmente poderá resolver as dificuldades de compreensão por si só. De outro modo, o trabalho individual será eficaz quando, uma vez compreendido o conceito, realize as atividades e exercícios que lhe permitirão ampliar, detalhar, recordar e eventualmente reforçar o que já tinha compreendido. As diferenças entre os alunos serão solucionadas com o tempo que cada um deles terá que dedicar a cada uma destas finalidades.

Quando os conteúdos a serem aprendidos forem de caráter procedimental, a necessidade de oferecer atividades de aplicação e exercitação para cada aluno, adaptadas a seu nível de domínio e dentro de um conjunto progressivo, obriga a introduzir em todas as unidades didáticas momentos em que se levam a cabo estas tarefas de exercitação personalizada. A dificuldade consistirá em oferecer os desafios e ajudas adequados às características de cada um dos alunos, mas na maioria dos casos o trabalho será individual. O problema a ser resolvido se encontra nos meios para poder orientar o processo de cada menino e menina no domínio progressivo da técnica, do procedimento ou da estratégia.

Quanto à aprendizagem dos conteúdos atitudinais, a necessidade de propor atividades vivenciais que impliquem a resolução de conflitos de atuação e tomada de posições faz com que o trabalho individual só seja adequado na análise e na avaliação de casos, nos aspectos mais conceituais dos valores e, sem dúvida, em todos aqueles relacionados com o estudo individual: dedicação, autonomia, interesses, responsabilidade, atenção, etc.

Assim, pois, vemos que o trabalho individual é especialmente útil para a memorização de fatos, para o aprofundamento e a memorização posterior de conceitos e, especialmente, para a maioria dos conteúdos procedimentais em que se deve adaptar o ritmo e a proposição das atividades às características de cada menino ou menina. Ao mesmo tempo, podemos comprovar a complexidade da tarefa educacional pelo fato de ter que acompanhar as diferentes trajetórias neste trabalho individual. Como podem se propor a cada aluno atividades de aprendizagem específicas, quando há mais de trinta alunos numa classe? Os diferentes métodos de ensino foram buscar fórmulas que favorecessem o andamento de todos os alunos. Fórmulas, técnicas e instrumentos que em muitos casos se converteram no "método" que serve para qualquer coisa. Por tudo quando vimos até agora, a atenção à diversidade envolve formas de ensinar notavelmente complexas porque têm que responder a muitas variáveis que estão estreitamente inter-relacionadas. Tudo isso leva a que nos demos conta, cada vez mais, da necessidade de utilizar formas de intervenção extremamente flexíveis, que integrem todos aqueles meios que potencialmente ajudam a aprender. Um destes meios, especialmente útil no andamento do trabalho individual, é o denominado por Freinet de "contrato de trabalho". Dado o interesse que tem, vamos descrevê-lo rapidamente.

Os contratos de trabalho

A função básica dos contratos de trabalho consiste em facilitar a tarefa dos professores ao propor a cada aluno as atividades de aprendizagem apropriadas a suas possibilidades e a seus interesses. Recebe o nome de contrato porque cada aluno estabelece um acordo com o professor sobre as atividades que deve realizar durante um período de tempo determinado, geralmente uma ou duas semanas. Para poder levar a cabo o controle destes acordos e de seu cumprimento, cada menino e menina dispõe de uma agenda – em educação infantil costuma ser um mural – onde constam os compromissos assumidos para o espaço de tempo em questão. A cada semana, ou a cada quinze dias, ocorre uma reunião entre o professor e o aluno, com uma dupla função: revisar o trabalho feito e combinar a nova tarefa para o período seguinte. Dada a dificuldade que representa fazer uma proposta específica para cada aluno, é imprescindível contar com materiais preparados previamente que contemplem atividades claramente seqüenciadas e progressivas, como por exemplo as fichas de trabalho de Freinet, as fichas ordenadas de leituras, os cadernos de cálculo ou ortografia, as fichas de interpretação e confecção de planos e mapas, as atividades de pesquisa, de elaboração tecnológica, de práticas de laboratório, etc., sempre que, como já apontamos, estejam convenientemente ordenadas. Assim, pois, o trabalho do professor está centrado em determinar quantas atividades devem se fazer em cada uma das seqüências ou o grau de aprofundamento que deve se conseguir num determinado período.

Se uma das tarefas mais pesadas dos professores é a correção das produções dos alunos quando estas são iguais para todos, num modelo de contratos o será mais ainda. Para solucionar este inconveniente é interessante, sempre que seja possível, que as atividades sejam autocorretivas ou que se introduzam fórmulas de correção compartilhada.

Voltando às idéias expostas anteriormente, cabe dizer que esta forma de dar resposta ao andamento do trabalho individual é interessante só para aqueles conteúdos que permitem estabelecer uma seqüência mais ou menos ordenada. Como vimos, trata-se dos conteúdos adequados para o trabalho individual, quer dizer, de alguns conteúdos factuais e principalmente muitos conteúdos procedimentais. Conteúdos que representam porcentagens muito elevadas do trabalho cotidiano, especialmente em algumas áreas.

Com os contratos de trabalho, ao mesmo tempo que se contribui para o desenvolvimento destes conteúdos, se promove a aprendizagem de conteúdos atitudinais como a autonomia, o compromisso ou a responsabilidade. E, sobretudo, se faz o aluno participar nos objetivos educacionais que são propostos, porque ele se vê obrigado a ter uma visão global, não apenas dos conteúdos a serem trabalhados, como também de seu próprio processo de aprendizagem.

Sem um meio como o contrato de trabalho e sem materiais com propostas de atividades seqüenciadas de forma progressiva, dificilmente pode ser solucionado o problema que envolve o atendimento aos diferentes processos de aprendizagem que segue cada um dos meninos e meninas em determinados conteúdos.

DISTRIBUIÇÃO DO TEMPO E DO ESPAÇO

As formas de utilizar o espaço e o tempo são duas variáveis que, apesar de não serem as mais destacadas, têm uma influência crucial na determinação das diferentes formas de intervenção pedagógica. As características físicas da escola, das aulas, a distribuição dos alunos na classe e o uso flexível ou rígido dos horários são fatores que não apenas configuram e condicionam o ensino, como ao mesmo tempo transmitem e veiculam sensações de segurança e ordem, assim como manifestações marcadas por determinados valores: estéticos, de saúde, de gênero, etc. São muitas as horas que os alunos passam num espaço concreto e com um ritmo temporal que pode ser mais ou menos favorável para sua formação.

O papel do espaço

Como nas outras variáveis, a estrutura física das escolas, os espaços de que dispõem e como são utilizados correspondem a uma idéia muito clara do que deve ser o ensino. Logicamente, posto que os aspectos físicos são os que mais perduram no tempo, não são tanto uma conseqüência do que tem que ser ou é hoje em dia o ensino, mas o papel que se atribuiu a ele num momento determinado.

Se a utilização do espaço tem sido o resultado de uma maneira de entender o ensino, tanto em relação à função social como à compreensão dos processos de aprendizagem, certamente uma mudança nestes elementos levaria a uma reconsideração das características que deveriam ter de acordo com outras concepções do ensino.

A todos nós parece lógica a distribuição atual das escolas. Consideramos que uma escola tem que ser um conjunto de unidades espaciais, as aulas, situadas uma junto à outra e unidas mediante corredores. Este conjunto pode variar desde uma ou duas aulas nas escolas unidocentes até escolas que têm dezenas. Também o interior destas unidades espaciais apresenta uma distribuição bastante similar: um conjunto de cadeiras e mesas colocadas de duas em duas ou individualmente e alinhadas de frente para o quadro-negro e para a mesa do professor ou professora.

A pergunta que devemos nos fazer é se realmente esta é a fórmula mais adequada, a melhor, a única. E, sobretudo, temos que nos perguntar que critérios nos permitem justificá-la.

Se iniciamos de novo uma revisão histórica, veremos que esta configuração não é gratuita. Como pudemos observar, nossa tradição é herdada de um ensino centrado nos conteúdos factuais e conceituais, que tem girado em torno de modelos de comportamento inspirados em fórmulas disciplinares rígidas e uniformizadoras. O ensino dos conteúdos conceituais e factuais através de estratégias de reprodução comportava o uso de exposições gerais para todo um grupo de alunos que, em função das finalidades da educação, podia ser bastante numeroso, colocado de forma que os alunos pudessem receber facilmente as exposições e instruções do ensino. Ao mesmo tempo, esta disposição contribuía para manter a ordem. Trata-se de uma disposição espacial criada em função do protagonista da educação, o professorado, em que os meninos e meninas, como se estivessem num cinema ou num teatro, se situam de forma que possam ver e escutar quem representa uma fonte básica do saber. A opção propedêutica, mas basicamente a concepção transmissora e uniformizadora do ensino, comportava determinadas formas bem definidas e bastante eficazes se levamos em conta o que se pretendia.

Se nos perguntam qual é o número máximo de alunos que pode haver numa classe onde se tenham que explicar, por exemplo, os nomes dos rios da Europa, os códigos da língua, matemática, física ou química, as obras mais importantes do romantismo, etc., certamente responderemos que é limitado, sempre e quando se possa manter a ordem. E também diremos que a melhor maneira de situar estes alunos será a que lhes permita ver e escutar melhor o professor. Assim, pois, o espaço físico adequado será o que permita acomodar o número máximo de alunos que se estabeleceu, e a distribuição da aula mais apropriada será a que favoreça o controle dos professores. Para garantir que esta função de transmissão e controle seja mais eficaz só será necessário situar o professor num nível superior ao dos alunos mediante um tablado.

As razões de ordem, controle e eficácia, segundo uma concepção do ensino e da aprendizagem, determinaram os usos do espaço e, portanto, as características físicas da maioria das escolas.

A utilização do espaço começa a ser um tema problemático quando o protagonismo do ensino se desloca do professor para o aluno. O centro de atenção já não é o que há no quadro-negro, mas o que está acontecendo no campo dos alunos. Este simples deslocamento põe em dúvida muitas das formas habituais de se relacionar em classe, mas questiona consideravelmente o cenário. O que interessa não é o que mostra o quadro, mas o que acontece no terreno das cadeiras e, mais concretamente, em cada uma das cadeiras.

Este deslocamento faz com que muitos dos elementos que configuram o meio físico do aluno adquiram uma grande importância. A necessidade de que o aluno viva num ambiente favorável para seu crescimento também inclui, e de maneira preferencial, o ambiente em que deve se desenvolver. O estado de ânimo, o interesse e a motivação receberão a influência do meio físico da escola. Criar um clima e um ambiente de convivência e estéticos, que favoreçam as aprendizagens, se converte numa necessidade da aprendizagem e, ao mesmo tempo, num objetivo do ensino. Ao mesmo tempo, as características dos conteúdos a serem trabalhados determinarão as necessidades espaciais.

A necessidade de elaboração pessoal do conhecimento acarreta, sobretudo para os alunos mais jovens, a necessidade de favorecer a atividade mental do aluno através de ações que não se limitem a escutar as exposições do professor ou da professora. A observação, o diálogo ou o debate, a manipulação e a experimentação são atividades imprescindíveis para favorecer os processos construtivos dos alunos, e para realizar estas atividades é preciso dispor de espaços que as facilitem. Neste momento nos vemos obrigados a reconsiderar a adaptação da distribuição convencional do espaço. Em atividades com estas características, o centro de atenção já não pode ser somente o que diz o professor, mas tem que se deslocar para o que os alunos fazem e, portanto, para as necessidades que estas tarefas comportam. Se as atividades selecionadas são debates, diálogos ou discussões em grupos reduzidos, bastará que a disposição da classe possa variar conforme as características da tarefa: distribuição em círculo ou semicírculo, por pequenos grupos ou por duplas. Por outro lado, se as atividades a serem realizadas se concretizam na manipulação, na experimentação, na observação ou na pesquisa bibliográfica, será necessário que a configuração da classe permita estas tarefas ou será imprescindível contar com outros espaços adequados fora da aula.

Quando nossa atenção se concentra no ensino dos conteúdos procedimentais, a necessidade de revisar o tratamento do espaço se multiplica, já que, como vimos, é necessária uma atenção às diferenças no tipo de ajuda e em relação à realização das diferentes atividades, estabelecendo desafios e apoios adequados às características diferenciais de cada menino ou menina. Isto implica a organização de agrupamentos de diferente natureza e, portanto, dispor de espaços que possibilitem o trabalho de cada um dos diferentes grupos. Pode se tratar de espaços fixos em classe, onde se encontrem os elementos e materiais que permitam realizar o trabalho correspondente ("cantos" e pequenas oficinas, bibliotecas da classe...), ou outros espaços adequados fora da aula e concebidos para realizar trabalhos deste tipo (auditórios, laboratório, biblioteca, horta escolar...). Conforme as etapas ou níveis, será necessário avaliar a possibilidade de que haja aulas de grupo/classe que convivam com aulas especializadas. Por outro lado, é preciso levar em conta as possibilidades de ampliar o espaço físico da escola, introduzindo como concepção espacial geral a utilização dos serviços que a comunidade oferece: biblioteca pública, serviços municipais, associações, museus, etc. Quanto aos conteúdos atitudinais, excetuando-se o papel da assembléia e das necessidades de espaço desta atividade, sua relação com a variável espaço está associada à série de manifestações que indiretamente constituem a maneira de entender os valores por parte da escola sobre determinados campos. Referimo-nos, por exemplo, aos espaços que são de todos ou os que estão destinados a coletivos determinados, e dentro deste último grupo aos que são de uso exclusivo dos professores; às diferenças de mobiliário dos setores e das salas de professores e de alunos; às características físicas e aos objetos diferenciados nos refeitórios ou nos banheiros; às diferenças relacionadas ao gênero nos banheiros e vestiários e ao uso do pátio. Trata-se de manifestações do sentido que têm para a escola as relações de hierarquia e poder e as funções e papéis que se atribuem às pessoas, conforme o *status* social ou de gênero. São manifestações aparentemente sem importância, mas que formam de modo decisivo valores e atitudes determinadas.

É conveniente dedicar especial atenção às dimensões das escolas. As necessidades de uma escola seletiva e uniformizadora não têm nada que ver com as de outra cujo objetivo seja a formação integral das pessoas. Os prédios grandes, com centenas de alunos e dezenas de professores, são radicalmente contrários a propostas educativas encaminhadas para o desenvolvimento não apenas cognitivo dos meninos e meninas. É impossível promover determinadas atitudes ou estabelecer um bom clima afetivo se os meninos e meninas não podem se sentir membros, com personalidade própria, de uma comunidade, onde todos se conhecem, professores e alunos, com nomes e sobrenomes. Dificilmente podem se sentir seguros no anonimato que envolve conviver com centenas de desconhecidos. Daí que é muito difícil manter marcos coerentes de maneiras de viver, conforme os valores e as atitudes que se pretende promover, numa perspectiva personalizada e global. Dado que as construções já estão feitas, e evidentemente segundo outros modelos educativos, em muitos casos será necessário criar divisões e espaços que rompam com a grandiosidade dos prédios e viabilizem, ao máximo, formas de relações personalizadas. E, logicamente, será necessário ampliar este requisito às dimensões das equipes docentes. Será conveniente que ao estruturar e organizar as equipes docentes se leve em conta a necessidade de que os meninos e meninas possam conhecer todos os professores. A tradição seletiva e propedêutica, especialmente nas escolas do ensino médio, não tem que impedir a adaptação das estruturas físicas e organizativas às novas necessidades educativas postas por uma proposta integral.

Por outro lado, se a participação, a democratização, o serviço à comunidade, entre outros, são os valores que se querem promover entre os alunos, será necessário considerar que possibilidades existem de que outros grupos do bairro ou da cidade possam utilizar as instalações da escola. Independente dos motivos de racionalização e utilização das instalações escolares, determinados valores de inserção e atuação social só podem ser defendidos se se convertem em modelos de participação e compromisso real. A biblioteca, o auditório, o ginásio, os pátios e as aulas, em coerência com estes princípios, devem estar a serviço da comunidade a que pertencem, aceitando como fatores educativos todos os inconvenientes e conflitos que supõe uma proposta deste tipo.

A distribuição do tempo não é o menos importante

Numa perspectiva racional, a variável temporal seria resultado e conseqüência das decisões tomadas em relação às outras variáveis: a seqüência didática, o tipo de atividade, a organização de conteúdos, etc. – para além da necessidade, sobretudo com os menores, de orientação no tempo e de segurança pessoal. O tempo teve, e ainda tem, um papel decisivo na configuração das propostas metodológicas.

Em geral o tempo parece ser um fator intocável, já que os períodos de uma hora determinam o que é que se tem que fazer e não o contrário. Apesar de que não exista nenhum estudo científico que conclua que a hora é o melhor tempo para aprender, a distribuição horária em frações homogêneas exerce uma forte pressão sobre as possibilidades de atuação na aula. Muitas das boas intenções podem fracassar se o tempo não for considerado como uma autêntica variável nas mãos dos professores, para utilizá-la conforme as necessidades educacionais que se apresentem em cada momento.

Quando a tarefa educativa se limita à exposição, ao estudo ou à realização de exercícios individuais padronizados, o fator tempo importa pouco. Em todo caso, é suficiente que exista uma certa variedade de conteúdos durante o dia. A estruturação horária em períodos rígidos, sejam de uma hora ou de quarenta e cinco minutos, é o resultado lógico de uma escola fundamentalmente transmissora. A ampliação dos conteúdos educativos e, sobretudo, uma atuação conseqüente com a maneira como se produzem as aprendizagens, nos leva a reconsiderar estes modelos inflexíveis.

Já comentamos a grande importância que têm os debates, os trabalhos em grupo, as atividades de motivação, a continuidade e o encadeamento de muitas atividades nas seqüências didáticas, as necessidades de estabelecer o máximo de relações entre umas atividades e outras e como condicionam o interesse e a atenção dos alunos. O que acontece quando o ritmo se rompe justamente quando havíamos conseguido uma boa participação? E se isto acontece no momento mais interessante de um debate, de uma experiência ou de uma observação? Conseguir captar o interesse dos alunos é suficientemente difícil para condicioná-lo à arbitrariedade de um horário que não se adapta às necessidades educacionais. Existem certas tarefas que podem ser executadas em quinze minutos ou conteúdos que podem ser maçantes se os trabalhamos durante um espaço de tempo mais prolongado. Pelo contrário, há atividades e conteúdos que merecem uma dedicação muito mais prolongada. No entanto, é evidente que o ritmo da escola, de toda uma coletividade, não pode se deixar levar pela aparente improvisação, principalmente quando existe mais de um professor encarregado de um grupo. No entanto, o planejamento necessário não impede que, apesar das dificuldades, se estabeleça um horário que pode variar conforme as atividades previstas no transcurso de uma semana.

Conclusões

A revisão que fizemos neste capítulo torna manifesto que as diversas formas de agrupamento dos alunos são úteis para diversos objetivos e para o trabalho de diferentes conteúdos. Assim, pois, uma primeira conclusão é que antes de defender fervorosamente um modelo e rejeitar outro de maneira irrevogável, é preciso saber encontrar a utilidade de cada um e transpô-lo para a prática, quando a situação o exija.

É esclarecedor analisar as formas de agrupamento em relação aos diferentes conteúdos. Quando ensinamos, os conceitos, os procedimentos, as atitudes e os fatos seguidamente formam um conjunto que seria artificial dividir estritamente. Assim, pois, uma segunda conclusão nos leva a afirmar que não devemos nos mostrar inflexíveis. Numa mesma unidade didática, e também numa mesma sessão, teremos que recorrer a formas diversas e sucessivas de agrupamento dos alunos e de organização das atividades que serão mais adequadas do que outras para os objetivos que queremos alcançar.

Como pudemos ver, a forma de agrupar os alunos não é uma decisão técnica prévia ou independente do que queremos ensinar e do aluno que queremos formar. A terceira conclusão deste capítulo indica que, assim como se aprende a nadar nadando, se aprende a participar, a gestionar, debater, comprometer-se, responsabilizar-se, etc., quando há possibilidade de fazê-lo. É evidente que algumas formas de agrupar os alunos oferecem mais oportunidades do que outras para realizar estas aprendizagens. Portanto, é necessário potencializá-las se não queremos que nosso discurso teórico e nossa prática pedagógica pertençam a universos diferentes.

Outra conclusão é a seguinte: o trabalho em grupo, as equipes, o grande grupo não excluem o trabalho e o esforço individuais. Pelo contrário, promover um trabalho pessoal que tenha sentido, que seja adequado a cada aluno, que permita o acompanhamento por parte do professor e a direção e o controle por parte do estudante, é um desafio ao qual não podemos renunciar em benefício de um trabalho rotineiro, mecânico e sem atrativo. Neste sentido, os contratos de trabalho podem constituir um instrumento eficaz para articular um trabalho personalizado interessante e pelo qual o aluno se sinta responsável.

Por último, não esqueçamos o papel formativo do grupo/escola ou, se preferem, da estrutura, o funcionamento e a cultura da própria instituição, de seus costumes internos e de suas manifestações públicas ou externas. Em grande parte, condicionam o que pode se fazer nos diferentes níveis da escola, educativamente falando, ao mesmo tempo que constituem um bom indicador da coerência entre as intenções formativas e os meios de que dispomos para alcançá-las.

REFERÊNCIAS BIBLIOGRÁFICAS

ARNAIZ, P. (1987): *Aprendizaje en grupo en el aula*. Barcelona. Graó. (BM).
ARNAIZ, P. (1988): *Qui és qui. Les relacions humanes al grup clase*. Barcelona, Graó (El Llàpis, 4).
CARBONELL, J. (1994): *L' escola: entre la utopia i la realitat. Deu lliçons de Sociologia de l'Educació*. Vic. Eumo Editorial (Interseccions, 19).
CASAMAYOR, G. (1988): *La disciplina en la escuela. Lo importante es prevenir*. Barcelona. Graó (BM).
CURWIN, R. L.; MANDLER, A. N. (1983): *La disciplina en clase. Guía para la organización de la escuela y del aula*. Madri. Narcea. "Dinámica de grups" (1995) em: *Guix*, 209. Monografía.
FRANCH, J. (1974): *El grup-classe*. Barcelona. Nova Terra.
FREINET, C. (1974): *Los planes de trabajo*. Barcelona. Laia.
FREINET, C. (1980): *Técnicas Freinet de la escuela moderna*. Madri. Siglo XXI.
GIMENO, J. (1992): "Ámbitos de diseño" em: J. GIMENO, A. I. PÉREZ, *Comprender y transformar la enseñanza*. Madri. Morata, pp. 263-333.
KUTNICK, P.; ROGERS, C. (1992): *Psicología social de la escuela primaria*. Barcelona. Paidos.
LAGUÍA, M. J.; VIDAL, C. (1987): *Rincones de actividades en la escuela infantil (0-6 años)*. Barcelona. Graó (El Lápiz, 2).
"L' espai escolar" (1987) em: *Perspectiva Escolar*, 120. Monografía.

"L' horari escolar" (1990) em: *Guix*, 149. Monografía.
"Los espacios escolares" (1988) em: *Cuadernos de Pedagogía*, 159. Monografía.
OCDE (1983): *Organización creativa del ámbito escolar*. Madri. Anaya.
PALLARÉS, M. (1980): *Técnicas de grupo para educadores*. Madri. ICCE.
ROCA, N. (1995): "El grup d'aprenentatge: implicacions de les investigacions psicosocials aplicades a l'enseyament" em: *Guix*, 209, pp. 5-10.
RUÉ, J. (1990): *El treball cooperatiu*. Barcelona. Barcanova.
SANTOS GUERRA, M. A. (1994): *Entre bastidores. El lado oculto de la organización escolar*. Archidona. Aljibe.
"Talleres en la escuela" (1987) em: *Cuadernos de Pedagogía*, 145. Monografía.
TEIXIDÓ, M. (1993): *Educació i comunicació*. Barcelona. Ceac.
TYLER, W. (1991): *Organización escolar. Una perspectiva sociológica*. Madri. Morata.
VAYER, P.; RONCIN, Ch. (1989): *El niño y el grupo*. Barcelona. Paidos.
VAYER, P.; DUVAL, A.; RONCIN, Ch. (1993): *Una ecología de la escuela*. Barcelona. Paidos.
VIGY, J. L. (1980): *Organización cooperativa de la clase*. Madri. Cincel.
ZABALZA, M. A. (1987): *Diseño y desarrollo curricular*. Madri. Narcea.

6
A organização dos conteúdos

PROPOSTAS DISCIPLINARES, MÉTODOS GLOBALIZADOS E ENFOQUE GLOBALIZADOR: DIFERENTES FORMAS DE ORGANIZAR OS CONTEÚDOS

Nas atividades e nas tarefas que configuram as diferentes unidades de intervenção que definem a prática na aula, trabalham-se conteúdos de aprendizagem distintos e, habitualmente, mais de um conteúdo. Quando examinamos uma unidade de intervenção mais ampla, as unidades didáticas, observamos que nunca se reduzem ao trabalho de um único conteúdo. Geralmente, o número de conteúdos configura estas unidades. A forma de apresentação e a relação que existe entre eles nunca são arbitrárias; ao contrário, obedecem a certos critérios que fazem com que a seleção dos conteúdos de cada unidade e o tipo de relações que entre eles se estabeleçam sejam de uma maneira e não de outra. Isto supõe que estas unidades girem em torno de temas, perguntas, tópicos, lições, etc., que articulam e relacionam os diferentes conteúdos de uma maneira determinada. Ao mesmo tempo, as diferentes unidades estabelecem certas relações entre elas que justificam os conteúdos que as compõem. As relações e a forma de vincular os diferentes conteúdos de aprendizagem que formam as unidades didáticas é o que denominamos *organização de conteúdos*.

Sabemos que os conteúdos, apesar de que seguidamente se apresentem em classe de modo separado, têm mais potencialidade de uso e de compreensão quanto mais relacionados estejam entre si. Muitos dos esforços dos professores estão voltados para oferecer modelos interpretativos que integrem conteúdos teoricamente isolados ou específicos para incrementar seu valor formativo. Assim, pois, o algoritmo soma, sem a compreensão do que significa somar e o conhecimento de cálculo mental, nunca possibilitará que os meninos e meninas sejam competentes na resolução de situações simples que impliquem somar; o conhecimento da toponímia de um país, sem a interpretação de mapas, nunca lhes permitirá compreender problemas de caráter geográfico, etc.

No entanto, quais são os critérios que se utilizam para organizar os conteúdos em cada unidade didática? Que motivos justificam uma seleção e uma distribuição determinada de temas?

Até agora, ao falar de conteúdos tratamo-los de forma diferenciada conforme fossem conceituais, procedimentais ou atitudinais, uma das classificações menos freqüente no ensino hoje em dia. Tradicionalmente, os conteúdos foram classificados conforme um critério de pertencimento a uma disciplina, cadeira ou matéria. Geralmente foram apresentados agrupados conforme fossem de matemática, química, língua, música, etc. Portanto, as unidades didáticas foram organizadas conforme determinados critérios pelas matérias ou disciplinas. A distribuição habitual dos planos de ensino, programas, currículo, etc., e das áreas específicas na formação dos professores também obedeceram a esta lógica. As matérias ou disciplinas selecionadas, como provedoras daquilo que deve se aprender na escola, deram lugar a determinadas cadeiras, conforme uma configuração que coincide com a organização clássica do saber acadêmico. Por motivos históricos, esta relação com os saberes universitários fez com que tenham predominado as ciências ou saberes com mais anos de vigência, herdeiras do trívio e do quadrívio medievais. Posto que a função do ensino consistia em promover a obtenção destes conhecimentos, as disciplinas ou cadeiras escolares, e nelas a forma de selecionar, distribuir e organizar os conteúdos de aprendizagem, tiveram uma dependência clara da lógica formal de cada uma delas. Por isso, as disciplinas, sua estruturação interna em diferentes temas ou tópicos (a matemática em geometria, estatística, etc.; a língua em gramática, léxico, etc.; a física em estática, dinâmica, cinemática, etc.) se transformaram no sistema tradicional de organizar os conteúdos de aprendizagem no ensino.

Mas esta organização compartimentada de conteúdos, segundo sua dependência disciplinar, nem sempre se encontra na escola de forma pura. Ao longo deste século, e cada vez mais, podemos encontrar propostas e experiências que rompem com esta organização por unidades centradas exclusivamente numa cadeira ou disciplina, de maneira que aparecem unidades ou temas que tentam estabelecer relações entre conteúdos de diversas matérias. Relações entre a matemática e a física, entre a história da arte e a da literatura, entre a língua e as ciências sociais, entre a biologia e a química, etc. Numa fase mais avançada destes vínculos entre diferentes disciplinas, aparecem, sob as denominações de *sincretismo e globalização*, propostas de organização de conteúdos que, aparentemente, prescindem da compartimentação disciplinar, desenvolvendo, inclusive, métodos extremamente elaborados em que os critérios de organização dos conteúdos não estão condicionados por sua natureza disciplinar. Os "centros de interesse", o trabalho por temas ou tópicos, os "complexos russos" ou os "projetos", entre outros, são métodos denominados globalizadores, porque seu ponto de partida não decorre da lógica das disciplinas. Nestes sistemas, os conteúdos de aprendizagem e sua organização em unidades didáticas só são relevantes em função de sua capacidade para compreender numa "realidade" que sempre se manifesta "globalmente".

Neste capítulo, depois de efetuar uma revisão terminológica dos conceitos que se referem às diferentes *formas de relacionar as disciplinas*: multidisciplinaridade, interdisciplinaridade e transdisciplinaridade, comentaremos diversas *propostas metodológicas globalizadoras*, analisando as razões que as justificam, e para concluir faremos uma proposta do que podemos denominar *enfoque globalizador*.

COMO PODEM SER ORGANIZADOS OS CONTEÚDOS? QUE REFERENCIAL PODE SER UTILIZADO?

Existem duas proposições acerca das diversas formas de organizar os conteúdos que, apesar de pontos coincidentes, partem de suposições e referenciais diferentes. Assim, certas formas de organizar os conteúdos tomam como ponto de partida e referencial básico as disciplinas ou matérias; neste caso, os conteúdos podem ser classificados conforme sua natureza em multidisciplinares, interdisciplinares, pluridisciplinares, metadisciplinares, etc. Nestas propostas, as disciplinas justificam os conteúdos próprios de aprendizagem e, portanto, nunca perdem sua identidade como matéria diferenciada. As características de cada uma das modalidades organizativas estão determinadas pelo tipo de relações que se estabelecem e o número de disciplinas que intervêm nestas relações, mas em nenhum caso a lógica interna de cada uma das disciplinas deixa de ser o referencial básico para a seleção e articulação dos conteúdos das diferentes unidades de intervenção. Deste modo, encontraremos organizações centradas numa disciplina apenas, forma tradicional de organização dos conteúdos, e outras que estabelecem relações entre duas ou mais disciplinas.

No outro lado está o modelo de organização de conteúdos que nos oferecem os *métodos globalizados*, os quais nunca tomam as disciplinas como ponto de partida. Nestes métodos, as unidades didáticas dificilmente são classificáveis se tomamos como critério o fato de que correspondam a uma disciplina ou matéria determinada. Os conteúdos das atividades das unidades didáticas passam de uma matéria para outra sem perder a continuidade: a uma atividade que aparentemente é de matemática segue outra que diríamos que é de ciências naturais, e a seguir uma que poderíamos classificar como de estudos sociais ou de educação artística. A diferença básica entre os modelos organizativos disciplinares e os métodos globalizados está em que nestes últimos as disciplinas como tais *nunca são a finalidade* básica do ensino, senão que têm a função de proporcionar os *meios ou instrumentos* que devem favorecer a realização dos objetivos educacionais. Nestas propostas, o valor dos diferentes conteúdos disciplinares está condicionado sempre pelos objetivos que se pretendem. O alvo e o referencial organizador fundamental é o aluno e suas necessidades educativas. As disciplinas têm um valor subsidiário, a relevância dos conteúdos de aprendizagem está em função da potencialidade formativa e não apenas da importância disciplinar.

Se levamos ao extremo as diferenças entre ambas as propostas, diríamos que a distinção se deve à concepção que cada um tem do papel do ensino, o que implica que as prioridades não sejam as mesmas. No caso dos modelos disciplinares, a prioridade básica são as matérias e sua aprendizagem, enquanto que os métodos globalizados situam no centro da atenção o aluno e suas necessidades educacionais gerais. Também é evidente que entre um extremo e o outro existem numerosas possibilidades. Uma educação centrada no aluno nunca é uma posição contraposta ou excludente, mas somatória. Uma educação centrada exclusivamente na lógica disciplinar pode não observar as necessidades formativas gerais do aluno, mas, no caso contrário, uma educação centrada no aluno não pode prescindir do ensino dos conteúdos disciplinares.

O diferente grau de importância que se atribui ao fato disciplinar nas atividades didáticas implica que seguidamente seja difícil estabelecer uma linha divisória entre os modos de organização de conteúdos no contexto de métodos globalizados e aqueles que envolvem relações entre muitas disciplinas. No entanto, convém levar em conta que estamos falando de perspectivas diferentes de aproximação ao problema da organização de conteúdos. Nos métodos globalizados, a aproximação ao fato educativo se realiza a partir da perspectiva de como os alunos aprendem e, secundariamente, do papel que devem desempenhar as disciplinas em sua formação. Nas propostas interdisciplinares, o alvo são as disciplinas e a maneira como os alunos podem aprendê-las melhor. Como dizíamos anteriormente, trata-se de perspectivas totalmente diferentes, mas estreitamente vinculadas, já que nem num caso se prescinde das disciplinas nem no outro se esquece dos alunos.

As disciplinas como organizadoras dos conteúdos: diferentes graus de relação

Ao longo dos anos, a ciência, em seu empenho em compreender a realidade, fragmentou o saber até diversificar o conhecimento numa multiplicidade de disciplinas, e cada uma delas, em sua especialização, criou um corpo diferenciado, determinado por um campo ou objeto material de referência (por exemplo, o espaço para a geografia, os animais para a zoologia, as rochas para a geologia, etc.); um campo de estudo próprio ou objeto formal da disciplina (por exemplo, as formas no espaço para a geometria, o comportamento para a psicologia, os planos e os mapas para a cartografia, etc.); certas metodologias próprias para a observação ou a pesquisa (por exemplo, a experimentação em biologia, o trabalho de campo na sociologia); certos instrumentos de análise (por exemplo, a estatística e as simulações); certas aplicações práticas e uma história diferenciada.

A organização dos conteúdos na escola deu lugar a diversas formas de relação e colaboração entre as diferentes disciplinas que foram consideradas matérias de estudo. Segundo o grau e as características destas relações, diversos autores (Boisot, Piaget, Hechausen, Scurati e Damiano) definiram várias formas de classificação sem que exista um consenso geral sobre os critérios utilizados, já que em alguns casos levaram em conta as necessidades escolares e em outros apenas prestaram atenção aos aspectos epistemológicos.

Se fazemos uma síntese integradora e ao mesmo tempo esquemática, numa perspectiva educacional podemos estabelecer três graus de relações disciplinares: *multidisciplinaridade, interdisciplinaridade e transdisciplinaridade*:

- A *multidisciplinaridade* é a organização de conteúdos mais tradicional. Os conteúdos escolares são apresentados por matérias independentes umas das outras. O conjunto de matérias ou disciplinas é proposto simultaneamente, sem que apareçam explicitamente as relações que podem existir entre elas. Trata-se de uma organização somativa. Esta concepção é a adotada no *bachillerato** atual.
- A *interdisciplinaridade* é a interação entre duas ou mais disciplinas, que pode ir desde a simples comunicação de idéias até a integração recíproca dos conceitos fundamentais e da teoria do conhecimento, da metodologia e dos dados da pesquisa. Estas interações podem implicar transferências de leis de uma disciplina para outra e, inclusive, em alguns casos dão lugar a um novo corpo disciplinar, como a bioquímica ou a psicolingüística. Podemos encontrar esta concepção na configuração das áreas de Ciências Sociais e Ciências Experimentais no ensino médio e da área de Conhecimento do meio no ensino fundamental.

---

* N. de R.T. No sistema educacional espanhol, o *bachillerato* é um dos ramos da etapa do ensino, o que se situa entre a educação secundária obrigatória e o ensino superior - o *bachillerato* atende a uma formação propedêutica à universidade em contraposição à formação mais específica da educação técnico-profissional.

- A *transdisciplinaridade* é o grau máximo de relações entre as disciplinas, daí que supõe uma integração global dentro de um sistema totalizador. Este sistema favorece uma unidade interpretativa, com o objetivo de constituir uma ciência que explique a realidade sem parcelamento. Atualmente, constitui mais um desejo do que uma realidade. De certa maneira seria o objetivo da Filosofia. Nesta concepção, e vencendo as distâncias lógicas, poderíamos situar o papel das áreas na educação infantil e nas séries iniciais do ensino fundamental, onde uma aproximação global de caráter psicopedagógico determina certas relações de conteúdos com pretensões integradoras.

Como podemos ver, estas classificações partem das disciplinas, e as diferenças entre elas provêm do grau e do tipo de relações que se estabelecem, o que pode dar lugar a formas de organizar os conteúdos, conforme o critério, que correspondam a uma só disciplina – no caso da multidisciplinaridade – ou a duas ou mais – no caso da interdisciplinaridade.

MÉTODOS GLOBALIZADOS

Se efetuamos uma leitura dos métodos globalizados sem abandonar a perspectiva disciplinar, poderíamos considerar que organizam os conteúdos de forma transdisciplinar. Certamente se trata de uma afirmação atrevida, já que nenhum destes métodos pretende transformar-se numa disciplina totalizadora. Sua perspectiva se centra exclusivamente no aluno e em suas necessidades educacionais. Assim, pois, estas necessidades educacionais serão as que obrigarão a utilizar conteúdos disciplinares e não o contrário.

Se damos outra olhada superficial na maneira de organizar os conteúdos nos métodos globalizados, poderemos observar que os conteúdos que são trabalhados procedem de diferentes disciplinas, apesar de que o nexo que há entre elas não segue nenhuma lógica disciplinar. Os critérios estruturadores das atividades e articuladores dos conteúdos de aprendizagem procedem de necessidades alheias às disciplinas que se utilizam, por exemplo, a necessidade de realizar um projeto, a de fazer uma pesquisa ou a de tratar ou conhecer um tema de interesse próximo à realidade do aluno.

Historicamente os métodos globalizados nascem quando o aluno se transforma no protagonista do ensino; quer dizer, quando se produz um deslocamento do fio condutor da educação das matérias ou disciplinas como articuladoras do ensino para o aluno e, portanto, para suas capacidades, interesses e motivações. Esta mudança de ponto de vista implica a relativização do valor educativo das disciplinas em relação a sua capacidade para contribuir para o desenvolvimento dos meninos e meninas. O movimento a que me refiro coincide com o surgimento, no começo deste século, de uma nova interpretação dos mecanismos através dos quais nós, as pessoas, adquirimos o conhecimento. Primeiro, com o termo sincretismo introduzido por Claparède e, posteriormente, Decroly com o termo globalismo, se postula que se adquire o conhecimento por percepções que, inicialmente, sempre são globais, de maneira que o objetivo da educação é favorecer a passagem destas visões globais, e geralmente superficiais, para uma compreensão mais profunda da realidade através da análise. Esta concepção fundamentalmente psicológica da percepção humana e da necessidade de suscitar o interesse dos alunos é o primeiro desencadeante dos métodos globalizadores. Mas a estas necessidades, centradas no começo em critérios psicológicos, irão se acrescentando outras, sob argumentos sociológicos ou epistemológicos, associados à finalidade última do ensino e à necessidade de oferecer modelos que permitam interpretar a realidade em sua totalidade.

Quadro 6.1

	CENTROS DE INTERESSE	PROJETOS	INVESTIGAÇÃO DO MEIO	PROJETOS DE TRABALHO
PONTO DE PARTIDA INTENÇÃO	Situação real Tema a ser conhecido	Situação real Projeto a ser realizado	Situação real Perguntas ou questões	Situação real Elaboração dossiê
FASES	– Observação – Associação • espaço • tempo • tecnologia • causalidade – Expressão	– Intenção – Preparação – Execução – Avaliação	– Motivação – Perguntas – Suposições ou hipóteses – Medidas de informação – Coleta de dados – Seleção e classificação – Conclusões – Expressão e comunicação	– Escolha do tema – Planejamento – Busca de informação – Sistematização da informação – Desenvolvimento do índice – Avaliação – Novas perspectivas

Existem diversos métodos que podem ser considerados globalizadores: os centros de interesse de Decroly, o sistema de complexos da escola de trabalho soviética, os complexos de interesse de Freinet, o sistema de projeto de Kilpatrick, o estudo do meio do MCE, o currículo experimental de Taba, o trabalho por tópicos, os projetos de trabalho, etc.

Por razões históricas, e por sua vigência atual, iremos nos deter em quatro dos métodos citados:
- Os *centros de interesse* de Decroly, os quais, partindo de um núcleo temático motivador para o aluno e seguindo o processo de observação, associação e expressão, integram diferentes áreas do conhecimento.
- O *método de projetos* de Kilpatrick, que basicamente consiste na elaboração e produção de algum objeto ou montagem (uma máquina, um audiovisual, um viveiro, uma horta escolar, um jornal, etc.).
- *O estudo do meio* do MCE (*Movimento de Cooperazione Educativa de Italia*), que busca que meninos e meninas construam o conhecimento através da seqüência do método científico (problema, hipótese, experimentação).
- Os *projetos de trabalho globais*, em que, com o fim de conhecer um tema, tem que se elaborar um dossiê como resultado de uma pesquisa pessoal ou em equipe.

Todos os sistemas apresentados no Quadro 6.1 partem de uma situação "real": conhecer um tema, realizar um projeto, resolver certas interrogações ou elaborar um dossiê. A diferença fundamental entre eles está na intenção do trabalho a ser realizado e nas fases que devem ser seguidas.

Dado que estes métodos não apenas respondem ao problema da organização dos conteúdos, faremos uma descrição de cada um deles, prestando atenção a todos os aspectos que incluem e às razões que oferecem seus autores para justificá-los. No tópico seguinte trataremos de analisá-los desde uma perspectiva concreta da organização de conteúdos.

Os centros de interesse de Decroly

Diversos educadores propuseram métodos que partem de uma situação ou tema que podem ser motivadores, mas Ovide Decroly (1871-1932), em sua escola *L'Ermitage* e com o tema "para a vida mediante a vida", aplica um método baseado na comprovação do fato de que às pessoas interessa sobretudo satisfazer as próprias necessidades naturais. Estas necessidades implicarão um conhecimento do meio e das formas de reagir nele. O meio estará constituído por diversos elementos: o menino ou a menina e a família, a escola, a sociedade, os animais, as plantas, a terra com seus elementos e os astros. Para satisfazer certas necessidades naturais, o programa escolar deverá ensinar como se satisfazem hoje em dia, no país em que se vive e nos demais países (geografia); como as satisfizeram nossos antepassados (história); o que nos ajuda a satisfazê-las no mundo animal (ciências naturais); que repercussões têm sobre a organização social. Para cada centro de interesse se seguirão três etapas: *observação* pessoal e direta através das ciências; *associação* no espaço e no tempo e *expressão* através da língua, o desenho, o corpo...

A partir destes princípios, este método foi evoluindo e se ampliou o tipo de centros de interesse. Hoje em dia, se define, com este termo, o trabalho de conhecimento sobre um tema que é atrativo e que envolve o uso de diferentes recursos disciplinares no processo que leva a conhecê-lo.

Seqüência de ensino/aprendizagem

- *Observação*: Define-se como o conjunto de atividades que tem por finalidade pôr os alunos em contato direto com as coisas, os seres, os fatos e os acontecimentos. Este objetivo é alcançado através da realização de exercícios de comparação, cálculo, experimentação, expressão oral e escrita, desenho, etc.
- *Associação*: Através dos exercícios de associação, os meninos e meninas relacionam o que observaram com outras idéias ou realidades não-suscetíveis de contato e observação direta. É o caso das atividades de associação no espaço e no tempo, relacionadas com as áreas de geografia e história; as associações tecnológicas e de adaptação às necessidades da sociedade e as associações de causa-efeito.
- *Expressão*: Uma vez adquiridos os dados empíricos mediante a observação e a medida e uma vez estabelecidas as comparações entre diversos objetos associados no espaço e no tempo, o conhecimento é verificado e corrigido com a expressão. A expressão pode ser concreta, quando utiliza os trabalhos manuais, a modelagem, o desenho, a música, etc., ou abstrata, quando traduz o pensamento com ajuda de símbolos convencionais e se identifica com a linguagem, os signos matemáticos ou musicais, etc.

Justificativa

Decroly utiliza diferentes argumentos, baseados em sua experiência como homem eminentemente pragmático e sensível aos problemas da sociedade:
- A criança é o ponto de partida do método. Partir de uma base biopsicológica e da observação sistemática envolve se dar conta de que as diferenças individuais são muito grandes, tanto em relação às aptidões como ao tempo de maturidade, e que a origem destas diversidades está tanto no próprio indivíduo como no ambiente. "A criança não é o queremos que seja, mas o que pode ser."
- O respeito à personalidade do aluno. "A educação tem que ser para a vida e baseada na vida. A resposta à imobilidade que con-

dena a uma escola passiva é o ensino ativo que permite que o aluno atue como o inventor ou o artista, quer dizer, realizando tentativas – fazendo provas e cometendo erros."
- A alavanca eficaz de toda aprendizagem é o interesse. Mas não qualquer interesse, porém o profundo, nascido das necessidades primárias e que é manifestação dos instintos.
- A vida como educadora. A eficácia do meio é decisiva. O fato de levar em conta as aquisições que a criança fez antes de ir para a escola leva Decroly a pensar que a maioria das aprendizagens é feita espontaneamente, por contato com o meio imediato.
- Os meninos e as meninas são seres sociais. Assim, pois, a escola deve ser concebida de maneira que potencialize o surgimento e o desenvolvimento das tendências sociais latentes na pessoa. É preciso buscar mostrar ao vivo as formas elementares da vida social e praticá-las, introduzindo em sala de aula encargos e responsabilidades.
- A atividade mental está presidida, em muitos aspectos, pela função globalizadora e é influenciada pelas tendências preponderantes no sujeito. Daqui se desprendem os diversos significados que adquirem os objetos, os acontecimentos, etc., para cada indivíduo e em cada momento de sua vida.

O método de projetos de Kilpatrick

Embora a estruturação e difusão do método de projetos tenham sido obra de Kilpatrick, Dewey realizou as primeiras provas em 1896, na escola experimental da Universidade de Chicago. Trata-se de um sistema baseado no funcionalismo e que recebe influências do evolucionismo de Stanley Hall, das teorias condutistas de Thorndike sobre a aprendizagem e, evidentemente, das socialistas de Dewey.

Dewey decidiu romper com o intelectualismo que imperava no ensino e se propôs a incorporar à educação a experiência do aluno, seus interesses pessoais e os impulsos para a ação. Sua visão sublinha as diferenças individuais, as atitudes sociais dos alunos no ambiente escolar e seu desejo de participar na proposição e direção da própria aprendizagem. Concede uma grande importância ao trabalho, à iniciativa individual, ao fato de se aprender fazendo e à formação democrática.

Kilpatrick foi o realizador prático e divulgador das idéias de seu mestre Dewey. Suas propostas pedagógicas são as mais características do pragmatismo americano e da educação democrática. Para ele, o objetivo da educação consiste em aperfeiçoar a vida em todos seus aspectos, sem outras finalidades transcendentes. A finalidade da escola deve ser ensinar a pensar e a atuar de maneira inteligente e livre. Por isso, os programas têm que ser abertos, críticos e não-dogmáticos, baseados na experiência social e na vida individual. Kilpatrick entende o método como uma adaptação da escola a uma civilização que muda constantemente.

O ponto de partida do método de projetos é o interesse e o esforço. O professor terá que aproveitar as energias individuais, naturalmente dispersas, canalizá-las e integrá-las para um objetivo concreto. Um bom ensino será dado quando os meninos e as meninas possam se mover de acordo com suas intenções e aglutinem seus esforços e desejos para objetivos claramente definidos segundo certos ideais e valores.

Para Kilpatrick o projeto é uma "atividade previamente determinada", a intenção predominante desta atividade é uma finalidade real que orienta os procedimentos e lhes confere uma motivação, um ato problemático, levado completamente a seu ambiente natural".

O método de projetos designa a atividade espontânea e coordenada de um grupo de alunos que se dedicam metodicamente à execução de um trabalho globalizado e escolhido livremente por eles mesmos. Deste modo, têm a possibilidade de elaborar um projeto em comum e de executá-lo, sentindo-se protagonistas em todo o processo e estimulando a iniciativa responsável de cada um no seio do grupo.

Seqüência de ensino/aprendizagem

O projeto compreende quatro fases:
- *Intenção*: Nesta primeira fase, os meninos e meninas, coordenados e dirigidos pelo professor, debatem sobre os diferentes projetos propostos, escolhem o objeto ou montagem que querem realizar e a maneira de se organizar (grupo/classe, grupos reduzidos, individualmente). Definem e esclarecem as características gerais do que querem fazer, assim como os objetivos que pretendem alcançar.
- *Preparação*: A segunda fase consiste em fazer o projeto do objeto ou montagem. É o momento de definir com a máxima precisão o projeto que se quer realizar. Para completar esta fase serão exigidos o planejamento e a programação dos diferentes meios que serão utilizados, os materiais e as informações indispensáveis para a realização e as etapas e tempo previstos.
- *Execução*: Uma vez definido o projeto, os meios e o processo a ser seguido, o trabalho será iniciado segundo um plano estabelecido. As técnicas e estratégias das diferentes áreas de aprendizagem (escrever, contar, medir, desenhar, montar, etc.) serão utilizadas em função das necessidades de elaboração do projeto.
- *Avaliação*: Uma vez concluído o objeto ou montagem, será o momento de comprovar a eficácia e a validade do produto realizado. Ao mesmo tempo, será analisado o processo seguido e a participação dos meninos e meninas.

Justificativa

Resumidamente, as razões esgrimidas para se trabalhar a partir do método de projetos são as seguintes:
- Possibilita a atividade coletiva com um propósito real e dentro de um ambiente natural. Portanto, o projeto deve incluir atividades em comum, em equipe e o trabalho em comunidade. Pretende fomentar o espírito de iniciativa ao mesmo tempo que a colaboração num projeto coletivo.
- Vincula as atividades escolares à vida real, buscando que se pareçam ao máximo. Dá-se importância aos impulsos das ações, das intenções, propósitos ou finalidades da ação. No projeto, intervém todo tipo de atividades manuais, intelectuais, estéticas, sociais, etc.
- Torna o trabalho escolar algo autenticamente educativo, já que os próprios alunos o elaboram. Potencializa a capacidade de iniciativa do aluno e o respeito à personalidade dos meninos e meninas. Permite a adequação do trabalho aos níveis de desenvolvimento individual.
- Favorece a concepção da realidade como fato problemático, que é preciso resolver, e responde ao princípio de integração e de totalidade, o que dá lugar ao ensino globalizado, quer dizer, não existem matérias isoladas, senão que os projetos incluem todos os aspectos da aprendizagem: leitura, escrita, cálculo, expressão artística, etc.

O método do estudo do meio

Diversos pedagogos se perguntam por que a pesquisa não pode ser também um bom método de aprendizagem, já que é a forma utilizada para chegar ao conhecimento. Freinet é quem estrutura, a partir de 1924, sua teoria pedagógica no princípio do *tâtonnement* e baseia as técnicas didáticas no tateio experimental que a criança realiza constantemente. Herdeiro desta tradição, o *Movimento de Cooperazione Educativa* (MCE) da Itália busca organizar e sistematizar o tateio experimental, assim como esclarecer os fundamentos psicopedagógicos da investigação da criança como processo natural de aprendizagem, e busca tansformar a escola numa instituição em que o aluno ponha toda sua bagagem cultural ao alcance dos demais para que se chegue, de modo conjunto, a conhecer o mundo cientificamente. Parte-se da idéia de que os meninos e meninas sabem e trazem para a escola uma grande quantidade de conhecimentos aprendidos de forma natural através de seu próprio tateio experimental. A criança sempre experimenta quando se "encontra diante de um problema que tenha que solucionar, e o método da investigação imporá sua solução, através da utilização dos conhecimentos anteriores de uma forma nova, criativa" (F. Tonucci, 1979).

Para o MCE, pesquisar na escola significa escolher, ordenar, relacionar os elementos descobertos e analisar problemas precedentes. A pesquisa será o processo natural de aprendizagem na medida em que está relacionada com o ambiente ou interesse da criança; um ambiente que lhe é familiar e do qual tem uma experiência imediata.

Deste contato com o meio, de seu interesse, surgirá a motivação pelo estudo dos múltiplos problemas que se apresentam na realidade. Resolver estes problemas envolverá a proposição de hipóteses de trabalho que deverão ser verificadas com dados e informações previamente coletados. Tudo isto permitirá solucionar, total ou parcialmente, o problema que havia surgido e pode ser o ponto de partida da proposição de novas questões. Mas o conhecimento obtido é suficientemente importante para que as conclusões sejam comunicadas aos outros, dentro e fora da escola, utilizando diversos meios de comunicação (murais, montagens, jornais, dossiês, reportagens, etc.). Em 1970, este processo de sistematização deu lugar a uma definição da metodologia de "Estudo do Meio" numa série de etapas ou fases.

Seqüência de ensino/aprendizagem

- *Motivação*: Nesta fase inicial se pretende colocar os meninos e meninas diante de situações próximas de suas experiências vitais, que lhes provoquem e lhes incentivem, a fim de despertar seus interesses e suas motivações pelas questões que esta situação coloca. O debate na sala de aula permitirá definir os aspectos do tema motivo de estudo.
- *Explicitação das perguntas ou problemas*: No debate deverão aparecer opiniões diversas e, sobretudo, numerosas perguntas e problemas que terão de ser resolvidos. Em grupos reduzidos ou coletivamente – conforme a idade dos alunos – serão definidas e classificadas as perguntas ou os problemas objeto de pesquisa.
- *Respostas intuitivas ou hipóteses*: Para muitas das perguntas feitas, os meninos e meninas já têm suposições ou respostas mais ou menos intuitivas como resultado de informações ou experiências anteriores. Mas geralmente se trata de um conhecimento confuso, quando não errôneo. Nesta fase se pretende que, ao mesmo tempo que aflorem suas concepções prévias, os alunos possam prever as formas, meios ou instrumentos que têm que utilizar.
- *Determinação dos instrumentos para a busca de informação*: Em função dos conteúdos do tema, do tipo de perguntas, das idades ou das disponibilidades e disposições da escola, estes instrumentos

estarão relacionados com a experiência direta (visitas, entrevistas, experimentações...), com fontes de informação indireta (artigos, livros, dados estatísticos, jornais...), ou inclusive com a informação proporcionada pelos professores.
- *Esboço das fontes de informação e planejamento da investigação*: Para poder formular conclusões que realmente sejam verdadeiras é necessário utilizar os meios adequados e fazê-lo de forma rigorosa. Por este motivo, nesta fase as atividades de busca de informação e os diferentes instrumentos a serem utilizados (questionários, referências de observação, experimentos de campo ou de laboratório, etc.) têm que estar claramente definidos, com esboços previamente trabalhados e um planejamento ajustado.
- *Coleta de dados*: Nesta fase, os meninos e meninas, através dos diferentes meios e fontes de informação, coletarão todos aqueles dados úteis para responder às perguntas e questões colocadas.
- *Seleção e classificação dos dados*: A informação obtida será múltipla e diversa, em alguns casos excessiva, noutros contraditória. Será necessário fazer uma seleção dos dados mais relevantes para responder às questões. Uma vez selecionadas e classificadas, os alunos já se encontram prontos para chegar a conclusões.
- *Conclusões*: Com os dados obtidos, os meninos e meninas poderão confirmar ou não a validade das suposições e de suas idéias prévias e ampliar seu campo de conhecimento. Também estarão prontos a generalizar o que foi um estudo restrito a um campo concreto e a um problema pontual.
- *Generalização*: Nesta fase se realizará um trabalho de descontextualização e aplicação das conclusões a outras situações para que não se convertam numa aprendizagem episódica.
- *Expressão e comunicação*: Através de diferentes técnicas expressivas e de comunicação serão expostos os resultados da pesquisa aos colegas de classe ou da escola, ou inclusive à comunidade. Estes resultados da pesquisa também serão incluídos nos cadernos ou dossiês individuais que, além de registro do trabalho realizado, serão o suporte básico de estudo e o meio para sistematizar a lembrança.

Justificativa

Conforme esta metodologia, a tomada de posição frente a um problema supõe uma ação sobre o mesmo, uma comunicação dos resultados obtidos e uma atuação conseqüente. Para o MCE, a pesquisa sempre envolve uma ação que implica a modificação do meio, contrária ao "ativismo ingênuo", que imita a realidade sem intenção de modificá-la. Portanto, o problema do uso de um esquema de pesquisa não se deve apenas a uma coerência com os processos de aprendizagem, senão que o essencial é que a aprendizagem científica da realidade sempre parta da experiência. Esta experiência desenvolverá na criança um "espírito científico que foi definido como um costume geral de considerar cada aspecto da realidade física, natural, econômica e social, segundo o método do exame dos fatos, da verificação experimental, da razão crítica" (Ciari, 1980). Para o MCE, este espírito científico é essencial no desenvolvimento do "hábito democrático". Numa sociedade democrática, o espírito científico formará cidadãos com capacidade de observar, de avaliar, de escolher e de criticar, já que este espírito científico significa capacidade e aptidão para observar as coisas, mas, sobretudo, para interpretar suas relações. "A capacidade de propor hipóteses, de programar uma experiência, de tirar conclusões ensina a criança a pensar, a raciocinar, a comprovar se uma coisa é verdadeira ou falsa; ensina a distinguir, a escolher; sem ela não existe hábito democrático. Uma mente passiva, inerte, conformista, não pode constituir uma personalidade democrática" (Ciari, 1961). A metodologia do MCE terá como objetivo primordial ensinar a formular "projetos" de experiências e sistematizá-los, discutir, estabelecer relações, realizar experimentos, tirar conclusões, etc., como meio de contribuir para formar cidadãos e cidadãs críticos, responsáveis e com instrumentos para intervir na realidade que os rodeia.

Os projetos de trabalho globais

Esta forma de intervenção nasce de uma evolução dos *Project Works* de língua e é uma resposta à necessidade de organizar os conteúdos escolares desde a perspectiva da globalização, criando situações de trabalho nas quais as meninas e os meninos se iniciem na aprendizagem de certos procedimentos que os ajudem a organizar, compreender e assimilar uma informação. Nesta forma de entender o método, o produto final do projeto se concretizou na realização de um dossiê ou monografia. Na elaboração do dossiê se utilizará uma série de habilidades, estratégias e conhecimentos procedentes de diferentes disciplinas, áreas ou matérias.

Seqüência de ensino/aprendizagem

Na realização do projeto podem se destacar as seguintes fases:
- *Escolha do tema*: Parte-se da idéia de que os meninos e meninas sabem que devem trabalhar sobre alguma coisa e também que devem fazê-lo de uma determinada maneira.

Como resultado de experiências anteriores, de algum fato de atualidade ou de um acontecimento, propõem-se temas para trabalhar. O

grupo, juntamente com o professor, decide qual será o tema do novo projeto.
- *Planejamento do desenvolvimento do tema*: Depois da escolha do tema, cada menino e menina, ou coletivamente, realiza uma proposta de índice dos diferentes tópicos do dossiê. Também se estabelecem as previsões sobre a distribuição do tempo e as tarefas a serem realizadas para a busca da informação que tem que dar resposta aos tópicos do índice.

A seguir, o professor ou a professora especificará os objetivos de aprendizagem e selecionará os conteúdos que tem intenção de trabalhar.
- *Busca de informação*: A exposição em comum das diferentes propostas de índice configurará o roteiro de trabalho. Uma vez escolhidas as formas e os meios mais apropriados e acessíveis para coletar a informação, os meninos e meninas, distribuídos em pequenos grupos ou individualmente, buscarão os dados necessários.
- *Tratamento da informação*: Esta é uma das partes mais significativas do método, já que nesta fase o aluno tem que poder selecionar e reconhecer o que é essencial do que é episódico; distinguir entre hipóteses, teorias, opiniões e pontos de vista; adquirir as habilidades para trabalhar com meios e recursos diferentes; classificar e ordenar a informação; chegar a conclusões e estabelecer processos de descontextualização para poder generalizar e, finalmente, propor novas perguntas.
- *Desenvolvimento dos diferentes tópicos do índice*: A partir da informação coletada e selecionada, se elaboram os conteúdos dos diferentes capítulos que compõem o índice.
- *Elaboração do dossiê de síntese*: Nesta fase se concretiza o que para os alunos é o produto do projeto e que conduziu e justificou todo o trabalho anterior.

Realiza-se a síntese dos aspectos tratados e dos que ficam abertos a futuras aproximações por parte de toda a classe e de cada aluno.
- *Avaliação*: A seguir, se avalia todo o processo em dois níveis: um de caráter interno, que cada menino e menina realiza e no qual recapitula o que fez e o que aprendeu, e outro de caráter externo, no qual, com ajuda do professor ou professora, os alunos têm que se aprofundar no processo de descontextualização, aplicando a situações diferentes a informação trabalhada e as conclusões obtidas, estabelecendo relações e comparações que permitam a generalização e a conceitualização.
- *Novas perspectivas*: Finalmente, abrem-se novas perspectivas de continuidade para o projeto seguinte, a fim de que se mantenha um maior grau de inter-relação e significado no processo de aprendizagem.

Justificativa

Esta forma de intervenção é justificada por diversos argumentos. Como poderemos observar, a maioria deles está relacionada com a importância que se dá ao aprender a aprender e ao envolvimento do aluno em sua aprendizagem. Em resumo, esta maneira de intervir:

- Permite uma abordagem dos conteúdos de aprendizagem definidos pela escola a partir do diálogo que se estabelece entre os objetivos explicitados pelos alunos e a mediação e intervenção do professor, que assegura sua correta seqüenciação.
- Promove contextos de trabalho em que os alunos podem, a partir de uma proposição inicial (relacionada com seus conhecimentos prévios), buscar informação, selecioná-la, compreendê-la e relacioná-la através de diferentes situações para convertê-la em conhecimento.
- Contribui com um sentido da globalização, segundo o qual as relações entre as fontes de informação e os procedimentos para compreendê-la e utilizá-la têm que ser estabelecidas pelos alunos e não pelos professores, como acontece nos enfoques interdisciplinares.
- Dá prioridade a uma perspectiva procedimental no processo de ensino e aprendizagem. A ênfase na relação entre ensino e aprendizagem é sobretudo de caráter procedimental e gira em torno do tratamento da informação, portanto potencializa a aprendizagem de estratégias e procedimentos instrumentais e cognitivos acima dos conteúdos conceituais.
- Promove um elevado nível de envolvimento do grupo/classe, na medida em que todos estão aprendendo e compartilhando o que aprendem. Neste sentido, o docente ou a equipe de educadores não são os únicos responsáveis pela atividade que se realiza em aula.
- Contribui para levar em conta as diferentes possibilidades e interesses dos alunos na aula, a fim de que ninguém permaneça desconectado e de que cada um encontre um lugar para participar na aprendizagem.

ANÁLISE DAS DIFERENTES FORMAS DE ORGANIZAÇÃO DOS CONTEÚDOS

Este exame de quatro modelos de intervenção globalizados nos permitiu ver que não só dão uma determinada resposta à maneira de organizar os conteúdos, como que cada um propõe formas diferenciadas, tanto em relação às seqüências de ensino/aprendizagem como em relação ao papel dos grupos, o uso de materiais e a função da avaliação.

Portanto, as razões que se esgrimem em cada caso se referem a aspectos gerais e a outros vinculados à globalização e sua fundamentação. Se nos detemos na maneira de resolver a organização dos conteúdos e a comparamos com as proposições estritamente disciplinares, veremos que a *importância que se dá ao aluno e a como* aprende e a *finalidade que se atribui ao ensino* são as chaves que motivam a opção globalizadora.

Nos modelos disciplinares, a concepção de como se aprende, no que se refere à organização dos conteúdos, tem uma importância relativa, pelo menos no ponto de partida. A disciplina é o objeto de aprendizagem, e este fato é indiscutível. É preciso dominar o corpo conceitual da disciplina e seus métodos e técnicas específicos. O conhecimento sobre a aprendizagem em geral não tem que servir para questionar a disciplina, mas, sim para estabelecer as propostas didáticas mais apropriadas para sua aprendizagem. Uma vez aceita a disciplina como objeto do ensino, será aplicado o conhecimento do como se aprende para determinar a metodologia adequada. Assim, pois, o fator fundamental numa tomada de posição exclusivamente disciplinar não está determinado tanto por razões psicopedagógicas, mas pelo papel que se atribui ao ensino, quer dizer, a sua função social. A pergunta-chave volta a ser a que questiona qual tem que ser o papel do ensino e, portanto, que tipo de cidadão e cidadã se propõe e, portanto, que capacidades é preciso desenvolver. As disciplinas e sua formalização promovem o desenvolvimento de capacidades cognitivas – nem todas – e, em menor grau, das outras capacidades humanas. Segundo a resposta que se dê ao que se considera que os meninos e meninas têm que "saber ", "saber fazer" ou "ser" ao concluir seu percurso educacional, será determinada a importância dos diferentes conteúdos disciplinares e a forma mais apropriada de organizá-los. Por este motivo, tem certa lógica que no *Bachillerato** se configure uma organização de conteúdos em que as disciplinas sejam as estruturadoras do currículo, já que são o objeto de estudo prioritário, dado que a função fundamental do *bachillerato* é claramente propedêutica e se entende que seu objetivo prioritário é o desenvolvimento das capacidades cognitivas relacionadas com conteúdos de caráter disciplinar. No entanto, esta clara definição disciplinar vai perdendo importância quando nos referimos ao ensino obrigatório**, porque o objeto de estudo, se levamos em conta a função social do ensino nesta etapa, não pode ser exclusivamente disciplinar, dado que as finalidades educacionais têm um caráter eminentemente formativo de todas as capacidades da pessoa.

---

* N. de R.T. Ver a 2ª nota da p. 31.
** N. de R.T. No sistema educacional espanhol, o ensino obrigatório - educação básica obrigatória - compõe-se da educação primária, com seis anos de duração, e da educação secundária obrigatória, com quatro anos.

Neste ponto adquirem grande importância as propostas globalizadas, posto que buscam situar o objeto do ensino num campo em que as disciplinas não são tudo. A alternativa não é uma negação das disciplinas, mas uma posição diferente de seu papel e, como observaremos, não tem a mesma importância em cada um dos métodos globalizados anteriormente descritos.

A intervenção na realidade: objetivos dos métodos globalizados

Em primeiro lugar, utilizaremos o referencial "função social do ensino" – e como se concretiza no trabalho sobre determinados conteúdos de aprendizagem – para analisar as diferentes formas de intervenção pedagógicas que descrevemos em torno dos centros de interesse, o método de projetos, o estudo do meio e os projetos de trabalho.

- Os *centros de interesse*, numa primeira aproximação, consistem na busca da informação para conseguir a melhora no conhecimento de um tema que é interessante para o aluno. Portanto, os conteúdos de aprendizagem são basicamente conceituais. Mas podemos nos dar conta de que a forma de adquirir estes conceitos tem um interesse crucial, daí que os conteúdos procedimentais relativos à investigação autônoma e à observação direta são essenciais. Ao mesmo tempo, os conteúdos atitudinais vinculados à socialização, à cooperação e à inserção no meio são os estruturadores da maioria das atividades que configuram o método.
- No *método de projetos* de Kilpatrick, os conteúdos básicos de aprendizagem são de caráter procedimental e atitudinal. O que interessa não é tanto o tema de trabalho, o objeto que se constrói ou a montagem que se realiza, mas todas as habilidades individuais e grupais que têm que se promover para conseguir o objetivo estabelecido. De certo modo, os conteúdos conceituais estão em função da capacidade de planejamento e realização. As habilidades vinculadas ao "saber fazer" e ao "saber resolver" são o fio condutor do método. Da mesma maneira, a capacidade de participação e trabalho associada a necessidades colocadas na vida real é a orientadora dos conteúdos atitudinais.
- Neste sentido, *o estudo do meio* é o método mais completo, já que os conteúdos procedimentais estão presentes em todas as fases e etapas – atribuindo uma importância especial não apenas àqueles relacionados com a busca de informação, como também aos mais complexos de caráter estratégico cognitivo. Além do mais, os conteúdos conceituais, vinculados a problemas e conflitos da vida real, são básicos como instrumentos para compreender esta

realidade social. Os conteúdos atitudinais também são os orientadores e estruturadores de toda a metodologia. Os valores e atitudes relacionados com o fomento de uma cidadania comprometida, ao mesmo tempo que é capaz de pôr em dúvida e fundamentar suas opiniões não apenas intuitivamente, como também com argumentos contrastados pelas diferentes fontes de informação, é chave na definição das razões que justificam o método.
• No método de *projetos de trabalhos globais*, os conteúdos que centram o trabalho são de caráter conceitual e estão relacionados com o conhecimento de um tema ligado à realidade, geralmente do mundo sócio-natural (o que é, como funciona, como se desenvolve, quando aconteceu, por que motivo, etc.). O que o torna mais relevante é o trabalho sistemático de alguns conteúdos procedimentais relacionados com a busca de informação e de trabalho em grupo, assim como a utilização constante de determinadas estratégias cognitivas associadas ao "aprender a aprender". Por outro lado, o interesse pelo trabalho dos conteúdos atitudinais é mais fraco, já que, apesar de estarem presentes (cooperação no trabalho em equipe, rigor na proposição das atividades de busca de informação, etc.), não são os motores do método.

De forma esquemática, poderíamos afirmar, apesar de correr o risco de um reducionismo evidente, que cada uma destas propostas dá prioridade a uma determinada função social do ensino. Assim, nos centros de interesse a função social do ensino consiste em formar cidadãos preparados para conhecer e interagir com o meio; o método de projetos de Kilpatrick considera que sua finalidade é a preparação para a vida de pessoas solidárias que "sabem fazer"; o método de estudo do meio submete a ação educativa à formação de cidadãos democráticos e com "espírito científico" e, finalmente, os projetos de trabalho globais entendem que o objetivo é a formação de cidadãos e cidadãs capazes de "aprender a aprender".

Como podemos observar, apesar das diferenças, o objetivo básico destes métodos consiste em *conhecer a realidade e saber se desenvolver nela*. O papel que se atribui ao ensino é o denominador comum que justifica o caráter globalizador. Se as finalidades do ensino estão voltadas para o conhecimento e à atuação para a vida, então parece lógico que o objeto de estudo deve ser o eixo estruturador das aprendizagens, seja a própria realidade. Por isso, o ensino de todos aqueles conhecimentos, estratégias, técnicas, valores, normas e atitudes que permitem conhecer, interpretar e agir nesta realidade deveria partir de problemas concretos, situações verossímeis, questões específicas de uma realidade global mais ou menos próxima dos interesses e das necessidades dos futuros cidadãos adultos, membros ativos de uma sociedade que nunca colocará problemas disciplinares específicos.

O meio social a que pertencem sempre é muito mais complexo do que os enunciados definidos pelas disciplinas ou matérias. É imprescindível não cometer o erro simplista de acreditar que o conhecimento isolado de técnicas e saberes é suficiente para dar resposta aos problemas da vida social e profissional futura. Se não se realiza o difícil exercício de integrar e relacionar estes saberes, será impossível que os conhecimentos possam se transformar num instrumento para a compreensão e a atuação na sociedade.

Com este objetivo de *estabelecer vínculos com o mundo real e partindo de problemas tirados da realidade*, os métodos globalizados tentam proporcionar aos meninos e meninas meios e instrumentos para que num determinado momento possam realizar a difícil tarefa de aplicá-los às complexas situações que lhes serão colocadas pela vida em sociedade.

Significância, funcionalidade e atitude favorável nos métodos globalizados

Se a realidade, como objeto de estudo, é o nexo comum dos métodos globalizadores, também o é a necessidade de criar as condições que permitam que o aluno esteja motivado para a aprendizagem e que seja capaz de compreender e aplicar os conhecimentos adquiridos. Uma análise atualizada nos permite concretizar este interesse a partir da atenção aos princípios psicopedagógicos da aprendizagem significativa, baseados na necessidade de estabelecer o maior número de vínculos substantivos e não-arbitrários entre os conhecimentos prévios e a potencialização da atitude favorável.

Realmente, nos métodos globalizados os diversos conteúdos de aprendizagem sempre são justificados pela necessidade de realizar um projeto concreto, de conhecer um tema de interesse, ou como meio para resolver alguns problemas ou questões que os alunos colocam. O conhecimento de um conceito gramatical, a utilização da medida própria da matemática, ou conhecimento do conceito de erosão ou do ciclo da água nunca são o resultado de um trabalho em si mesmo, mas de uma necessidade sentida. Num modelo globalizador, os alunos sempre conhecem o sentido da tarefa que realizam. As estratégias globalizadoras pretendem que aquilo que se aprende parta de uma necessidade sentida e não de conhecimentos impostos *a priori*. Os meninos e meninas se fazem perguntas acerca de fenômenos para os quais não têm explicação, e através de diversas atividades, de experimentação, de leitura e de comparação entre diferentes opiniões, podem chegar a compreender a formulação de princípios ou conceitualizações complexas. Atividades cujos novos conteúdos *sempre são funcionais e significativos* pelo fato de não estarem estabelecidos por necessidades alheias à própria realização do projeto ou da busca de informação.

Posto que se parte de uma situação real, e portanto complexa, o número de relações que pode se estabelecer entre as experiências anteriores e os novos conteúdos pode ser maior, já que ao incrementar o número de vínculos, a significância da aprendizagem aumentará e terá mais possibilidades de aplicação em situações diferentes. Esta é uma das razões que, em sua época, Claparède e sobretudo Decroly esgrimiram, a partir de outras concepções psicopedadógicas, para fundamentar suas propostas. Esta razão corresponde à necessidade de responder, na vida real, a situações que nunca estão segmentadas, senão que se apresentam sob uma grande complexidade de variáveis que atuam simultaneamente. Quanto mais relações possam ser estabelecidas entre os novos conteúdos e os esquemas de conhecimento já existentes, mais possibilidades terá a pessoa de dar resposta a situações ou problemas complexos.

Junto a esta necessidade de dotar as aprendizagens de significância, o fato de partir de situações próximas também constitui o meio para criar as condições que favorecem o trabalho, já que fomenta a *atitude favorável* para a aprendizagem ou, se se prefere, para a motivação intrínseca. Os métodos expostos sempre partem do interesse dos alunos e em seu desenvolvimento buscam que não decaia a atenção, a fim de garantir que as atividades contribuam para a assimilação dos conteúdos trabalhados.

O fato de que os conteúdos trabalhados (leitura, cálculo, expressão oral, respeito ao meio ambiente) não sejam uma imposição externa, mas se apresentem como o que é preciso conhecer para responder a interrogações pessoais, realizar atividades que se considerem interessantes e tomar decisões sobre a forma de estudar, supõe um incentivo para o aluno, o qual dá valor positivo ao trabalho sobre conteúdos que lhe são úteis.

O ENFOQUE GLOBALIZADOR, UMA RESPOSTA A NECESSIDADES VARIADAS E INCLUSIVE CONTRAPOSTAS

Do exame que realizamos até agora se conclui que os métodos globalizados dão resposta à necessidade de que as aprendizagens sejam o mais significativas possível e, ao mesmo tempo, conseqüentes com certas finalidades que apontam para a formação de cidadãos e cidadãs que compreendam e participem numa realidade complexa. Portanto, poderíamos dizer que quando se participa destas finalidades, a forma mais adequada de organizar os conteúdos tem que ser a dos métodos globalizados. Mas esta aparente conclusão não é de todo certa. Neste marco, os referenciais a serem levados em conta – o construtivismo e o conhecimento da realidade – nos propõem que as aprendizagens sejam o mais significativas possível e que permitam resolver os problemas de compreensão e participação num mundo complexo. É evidente que os métodos globalizados atendem a estes requisitos, mas não são a única forma possível de atendê-los.

Respeitar a concepção construtivista e que o objeto de estudo sejam os problemas de compreensão e atuação no mundo real implica que toda a intervenção pedagógica parta sempre de questões e problemas da realidade, do meio do aluno (entendido no sentido amplo: não apenas o que o rodeia, como tudo quanto influi nele e o afeta). Para responder a estas questões ou problemas será necessário utilizar instrumentos conceituais e técnicos, que sem dúvida nenhuma, procedem das disciplinas; instrumentos que será necessário aprender a manejar rigorosamente, e em profundidade, se queremos que cumpram sua função. Rigor que obviamente só pode se produzir desde o marco de cada uma das disciplinas. E aqui é onde surge o conflito: como podemos partir de problemas que nos proponham as situações reais e ao mesmo tempo respeitar a estrutura e a organização lógicas das disciplinas?

Não podemos alterar os diferentes saberes ou matérias sem correr o risco de provocar erros conceituais ou procedimentais em sua aprendizagem. É imprescindível que os conteúdos disciplinares sejam apresentados e trabalhados atendendo à lógica definida pela matéria. Portanto, o planejamento prévio dos conteúdos de aprendizagem, sua seleção e sua seqüenciação terão que corresponder, num grau muito elevado, – os demais estarão determinados pelo nível de desenvolvimento e conhecimentos prévios dos alunos – à própria forma em que se estrutura cientificamente a disciplina. Isto quer dizer que devemos levar em conta, ao longo do ensino, uma série de conteúdos de aprendizagem procedentes de diferentes matérias, selecionadas e seqüenciadas de acordo com sua lógica. Mas esta finalidade não tem por que ser contraditória numa proposta que parta de situações tão reais quanto seja possível.

Trata-se de um problema de ponto de partida e de atitude na proposição das atividades de ensino/aprendizagem. A solução se acha no que podemos denominar *enfoque globalizador*, segundo o qual toda unidade de intervenção deveria partir, como dizíamos, de uma *situação próxima à realidade do aluno, que seja interessante para ele e lhe proponha questões às quais precisa dar resposta*. Se isto é assim, é possível organizar os conteúdos por disciplinas, nas quais os conteúdos de aprendizagem se entrecruzem conforme a lógica das matérias, mas que, por outro lado, em sua apresentação aos alunos, nas atividades iniciais, a justificativa dos conteúdos disciplinares não seja unicamente uma conseqüência da lógica disciplinar, mas o resultado de ter que dar resposta a questões ou problemas que surgem de uma situação que o aluno pode considerar próxima. Assim, pois, neste enfoque, e desde uma organização por disciplinas fechadas, na aula de matemática se partiria de uma situação da realidade cuja solução exigisse o uso de recursos matemáticos; na aula de língua, de uma situação comunicativa próxima que é preciso melhorar com instrumentos lingüísticos; na aula de ciências experimentais, de um problema de compreensão de um fenômeno mais ou menos cotidiano; na aula de ciências sociais, dos problemas interpretativos que decorrem de um conflito social; etc.

No esquema do Quadro 6.2, podemos ver que em cada área a seqüência didática começa com a descrição de uma situação da realidade que coloca diferentes questões; questões e problemas que podem ser abordados com diferentes pontos de vista. Numa escola organizada de forma que cada disciplina ou matéria é lecionada por um professor ou professora diferente, partir-se-á, neste esquema de situações diferentes. A professora de matemática, por exemplo, definirá a situação da realidade nos problemas que deve resolver um grupo de *rock* que procura alugar um lugar para ensaiar. Os problemas que se deduzem desta situação são múltiplos, mas como nos encontramos numa aula de matemática só nos deteremos naqueles aspectos ou problemas que são matematizáveis: espaço, investimento, custos fixos e variáveis, consumo, financiamento, rentabilidade, etc. Na aula de língua, o professor propõe um debate sobre uma situação que surgiu na escola e que provocou mal-estar entre professores, pais e alunos. Após o debate é feito um acordo de participar na solução eleborando um documento que ajude a compreender as posições das partes envolvidas. O professor utiliza esta situação para realizar uma série de atividades relacionadas com as competências lingüísticas dos meninos e meninas e com alguns aspectos morfossintáticos. Cada um dos professores e professoras seguirá o mesmo esquema na área que lhe corresponde: situação da realidade, proposição de questões, utilização de instrumentos e recursos disciplinares, formalização conforme os critérios científicos da disciplina e aplicação a outras situações para favorecer a generalização e o domínio dos conceitos e das habilidades aprendidos.

Quadro 6.2

Situação realidade A	→ problemas → recursos matemáticos → formalização (matemática) → aplicação a outras situações
Situação realidade B	→ dilemas comunicativos → instrumentos lingüísticos → formalização (língua) → aplicação a outras situações
Situação realidade C	→ questões → meios "científicos" → formalização (ciências experimentais) → aplicação a outras situações
Situação realidade D	→ conflitos → recursos "sociais" → formalização (ciências sociais) → aplicação a outras situações
Situação realidade E	→ comparações → instrumentos expressivos → formalização (educação artística) → aplicação a outras situações

Seguindo este esquema conseguiremos que o aluno entenda o porquê da aprendizagem dos diferentes instrumentos conceituais, das técnicas e dos recursos das diversas disciplinas. Desta forma, o aluno melhora o significado das aprendizagens, ao mesmo tempo que mostra um grau de interesse e uma motivação mais elevados, já que se dá conta de que na escola não apenas faz "o que tem de fazer", nem o que faz é para prever necessidades futuras, geralmente incompreensíveis do ponto de vista de uma criança ou um adolescente (para quando for adulto, para seguir curso superior ou para exercer uma profissão).

Dado que na perspectiva comentada não se estabelecem as relações entre as diferentes variáveis que intervêm em toda situação, poderemos aperfeiçoar este esquema de intervenção se acrescentamos uma atividade em que os meninos e meninas, voltando à situação de partida, *relacionem* os problemas que abordaram desde uma única perspectiva disciplinar com outros que se dão naquela mesma situação e que foram deixados de lado (veja-se esquema adjunto).

Situação realidade → proposição questões → instrumentos disciplinares → formalização → aplicação a outras situações → revisão integradora

O exemplo que descrevemos pode corresponder a uma escola que tem professores diferentes para cada área, mas que conta com as circunstâncias favoráveis para que os especialistas que intervêm num mesmo grupo/classe trabalhem em equipe. No caso de que todas as áreas sejam lecionadas pelo mesmo professor ou professora, não será difícil, e ao mesmo tempo representará uma grande economia de tempo, conceber uma situação inicial que proponha problemas ou questões que possam ser solucionados através de recursos disciplinares a partir de cada uma das matérias, em vez de buscar uma situação motivadora para cada disciplina (Quadro 6.3). Assim, pois, podemos observar que, partindo de uma organização de conteúdos disciplinares mas proposta desde um enfoque globalizador, caso se dêem as condições favoráveis, é possível chegar a um modelo assimilável às propostas dos métodos globalizados.

O inconveniente representado por uma organização fundamentalmente disciplinar, apesar de que se tente partir de um enfoque globalizador, é o perigo de não introduzir o máximo de relações, de se limitar ao marco de cada disciplina e à situação real de partida, de maneira que se deixem de lado as relações e os vínculos entre os conteúdos das diferentes disciplinas – os quais permitem que cada vez mais os meninos e meninas enriqueçam suas estruturas de conhecimento com esquemas interpretativos suficientemente complexos para responder aos problemas e às situações que deverão resolver no mundo real. O outro inconveniente de uma abordagem exclusivamente disciplinar afeta os conteúdos de caráter atitudinal que não estão relacionados de forma direta com nenhuma disciplina e que, por outro lado, são básicos, e inclusive prioritários, numa determinada concepção do ensino. Numa organização disciplinar, de quem dependem os conteúdos como o respeito, a solidariedade, a cooperação, os valores não-sexistas, etc.? Quem se sentirá responsável pela realização dos objetivos educacionais relacionados com estes conteúdos? Quem introduzirá em suas unidades didáticas situações conflitantes que provoquem a intervenção do professor ou da professora para ajudar os alunos em seu progresso?

Quando se fala de enfoque globalizador não só se propõe uma forma de entender a organização dos conteúdos, como também uma maneira de conceber o ensino, em que, como nos métodos globalizados, o protagonista é o aluno e as disciplinas são um dos meios que temos para favorecer seu desenvolvimento pessoal.

Quadro 6.3

Situação realidade A	→ problemas → recursos matemáticos → formalização (matemática) → aplicação a outras situações	Integração
	→ dilemas comunicativos → instrumentos lingüísticos → formalização (língua) → aplicação a outras situações	
	→ questões → meios "científicos" → formalização (ciências experimentais) → aplicação a outras situações	
	→ conflitos → recursos "sociais" → formalização (ciências sociais) → aplicação a outras situações	
	→ comparações → instrumentos expressivos → formalização (educação artística) → aplicação a outras situações	

Conclusões

Como pudemos observar, a organização dos conteúdos não é um tema menor, uma decisão secundária ou um problema de escolha estritamente técnico. Ao contrário, responde à própria essência do que se pretende alcançar com a educação obrigatória, ao protagonismo que se atribui ao aluno como sujeito ativo na construção do conhecimento, à análise que se realize dos fatores e das variáveis que intervêm, favorecendo ou obstaculizando esta construção.

Também fica claro que se inclinar por um enfoque globalizador como instrumento de ajuda para a aprendizagem e o desenvolvimento dos alunos numa perspectiva global, que não deixa de lado nenhuma das capacidades que a educação deve atender, em nenhum caso supõe a rejeição das disciplinas e dos conteúdos escolares. Pelo contrário, segundo nossa opinião, implica atribuir-lhes seu verdadeiro e fundamental lugar no ensino, que tem que ir além dos limites estreitos do conhecimento enciclopédico, para alcançar sua característica de instrumento de análise, compreensão e participação social. Esta característica é a que os torna suscetíveis de contribuir de forma valiosa para o crescimento pessoal, já que fazem parte da bagagem que determina o que somos, o que sabemos e o que sabemos fazer.

De tudo quanto vimos até agora, podemos deduzir que o mais importante não é levar a cabo uma organização de conteúdos conforme um ou outro modelo. O debate não consiste em seguir ao pé da letra um método globalizado ou se inclinar por um modelo disciplinar. Um ou outro serão mais ou menos apropriados conforme a coerência dos conteúdos trabalhados em relação aos projetos previstos e a adequação das atividades ao conhecimento que temos sobre os processos de aprendizagem. Se isto é realmente assim, a resposta será a opção de organizar os conteúdos a fim de nos assegurar ao máximo, através de um enfoque globalizador, de que as aprendizagens sejam o mais significativas possível para que o que os meninos e meninas aprendam lhes ajude a se formar como cidadãos competentes para compreender a sociedade em que vivem e participar nela construtivamente.

REFERÊNCIAS BIBLIOGRÁFICAS

BOSCH, J. M.; MUSET, M. (1980): *Iniciació al mètode Decroly.* Barcelona. Teide.
CARBONELL, L.; GÓMEZ del MORAL, M. (1993): "Los proyectos de trabajo y el aprender a aprender en educación infantil" em: *Aula de Innovació Educativa*, 11, pp. 38-44.
CIARI, B. (1980): *Modos de enseñar.* Barcelona. Reforma de la escuela.
COLL, C (1986): *Marc curricular per a l'Ensenyament Obligatori.* Barcelona. Departamento de Enseñanza de la Generalitat de Cataluña.
COLL, C (1987): *Psicología y currículum.* Barcelona. Laia.
COLL, C (1990): "Un marco de referencia psicológico para la educación escolar: La concepción constructivista del aprendizaje escolar y de la enseñanza" em: C. COLL, J. PALACIOS, A. MARCHESSI: *Desarrollo psicológico y educación. II. Psicología de la Educación.* Madri. Alianza, pp. 335-353.
COLL, C e outros (1993): *El constructivismo en el aula.* Barcelona. Graó.
DEL CARMEN, Ll. M. (1988): *Investigación del medio y aprendizaje.* Barcelona. Graó (BM).
DEL CARMEN, Ll. M. (1994): "Ciencias de la naturaleza, ¿área curricular o suma de disciplinas?" em: *Infancia y aprendizaje*, 56, pp. 7-18.
FREINET. C. (1980): *Técnicas Freinet de la escuela moderna.* Madri. Siglo XXI.

GRACIA, E.; GARCÍA, F. (1989): *Aprender investigando. Una propuesta metodológica basada en la investigación.* Sevilha. Díada Editoras.
GIARDELLO, G.; CHIESA, B. (1977): *Àrees de recerca a l'escola elemental.* Barcelona. Avance.
GIL, D. (1994): "El currículum de ciencias en la educación obligatoria: ¿área o disciplina?" em: *Infancia y aprendizaje*, 56, pp. 7-18.
"Globalización y proyectos curriculares" (1989) em: *Cuadernos de Pedagogía*, 172. Monografía.
"Globalización e interdisciplinariedad" (1984) em: *Guix*, 81-82. Monografía.
HERNÁNDEZ, F.; VENTURA, M. (1992): *La organización del currículum por proyectos de trabajo.* Barcelona. ICE UB/Graó; (MIE, 6).
IMBERNÓN, F. (1982): *Il movimento de cooperazione educativa.* Barcelona. Laia.
MARÍN, R. (1979): *Interdisciplinariedad y enseñanza en equipo.* Madri. Paraninfo.
OLVERA, F. (1986): *La investigación del medio en la escuela.* Granada. Fundación Paco Natera.
SCURATI, C.; DAMIANO, E. (1974): *Interdiciplinariedad y didáctica.* La Coruña. Adara.
TORRES, J. (1987): "La globalización como forma de organización del currículo" em: *Revista de Educación*, 282, pp. 103-130.
TORRES, J. (1987): "El currículum globalizado. Una opción profesionalizadora de la acción del profesor" em: COLL, C. e outros: *El marco curricular en una escuela renovada.* Madri. Popular-MEC.
TORRES, J. (1994): *Globalización e interdisciplinariedad: el currículum integrado.* Madri. Popular. Morata.
TONUCCI, F. (1979): *La escuela como investigación.* Barcelona. Reforma de la escuela.
ZABALA, A. (1989): "El enfoque globalizador" em: *Cuadernos de Pedagogía*, 168, pp. 17-22.
ZABALA, A. (1992): "Los proyectos de investigación del medio" em: *Aula de Innovación Educativa*, 8, pp. 17-23.
ZABALA, A. (1993): "La globalización, una fórmula de aproximación a la realidad" em: *Signos*, 8-9, pp. 110-121.
ZABALA, A. (1993): "Los ámbitos de intervención en la educación infantil y el enfoque globalizador" em: *Aula de Innovación Educativa*, 11, pp. 15-18.
ZABALA, A. (1993): "Los enfoques didácticos" em: COLL, C. e outros: *El constructivismo en el aula.* Barcelona. Graó (Biblioteca de Aula, 2), pp. 125-161.
ZABALA, A. (1994): "La función social de la enseñanza, referente básico en la organización de contenidos" em: *Aula de Innovación Educativa*, 23, pp. 40-48.

7
Os materiais curriculares e outros recursos didáticos

O PAPEL DOS MATERIAIS CURRICULARES

Os materiais curriculares, como variável metodológica, seguidamente são menosprezados, apesar de este menosprezo não ser coerente, dada a importância real que têm estes materiais. Uma olhada, mesmo superficial, permite que nos demos conta de que os materiais curriculares chegam a configurar, e muitas vezes a ditar, a atividade dos professores. A existência ou não de determinados meios, o tipo e as características formais, ou o grau de flexibilidade das propostas que veiculam são determinantes nas decisões que se tomam na aula sobre o resto das variáveis metodológicas. A organização grupal será de um tipo ou de outro conforme a existência ou não de suficientes instrumentos de laboratório ou de informática; as relações interativas em classe serão mais ou menos cooperativas conforme as caraterísticas dos recursos; a organização dos conteúdos dependerá da existência de materiais com estruturações disciplinares ou globalizadas; o uso do espaço e do tempo estará condicionado pela possibilidade de dispor de meios que favoreçam o trabalho em oficinas, a realização de debates ou a pesquisa bibliográfica; será possível um trabalho individual personalizado sempre que possamos dispor de materiais que potencializem a atividade autônoma. E as seqüências didáticas serão de uma maneira ou de outra conforme as propostas de atividade oferecidas pelos livros didáticos ou outros materiais de uso generalizado.

Para poder iniciar a análise dos materiais curriculares, é preciso em primeiro lugar, esclarecer a que nos referimos ao utilizar este termo. Os materiais curriculares ou materiais de desenvolvimento curricular são todos aqueles instrumentos que proporcionam ao educador referências e critérios para tomar decisões, tanto no planejamento como na intervenção direta no processo de ensino/aprendizagem e em sua avaliação. Assim, pois, consideramos materiais curriculares aqueles meios que ajudam os professores a responder aos problemas concretos que as diferentes fases dos processos de planejamento, execução e avaliação lhes apresentam.

Deste ponto de vista, a noção de materiais curriculares se amplia e pode incluir propostas para a elaboração de projetos educativos e curriculares da escola; propostas relativas ao ensino em determinadas matérias ou áreas, ou em determinados níveis, ciclos ou etapas; propostas para o ensino destinado a alunos com necessidades educativas especiais; descrições de experiências de inovação educativa; materiais para o desenvolvimento de unidades didáticas; avaliações de experiências e dos próprios materiais curriculares, etc.

Para clarear a função e as características dos materiais curriculares,e analisá-los, é conveniente realizar uma tentativa de classificação. Numa primeira aproximação poderíamos tipificar os materiais curriculares conforme *o âmbito de intervenção* a que se referem, conforme sua *intencionalidade ou função*, conforme os *conteúdos* que desenvolvem e conforme o tipo de *suporte* que utilizam:

- Os diferentes *âmbitos de intervenção* dos professores nos permitem observar a existência de materiais que se referem a aspectos muito gerais, relacionados com todo o sistema educativo, ou de caráter sociológico ou psicopedagógico; outros que dizem respeito a decisões no âmbito geral da escola, alguns deles ligados a propostas de planejamento, como é o caso dos projetos educativos e curriculares; outros que se situam no âmbito da aula e, entre eles, os que estão voltados para todo o grupo/classe, e também os que se situam no âmbito de ensino/aprendizagem individual.
- A *intencionalidade ou função* que terão os materiais curriculares nos permite distinguir materiais com diferentes finalidades: orientar, guiar, exemplificar, ilustrar, propor, divulgar. Podemos encontrar livros ou artigos para orientar a tomada de decisões através da oferta de referenciais teóricos ou práticos que o permitam; guias didáticos que oferecem orientações determinadas e que geralmente costumam ser o suporte de outros materiais, livros didáticos ou programas audiovisuais; propostas didáticas, de caráter mais aberto do que os guias, oferecem diversas alternativas e possibilidades de acordo com os diferentes contextos educativos em que serão aplicadas; relatos que não têm uma pretensão globalizadora, mas que querem expor exemplos concretos de como se solucionaram problemas específicos em determinados contextos, como no caso das experiências de inovação curricular e outros exemplos.
- Conforme os *conteúdos e a maneira de organizá-los*, podemos encontrar materiais com pretensões integradoras e globalizadoras,

que tentam abarcar conteúdos de diferentes matérias, e outros com enfoques claramente disciplinares. Também encontraremos materiais específicos vinculados a conteúdos estritamente procedimentais: blocos, fichas ou programas de computador para o domínio dos algoritmos das operações matemáticas, da ortografia, do desenho, da interpretação de planos e mapas, etc. Existem outros que se referem ao âmbito dos conteúdos conceituais, como a maioria dos livros didáticos, especialmente os das áreas de ciências sociais e naturais, monografias, programas audiovisuais, etc.; ou para conteúdos atitudinais, por exemplo, propostas para os professores, livros para o aluno, programas multimídia para a educação para o trânsito e outros temas transversais, etc.

- Quanto ao *suporte*, consideramos que o quadro-negro, nunca suficientemente valorizado, deve ser o número um. Em segundo lugar, encontraremos um grande número de materiais curriculares que utilizam o papel como suporte para a transmissão de informação ou para propor atividades usando livros, revistas, cadernos de exercícios e fichas; materiais que ao mesmo tempo podem ser descartáveis, no caso dos cadernos e das fichas, ou duráveis, no caso dos livros e revistas. Mas, cada vez mais, se encontram à disposição materiais e recursos didáticos que utilizam outros suportes: projeção estática (slides, transparências), projeção em movimento, vídeo, informática, multimídia, etc. Também encontramos materiais de diversas características: de laboratório, experimentação, simulação, etc.

De todos estes materiais, dado o âmbito de análise deste livro, nos centraremos exclusivamente naqueles que se utilizam na aula e, mais concretamente, nos que estão vinculados aos processos diretos de ensino/aprendizagem.

OS MATERIAIS CURRICULARES NOS PROCESSOS DE ENSINO/APRENDIZAGEM: MATERIAIS DE AULA E MATERIAIS PARA O ALUNO

Os materiais curriculares utilizados em aula são essenciais em muitas das propostas metodológicas, já que as condicionam de tal forma que dificilmente pode se fazer algo diferente ao que propõem, ou alheio ao sentido com que foram planejados. Vários trabalhos apontam que é muito freqüente que os professores "sigam" o livro para estruturar suas aulas. Assim, pois, convém analisá-los com atenção, evitando julgamentos estereotipados que não contribuem muito para melhorar seu uso ou a prática educativa. Para analisar os materiais curriculares em aula, sugerimos a realização de uma revisão de diferentes seqüências de ensino/aprendizagem, tentando determinar que subsídios nos ajudariam no desenvolvimento da unidade didática com o objetivo de chegar a conclusões o mais construtivas e abertas possível.

Examinemos estas quatro formas de intervenção (Quadro 1),que correspondem aos exemplos de seqüências didáticas propostos no capítulo 3, e busquemos ver que materiais curriculares seria conveniente ou necessário utilizar em cada uma das fases. Na primeira coluna do Quadro 7.1 aparecem as diferentes fases ou atividades das seqüências; na segunda, os tipos de conteúdos que preferencialmente são trabalhados em cada uma das atividades, ordenados conforme sua importância nas diversas seqüências; a seguir situamos a função prioritária de cada fase considerando a ação a ser realizada pelo aluno no desenvolvimento da unidade e, na última, o possível material a ser utilizado.

Na primeira unidade, como o modelo é fundamentalmente expositivo, os materiais de suporte serão aqueles que contribuam para a explicação; o quadro-negro, os meios audiovisuais e a consulta ao livro didático podem ser úteis nesta primeira fase. Para as unidades posteriores, as anotações e, sobretudo, o livro didático serão os meios mais adequados para o estudo e a memorização. Dado que o livro dificilmente pode oferecer mais de uma versão, podem se utilizar outros textos como meio de comparação. Se, pelo contrário, o que se pretende é que o aluno chegue à conclusão de que a melhor versão é a que dá o livro didático, então bastará este elemento.

Neste modelo, dado que os conteúdos são exclusivamente conceituais, o livro pode ser o meio que se adapte melhor às necessidades de aprendizagem. Como já vimos nos capítulos precedentes e, sobretudo, quando analisamos esta seqüência, é evidente que a avaliação que podemos efetuar está relacionada com o papel que atribuímos ao ensino.

A unidade 2 tem como objetivo a aprendizagem de conteúdos conceituais e procedimentais ao mesmo tempo e, portanto, os materiais curriculares não podem se limitar ao livro didático. Neste caso, não apenas é necessário que os alunos entendam determinadas exposições, mas para dominar os conteúdos procedimentais terão que exercitá-los de forma suficiente. Nas primeiras fases desta seqüência há todo um trabalho de construção conjunta de conceitos, e é nestas atividades que pode ser útil o uso de algum meio audiovisual, texto, ou problema tirado de algum livro, que ajude a reforçar a exposição e a participação dos alunos. No entanto, neste caso o professor ou a professora dirige constantemente o processo de construção dos conceitos, e o livro pode ser necessário unicamente nas fases finais, quando o aluno tem que estudar ou realizar as atividades de aplicação e exercitação. Nestas atividades é conveniente utilizar algum tipo de suporte.

Quadro 7.1

UNIDADE 1	CONTEÚDOS	FUNÇÃO	MAT. CURRICULARES
1. Comunicação da lição	C	Informar	Texto-M. Audiovisual
2. Estudo individual	C P	Compreender	Texto
3. Repetição do conteúdo aprendido	C P	Memorizar	Texto
4. Prova ou exame	C		
5. Avaliação	C		

UNIDADE 2	CONTEÚDOS	FUNÇÃO	MAT. CURRICULARES
1. Apresentação situação problemática	C	Motivar-informar	Texto-M. Audiovisual
2. Busca de soluções	C P A	Compreender	
3. Exposição do conceito e algoritmo	C P	Informar	Texto
4. Generalização	C P	Informar	Texto
5. Aplicação	C P	Descontextualizar	Texto-EAO
6. Exercitação	P C	Reforçar	Texto-EAO
7. Prova ou exame	C P		
8. Avaliação	C P		

UNIDADE 3	CONTEÚDOS	FUNÇÃO	MAT. CURRICULARES
1. Apresentação situação problemática	C	Motivar-informar	Texto-M. audiovisual
2. Diálogo professor/aluno	C P A	Compreender	
3. Comparação pontos de vista	C P A	Compreender	
4. Conclusões	C	Compreender	Texto-M. audiovisual
5. Generalização	C	Informar	Texto-M. audiovisual
6. Exercício de memorização	C P	Memorizar	Texto
7. Prova ou exame	C		
8. Avaliação	C		

UNIDADE 4	CONTEÚDOS	FUNÇÃO	MAT. CURRICULARES
1. Apresentação situação problemática	C	Motivar-informar	Texto-M. audiovisual
2. Problemas ou questões	C P A	Compreender	
3. Respostas intuitivas ou suposições	C P A	Compreender	
4. Fontes de informação	C P A	Informar	Texto-M. audiov.-EAO
5. Busca da informação	P C A	Informar	Texto-M. audiov.-EAO
6. Elaboração de conclusões	P C A	Compreender	
7. Generalização	C	Informar	Texto-M. audiovisual
8. Exerc. de memorização	P C	Memorizar	Texto
9. Prova ou exame	C		
10. Avaliação	C P A		

Dito de outro modo, uma vez entendidos os conceitos e a função de cada um dos conteúdos procedimentais (fração, sintagma nominal, fórmula da velocidade), é necessário que o aluno aprenda a utilizá-los em outras situações e que faça exercícios suficientes para dominá-los no grau previsto. Portanto, é necessário propor problemas ou exercícios seqüenciados e progressivos, que superem a oferta limitada que normalmente incluem os livros didáticos. Estes materiais, apesar de conterem exercícios e atividades, são condicionados pelo espaço e não podem oferecer um número suficiente de propostas que levem em conta todos os alunos e seus níveis de realização. Além do mais, esta situação piora se os conteúdos foram tratados anteriormente, já que as diferenças cada vez são mais notáveis e é muito difícil contemplar numa mesma unidade, níveis tão diferenciados. Assim, pois, é necessário dispor de cadernos de exercício, blocos ou fichas que, através de atividades convenientemente ordenadas por graus de dificuldade, permitam que cada aluno trabalhe com as que correspondem a suas possibilidades reais. Um dos meios mais adequados para contribuir com esta tarefa é o uso do computador, já que os programas incorporam às fichas a possibilidade de que haja uma avaliação continuada do processo seguido.

Nas últimas fases de estudo e memorização, poderia ser bastante útil um material que pode ter forma de livro e que apresente, de maneira coerente e ordenada, os conteúdos do tema, oferecendo sínteses e informações complementares.

Na terceira unidade trabalham-se basicamente conteúdos conceituais e seu objetivo consiste em conhecer e compreender. As características da seqüência são as de um modelo expositivo, mas com uma grande participação dos meninos e meninas. O fato de que nas primeiras fases exista uma inter-relação constante entre o professor e os alunos, e entre eles mesmos, faz com que os materiais para estas atividades não possam ser muito estruturados. O professor poderá utilizar exemplos de textos, imagens ou algum tipo de montagem para apoiar o que diz, mas dada a dinâmica variável da turma, os suportes padronizados serão bastante inadequados.É na fase de generalização e das conclusões que pode ser útil contar com a ajuda de algum material mais estruturado. Os livros e algum audiovisual podem ser apropriados. Nas atividades para a memorização, os suportes escritos parecem ser indispensáveis: livros que oferecem um novo discurso sobre o tema, com sínteses claras e imagens que ajudam na compreensão e na fixação.

A complexidade da unidade 4 também se traduz na diversidade dos recursos que é preciso utilizar. A maioria das propostas que a configuram tem como protagonista a atividade do aluno. A dificuldade de prever qual será o ritmo de trabalho, assim como a profundidade no tratamento dos conteúdos previstos, faz com que seja complicado determinar com antecedência os recursos necessários. A primeira atividade tem uma clara função motivadora e pode incluir algum tipo de suporte que suscite as questões ou proponha a situação: textos escritos, meios audiovisuais ou outros. Nas demais fases há que se utilizar múltiplos recursos, conforme as pesquisas a serem realizadas e as fontes de informação que tenha que se utilizar. Aqui a variedade é enorme, desde fontes de informação direta – com o uso dos instrumentos necessários para fazer um trabalho de campo ou de laboratório – até fontes de informação indireta – mediante textos, dados estatísticos, revistas, jornais, etc. Para oferecer aos alunos os livros que possam dar resposta às pesquisas bibliográficas será indispensável dispor de uma boa biblioteca na aula ou, na sua falta, na escola.

O trabalho de estudo e memorização exigirá textos ou documentos escritos que desenvolvam o tema abordado, favorecendo o comparação, a sistematização da aprendizagem e ajudando a categorizar e priorizar muitos dos dados que foram sendo selecionados no processo de pesquisa. Além do mais, nesta unidade se trabalharam e utilizaram numerosas técnicas. Ao considerá-las como conteúdos de aprendizagem, a utilização que se tenha feito ao longo da unidade deverá completar-se com uma série de exercícios que promovam seu domínio. Para alcançar este objetivo, é conveniente utilizar atividades de aplicação e exercitação, que possibilitem um trabalho ordenado e progressivo; as fichas, os cadernos de exercício, os blocos de anotações ou os programas de computador podem ajudar enormemente a realizar esta tarefa.

E o que acontece com os conteúdos atitudinais, que aparecem nesta unidade com certa profusão? Não existe nenhum tipo de suporte material que contribua para vertebrar seu tratamento à exceção do uso de textos, vídeos ou outras montagens como provocadores de debates e para a comparação com o pensamento ou a atuação de cada um. Especialmente, os conflitos grupais que se apresentam nas diferentes atividades é que proporcionarão oportunidades para que o professor ou a professora intervenha em sua solução ou os utilize posteriormente como tema de debate na assembléia de alunos.

Da revisão do papel que podem representar os materiais curriculares nestas quatro unidades podemos chegar a algumas conclusões de caráter geral. Algumas delas se referem ao valor que podem ter os materiais – e especialmente o papel dos livros didáticos – e outras decorrem das características diferenciais da aprendizagem dos distintos tipos de conteúdos.

As críticas ao livro didático e, por extensão, aos materiais curriculares

Ao longo do século XX, os diferentes movimentos progressistas questionaram o papel dos livros didáticos. Seguidamente se manifestaram radicalmente contra seu uso, até o ponto de que ainda hoje se escutam críticas ou desclassificações generalizadas a este tipo de material. Na análise que acabamos de realizar vimos que em todas as seqüências é necessária ou conveniente a utilização de algum tipo de material estruturado. Assim, pois, o que é que sustenta estas críticas? Como veremos a seguir, estão bastante fundamentadas, mas também poderemos observar que fazem referência a um tipo determinado de livro didático. E isso nos permite recordar que o *slogan* "não ao livro-texto" fazia parte de uma frase inacabada que dizia "não ao livro didático como manual único", referindo-se a um tipo concreto de livro, elaborado conforme um modelo estritamente transmissor. Portanto, as críticas aludem aos objetivos e aos conteúdos que contêm, assim como às formas de ensinar que induzem.

A maior parte das críticas aos objetivos e aos conteúdos é de caráter ideológico, naturalmente. Apesar de seu caráter muitas vezes retórico, e em alguns casos com traços demagógicos, estas críticas estão justificadas, embora muitos dos argumentos que utilizam possam ser estendidos a qualquer dos outros componentes ou variáveis do ensino. Como vimos, toda proposta educativa implica uma tomada de posição e, portanto, uma dependência ideológica. Os livros didáticos, que são veiculadores de mensagens, atuam como transmissores de determinadas visões da sociedade, da história e da cultura.

As críticas referentes aos conteúdos dos livros didáticos giram em torno das seguintes considerações:

- A maioria dos livros didáticos, devido a sua estrutura, trata os conteúdos de forma unidirecional, não oferece idéias diversas à margem da linha estabelecida. Estes livros transmitem um saber que costuma se alimentar de estereótipos culturais.
- Dada sua condição de produto, estão mediatizados por uma infinidade de interesses. São livros que reproduzem os valores, as idéias e os preconceitos das instâncias intermediárias, baseadas em proposições vinculadas a determinadas correntes ideológicas e culturais. Neste sentido, é fácil encontrar livros com doses consideráveis de elitismo, sexismo, centralismo, classicismo, etc.
- Com freqüência, as opções postuladas são transmitidas de forma dogmática, apresentadas como conhecimentos acabados e sem possibilidade de questionamento. Desta maneira se silencia o conflito, fonte de progresso e de criação cultural e científica.
- Os livros didáticos, apesar da grande quantidade de informação que contêm, não podem oferecer toda a informação necessária para garantir a comparação. Portanto, a seleção das informações transforma em determinante não tanto o que expõe, mas o que deixa de lado.

As desqualificações, pelo tipo de metodologia a que induzem estão dirigidas aos livros que se situam num modelo de aula transmissor e dogmático. As críticas aludem aos seguintes aspectos:
- Fomentam a atitude passiva dos meninos e meninas, já que impedem que participem tanto no processo de aprendizagem como na determinação dos conteúdos. Desta maneira a iniciativa dos alunos é freada, se limita sua curiosidade, eles são obrigados a adotar algumas estratégias de aprendizagem válidas apenas para uma educação baseada nestes materiais escolares.
- Não favorecem a comparação entre a realidade e os ensinos escolares e, portanto, impedem a formação crítica dos alunos.
- Impedem o desenvolvimento de propostas mais próximas da realidade e da experiência dos alunos, como os enfoques didáticos globalizadores e interdisciplinares.
- Não respeitam a forma nem o ritmo de aprendizagem dos alunos. Não observam as experiências, os interesses ou as expectativas dos alunos nem suas diferenças pessoais. Propõem ritmos de aprendizagem comuns para coletividades, em vez de indivíduos. O resultado é a uniformização do ensino, deixando de lado as necessidades de muitos alunos.
- Fomentam certas estratégias didáticas baseadas primordialmente em aprendizagens por memorização mecânica.

Certamente, estas críticas têm bastante fundamento, mas não supõem que seja impossível a existência e o uso de outros tipos de materiais que não cometem os erros dos livros didáticos convencionais. Quanto aos livros, acontece o mesmo que na avaliação das diferenças estratégicas de ensino, em que as desqualificações gerais, pelo que vimos até agora, são bastante insensatas. A complexidade da tarefa educativa nos exige dispor de instrumentos e recursos que favoreçam a tarefa de ensinar. Em todo caso, são necessários materiais que estejam a serviço de nossas propostas didáticas e não o contrário; que não suplantem a dimensão estratégica e criativa dos professores, mas que a incentivem. Como veremos, se nossa proposição educativa vai além da concepção seletiva e propedêutica, os materiais a que aludimos não podem se limitar ao formato de livro.

Esta revisão das críticas aos livros didáticos nos permite observar suas limitações e nos orientar na determinação das características dos materiais curriculares para os alunos. Conforme minha maneira de ver a questão, o objetivo não deve ser a busca de um livro-texto alternativo, mas a avaliação de uma resposta global, configurada por diferentes materiais, cada um dos quais abarca algumas funções específicas. Isto implica fazer uma análise das necessidades específicas dos diferentes tipos de conteúdos de aprendizagem e combiná-los com as possibilidades que oferecem os diferentes materiais, a fim de dispor de alguns instrumentos que nos possibilitem avaliar o que existe e de algumas referências que orientem a elaboração de novas propostas.

Nossa tarefa prioritária como educadores não consiste na confecção dos materiais que devem nos ajudar a desenvolver as atividades educativas. A tarefa de ensinar envolve ter presente uma quantidade enorme de variáveis, entre elas as que nos indicam as necessidades particulares de cada menino e menina e de selecionar as atividades e os meios que cada um deles necessita. Não é razoável pensar que, além disso, poderemos criar de novo, e constantemente, materiais originais e adequados para cada unidade didática. O fato de ter que utilizar materiais elaborados por outros não significa uma dependência total, nem a incapacidade de confeccionar os materiais necessários quando a oferta do mercado não se ajusta às necessidades que queremos atender. Utilizando de novo a comparação com a medicina, podemos dizer que já fazemos muito ao diagnosticar as necessidades individuais, estabelecer o tratamento para cada um e levá-lo a cabo – e tudo isso com mais de vinte ou trinta indivíduos. Além disso, será que temos que desempenhar a função de farmacêuticos, mas não dos de agora, que lidam com produtos acabados, mas dos de antes, que elaboravam as denominadas fórmulas magistrais? O que nos interessa é poder dispor de uma farmácia provida de medicamentos muito variados que nos permitam ir elaborando o tratamento de que cada menino e menina necessita. O problema surge quando esta farmácia só nos oferece um único tipo de "tratamento completo", solidamente engarrafado em forma de livro para todos, negando-nos a possibilidade de construir, através da combinação de diferentes produtos, propostas adequadas às necessidades do grupo em geral e de cada aluno em particular. Portanto, a questão não tem que ser colocada em termos de "livros sim, livros não", mas em termos de "que materiais e como utilizá-los".

Para proceder à busca de referências e critérios para a análise e confecção de materiais curriculares, faremos, primeiro, uma revisão das características dos materiais conforme as características específicas de cada tipo de conteúdo.

Os materiais curriculares conforme a tipologia dos conteúdos

Os conteúdos factuais, conforme foram tratados no capítulo 2, são aprendidos através de estratégias de repetição verbal. Portanto, os materiais curriculares têm que oferecer, basicamente através de textos escritos, os conteúdos para a sua leitura e posterior memorização. O ciclo de aprendizagem estará formado pela leitura do texto e a repetição verbal, com as consultas necessárias para favorecer a fixação. O livro convencional que desenvolve conteúdos factuais pode cumprir perfeitamente esta função de recurso para a aprendizagem de fatos. É necessário, apenas, que a disposição no texto esteja convenientemente apoiada pelos recursos gráficos que favorecem sua leitura. Os programas de ensino através do computador também podem contribuir, de forma muito satisfatória, para esta tarefa de memorização.

No caso dos conteúdos referentes a conceitos e princípios, as atividades adequadas são de uma complexidade superior e são qualitativamente diferentes da simples repetição verbal de algumas idéias, definições ou enunciados. A aprendizagem destes conteúdos exige atividades que situem os meninos e meninas frente a experiências que permitam a compreensão, o estabelecimento de relações e a utilização do que foi aprendido em situações diversificadas. Embora o livro didático possibilite algumas destas atividades experienciais e sua aprendizagem, seguidamente a simples leitura de um texto será insuficiente, especialmente se o texto consiste numa simples definição.

O texto escrito pode contribuir para criar as condições para que o aluno esteja em condições de aprender, mas é imprescindível o concurso das experiências, a contraposição de idéias entre professores e alunos e outras atividades que promovam a atividade mental para a compreensão dos conceitos e princípios a serem aprendidos. Para estas tarefas deve se contar com materiais que favoreçam a consulta, a pesquisa bibliográfica, a comparação entre diferentes opiniões, etc. O livro didático convencional, como fonte de informação e como resumo ou síntese de determinadas conclusões, pode cumprir perfeitamente estas funções. Isso sempre que não esteja planejado nem seja utilizado como quando se trata de conteúdos de caráter factual, quer dizer, fundamentalmente como uma memorização e reprodução literal dos textos escritos. A aprendizagem do conceito rio, da soma, da estrutura molecular ou do princípio de Arquimedes, sobretudo nos níveis básicos da escolaridade, não pode se limitar a uma leitura e à posterior repetição verbal das definições. É indispensável realizar observações diretas e de imagens, manipulações ou atividades de laboratório, diálogos e debates que favoreçam a compreensão. O texto escrito pode exercer um papel muito importante num processo de ensino/aprendizagem sempre que a leitura e a memorização não sejam as únicas atividades deste processo. Assim, pois, são adequados, como complementos para a aprendizagem de conceitos e princípios, os materiais curriculares que oferecem textos, ilustrações e imagens em movimento, que para uma atividade didática determinada favoreçam ou promovam a realização de atividades de motivação, consulta e observação, assim como atividades para a generalização e a síntese.

Quando a aprendizagem se refere a um conteúdo conceitual, seu significado foi compreendido e se deu sentido a cada uma das ações que o compõem, será necessário iniciar um processo de exercitação destas ações a fim de dominá-las. A complexidade específica de cada conteúdo procedimental determinará as características deste processo, mas, em qualquer caso, as atividades para a aprendizagem consistirão fundamentalmente de exercícios de repetição de ações ordenadas segundo sua complexidade. A aquisição de uma determinada habilidade ou técnica implica o domínio das ações mais simples que a constituem: o domínio do algoritmo soma envolve uma seqüência rigorosa, desde o algoritmo mais simples de duas unidades até a soma de diversos números correspondentes a grandes quantidades. Por sua vez, a elaboração de um mapa comporta o domínio prévio de outras habilidades: a orientação espacial, certo domínio gráfico, a representação de um objeto de três dimensões num plano, etc. Em alguns conteúdos procedimentais de caráter mais estratégico, como a compreensão da leitura, é mais difícil estabelecer a seqüência de ações, mas é igualmente indispensável a prática sistemática.

Os materiais curriculares para a aprendizagem dos conteúdos procedimentais terão que oferecer exercícios concretos, e, de certo modo, repetitivos. Estes exercícios, convenientemente seqüenciados, devem possibilitar a realização de atividades que dêem lugar de forma progressiva à aquisição dos requisitos prévios necessários para seu completo domínio. Para os conteúdos procedimentais, cujo suporte pode ser o papel, as fichas ou blocos de cálculo, ortografia, caligrafia, desenho, etc., os materiais podem cumprir perfeitamente esta função sempre que as atividades propostas apresentem uma ordenação rigorosa. Também podem ser muito eficazes os programas de ensino com o computador. Para outros tipos de conteúdo procedimental podem ser úteis os livros que informem sobre seu funcionamento e sua utilidade, sempre que se leve em conta que o simples conhecimento não capacita para sua realização; evidentemente, saber como se faz uma entrevista, um quadro, uma pesquisa ou um estudo de campo não significa que já se saiba entrevistar, pintar ou pesquisar. Além do mais, o domínio destes conteúdos, juntamente com o conhecimento de seu uso e da realização das atividades mais analíticas, exigirá atividades mais complexas, contextualizadoras, em que os alunos tenham que avaliar a pertinência do uso dos procedimentos e esboçar estratégias próprias de utilização. Por tudo isso, em vez de pensar num único tipo de material, é conveniente dispor de uma variedade de meios – desde os altamente estruturados para os aspectos mais algorítmicos de alguns conteúdos procedimentais, até outros que dificilmente podem ser pré-estabelecidos – levando em conta, além do mais, que alguns aspectos não podem ser veiculados por nenhum material.

As características e a complexidade da aprendizagem dos conteúdos atitudinais não permitem conceber outros materiais curriculares específicos, com exceção dos dirigidos aos professores. Trata-se de conteúdos que não podem ser aprendidos através de exposições ou leituras de definições. Para compreender o sentido dos valores e das normas podemos aplicar os meios utilizados para os conteúdos conceituais. Mas, como é evidente, estes meios não bastam para criar as disposições e os comportamentos adequados a determinados valores. Para o debate e a reflexão conjunta podem ser muito úteis as montagens ou programas de vídeo que proponham situações ou conflitos comportamentais. Mas serão ações isoladas se as unidades didáticas e as atividades que as compõem não estão impregnadas dos valores que pretendem transmitir. É precisamente nelas que se deve criar as condições para que se assumam as normas. É nelas, também, que se tem que possibilitar que as atitudes prévias se manifestem. Neste marco é preciso considerar a coerência necessária entre as intenções educativas e os valores transmitidos pelos diferentes materiais.

REVISÃO CONFORME O SUPORTE DOS DIFERENTES MEIOS

A tendência à simplificação, que seguidamente encontramos no ensino, se traduz em avaliações superficiais dos materiais curriculares. Assim, pois, podemos encontrar tanto desqualificações gerais, por exemplo, das fichas ou dos livros didáticos, como elogios superlativos a alguns meios, por exemplo, o computador ou os audiovisuais. E também é possível que se dê a situação oposta. Quando realmente existe um controle por parte do educador, os meios são simplesmente isto, apenas meios, e portanto a função que os os professores atribuem a eles determinará seu valor.

A partir desta consideração geral, estamos de acordo que cada meio oferece algumas potencialidades específicas, e estas particularidades são as que precisam ser ressaltadas. Pode se achar que praticamente a maioria dos materiais oferece a possibilidade de fazer de tudo. No entanto, não se trata de saber o que pode ser feito com cada um deles, mas de determinar em que podem ser mais úteis.

Suporte papel (descartável e não-descartável)

Este tem sido o meio básico que utilizamos, e estamos utilizando, para a transmissão do conhecimento e dos sentimentos. Como até meados do século XX praticamente este era o único suporte, foi utilizado como veiculador de qualquer tipo de conteúdo. Embora os livros tenham um valor inapreciável, também têm suas limitações.

Os livros didáticos eram o suporte essencial quando os conteúdos que deviam ser ensinados eram basicamente factuais na maioria das disciplinas – acontecimentos, datas e personagens em história; nomes de rios, cidades, países e seus produtos em geografia; autores e obras em literatura, história da arte e filosofia; nomes e classificações de minerais, animais e plantas em ciências naturais. Ou ainda quando os conteúdos de caráter conceitual e procedimental de matemática, física e química, gramática e outras matérias eram entendidos geralmente sob perspectivas de memorização mecânica. No livro se encontrava o compêndio de todo o saber escolar, e a forma como estava escrito o texto correspondia à própria concepção de uma aula expositiva: uma descrição ordenada conforme certos critérios epistemológicos, que deva ser memorizada mais ou menos literalmente.

A introdução de conteúdos cada vez mais conceituais, assim como interpretações mais adequadas sobre sua aprendizagem – portanto, mais distanciadas de óticas transmissoras –, põe em questão o caráter quase exclusivo dos livros como instrumentos de ensino. Em nosso país, pelo final dos anos sessenta e sobretudo a partir dos setenta, os conteúdos conceituais se impõem de forma avassaladora em todas as disciplinas. Por essa razão, já não interessa tanto que os meninos conheçam muitos acontecimentos, datas, personagens, nomes ou autores das diferentes matérias, mas que adquiram os instrumentos conceituais que permitam conhecer o porquê dos fatos, as relações que se estabelecem entre eles, as razões que os explicam. A passagem de ciências basicamente descritivas para outras basicamente interpretativas provoca uma avalanche de conteúdos conceituais e uma mudança na maneira de ensinar. A simples exposição, válida para os conteúdos factuais, tem que se transformar e oferecer fórmulas que não se limitem a provocar a memorização das definições ou interpretações de outros e sim fórmulas que promovam e desencadeiem processos em que os alunos possam se apropriar dos conceitos, utilizá-los para compreender e interpretar os fenômenos e as situações da vida real e do mundo do saber, já que é menos importante que possam reproduzi-los mais ou menos literalmente.

A mudança para formas de intervenção mais adequadas aos novos conteúdos exige o uso de meios que as favoreçam. O livro didático já não pode conter uma simples exposição de fatos, mas, dado que inclui conceitos, também tem que oferecer meios que contribuam para a compreensão. Neste ponto se produzem as primeiras contradições entre o meio e a mensagem, especialmente quando os livros estão dirigidos aos alunos mais jovens. Nestas idades, a atividade de elaboração passa por processos em que é necessário realizar atividades experimentais adequadas à complexidade do conteúdo que se tem que compreender. Trata-se de atividades que requerem tempo, que superam as que provêm de uma simples leitura. Esta leitura deve ser acompanhada de tarefas que possibilitem a compreensão. No caso dos conteúdos factuais a explicação do professor pode ser paralela à leitura do livro. Já nos conceitos e princípios as atividades para a compreensão devem preceder e acompanhar a leitura, já que esta não garante em si mesma que cada um dos meninos e meninas compreenda o conceito tratado.

Esta situação provocou o surgimento de livros que pretendem dirigir o processo construtivo do aluno combinando textos explicativos e atividades. Isto trouxe como resultado textos de difícil leitura ou de complicada resolução, já que seguidamente as atividades propostas ou não podem ser realizadas, ou não são as mais adequadas para um determinado grupo de alunos. A introdução de outros meios de caráter descartável que também têm como subsídio o papel – é o caso das fichas, dos blocos de anotação ou dos cadernos de exercício – pode contribuir para resolver alguns destes inconvenientes.

Neste momento o mercado oferece a possibilidade de selecionar materiais para o aluno no formato de livro e no formato de caderno, e muitas vezes não se nota a transcendência do uso de um meio ou outro. O que vamos descrever a seguir contradiz a afirmação de que os meios só dependem do uso que se faça deles. No estado espanhol, produziu-se uma situação ideal que ilustra a incidência do meio. Com os planos renovados de EGB* dos anos oitenta, a proposta ministerial afirmava explicitamente que os materiais editados tinham que ser descartáveis, ao contrário dos livros didáticos tradicionais. Os primeiros materiais editados eram dirigidos ao ciclo inicial, e todos eles, de acordo com as normas, foram publicados em forma de caderno descartável. Deste modo, apareceram no mercado propostas editoriais em formatos diferentes, de um, dois, três ou mais cadernos de exercício por área. Enquanto os editores preparavam os materiais para o ciclo médio no formato de caderno, respeitando a forma, o ministério atendeu às propostas de algumas organizações de pais, que argumentavam que os irmãos pequenos não podiam aproveitar estes cadernos de exercício. O ministério decidiu modificar a norma para estabelecer que os materiais tivessem obrigatoriamente formato de livro. A partir de então, os materiais para a educação infantil e o ciclo inicial continuam sendo descartáveis, enquanto que os dos demais níveis mantêm as características convencionais. Mas o mais surpreendente de tudo é que com a implantação da Reforma, segundo normas que não prescrevem o tipo de materiais, as editoras continuam publicando cadernos ou fichas para a educação infantil e o ciclo inicial e livros para os outros ciclos. De fora, certamente estas decisões podem parecer bastante arbitrárias ou, no mínimo, podem produzir a sensação de que não importa que os materiais sejam ou não descartáveis. Estamos certos disso?

---

* N. de R.T. Educação Geral Básica.

O material descartável provoca uma situação radicalmente oposta à que encontramos quando se usa exclusivamente o livro. Cada aluno tem que responder às perguntas e realizar as atividades que o caderno lhe propõe e, em termos gerais, não pode ir adiante se o professor não corrige o que escreveu. Isto supõe ter que atender às necessidades de cada menino e menina e se dar conta das dificuldades de compreensão e expressão que eventualmente possam ter, de seus progressos e, enfim, de seu processo. Dito de outro modo, este meio obriga a uma maneira de fazer que pode não ser necessária quando o material utilizado é unicamente o livro didático.

A incidência do uso de um material descartável na maneira de ensinar aparece quando comparamos como os professores atuam quando estão no ciclo inicial e quando trabalham nos outros ciclos apenas pelo fato de utilizar um material ou outro. Poderemos observar que a necessidade de ir circulando pela classe, atendendo a todos os alunos, surge mais seguido nos primeiros ciclos. Isso em conseqüência, entre outros fatores, de que se dispõe de materiais de caráter descartável nos quais o trabalho de cada um dos meninos e meninas sempre é suficientemente diferente.

O livro é útil como compêndio do saber, como lugar onde se encontram resumidos ou ampliados os conhecimentos que são trabalhados ou podem ser trabalhados em classe, como meio para aprofundar, fundamentalmente como material de consulta. Por outro lado, a construção do conhecimento necessário para a aprendizagem dos conceitos e dos princípios requer outras atividades e, portanto, outros materiais.

Os materiais descartáveis, sejam cadernos de exercício, blocos ou fichas, oferecem a vantagem de que os alunos devem trabalhá-los individualmente ou em grupo, expressando o que entendem em cada momento, o que permite que os professores possam conhecer a situação de cada um deles em seu processo de aprendizagem. Quando os materiais são descartáveis, o aluno se vê obrigado a atuar, e sua atividade tem uma tradução visível, daí que é possível planejar seqüências de atividades e maneiras de interagir que potencializem a construção do conhecimento. A avaliação destes materiais – como a que podemos fazer com qualquer unidade ou seqüência didática – deve levar em conta as finalidades que se perseguem e a adaptação aos processos de aprendizagem subjacentes. Desde esta perspectiva, consideraremos bons instrumentos para a construção do conhecimento aqueles cadernos de exercícios que ofereçam atividades apropriadas para a elaboração de conceitos e a utilização de conteúdos procedimentais de diferente natureza. Os materiais descartáveis serão úteis também no formato de fichas ou blocos para todas aquelas tarefas de aplicação e exercitação necessárias para o domínio de grande parte dos conteúdos procedimentais. Isso sempre que estas atividades se apresentem em seqüências ordenadas, conforme os níveis de uso e dificuldade, que possibilitem um trabalho autônomo e, se possível, autocorretivo.

Nesta revisão sobre a adequação dos materiais em suporte papel, devemos levar em conta que muitos conteúdos de caráter procedimental (observação, trabalho em equipe, orientação espacial e temporal, a maioria dos conteúdos das áreas expressivas, etc.), cruciais para o desenvolvimento da pessoa, não podem se traduzir exclusivamente em atividades que utilizem este suporte. Em alguns casos, o máximo que se pode fazer é descrever os modelos de realização, algo que, como já sabemos, não é condição suficiente para sua aprendizagem.

Podemos dizer algo similar a respeito dos conteúdos de caráter atitudinal. Já sabemos que não podem ser aprendidos através da simples leitura, mas os textos escritos podem servir como complementos ou indutores de reflexões, diálogos e debates, ao mesmo tempo que como veiculadores de determinados valores.

Projeção estática

As imagens estáticas, sejam do retroprojetor ou dos slides, são úteis como suporte para as exposições dos professores e úteis como complemento esclarecedor de muitas das idéias que se querem comunicar, tanto através de esquemas como de imagens ou ilustrações que ajudem na elaboração e na construção de conceitos, assim como para a exposição das fases de determinados conteúdos procedimentais. São instrumentos que facilitam o diálogo em classe e ajudam a centrar a atenção do grupo com relação a um objeto de estudo comum. Também são instrumentos para a criação de formas expressivas e comunicativas, que os alunos podem utilizar em suas exposições em aula.

O fato de que o ritmo na exposição das imagens não esteja condicionado previamente permite adequá-lo à cadência da intervenção e dos interesses e demandas da classe, de tal forma que é possível se deter ou voltar atrás sempre que seja necessário. No entanto, convém levar em conta que um ritmo acelerado ou um excesso de informação através da imagem, especialmente no caso da utilização de esquemas ou mapas conceituais – se não se apresentam de forma pausada e introduzindo cada componente com a ênfase que lhe corresponde –, pode desorientar o aluno, já que num lapso tão curto de tempo é impossível assimilar toda a informação que recebe.

Imagem em movimento

Muitos dos conteúdos que são trabalhados em aula se referem a processos, mudanças e transformações. São conteúdos que comportam movimentos no tempo e no espaço, motivo pelo qual é muito adequado o uso de filmes ou gravações de vídeo. Estes instrumentos atuam como suporte nas exposições e como fonte de informação. São extremamente válidos quando o que se pretende é conhecer um processo de qualquer tipo, para apresentar informações e realidades distantes do meio habitual e para ilustrar modelos de funcionamento de procedimentos. Também são um meio para a representação de conflitos que podem induzir ao debate e à tomada de posição ou motivar a formulação de perguntas. Muitas experiências inovadoras no ensino têm como ingredientes a utilização de vídeos e de programas de TV, aproveitando assim seu atrativo, o interesse que suscitam entre os alunos e as possibilidades de mostrar os aspectos da realidade tal como são (Palau, 1994).

A potencialidade destes meios, porém, pode se perder quando se pretende transformá-los no eixo das unidades didáticas, substituindo os professores ou o trabalho de aula. É habitual encontrar programas deste tipo que reproduzem classes expositivas usando "estátuas falantes" que explicam como o professor na aula, ou que, como acontece com outros meios, tentam construir unidades didáticas substitutivas do professor. Ambas as fórmulas costumam fracassar totalmente, ao menos por duas razões. Por um lado, porque na maioria dos casos o ensino exige o contato professor-aluno e alunos-alunos, a fim de que os desafios e as ajudas se adaptem às necessidades específicas de cada um dos meninos e meninas. E por outro, porque esta utilização, de fato, anula o código dos meios audiovisuais e os substitui por outro, o que praticamente os priva de toda a especificidade e atrativo que possam ter.

Por outro lado, convém não perder de vista que um dos inconvenientes da maioria dos documentários é que não se adapta totalmente ao uso escolar, já que não foram concebidos com esta finalidade. Mesmo quando são elaborados com finalidade didática, tendem a dar mais informação do que a necessária ou do que se pode assimilar no tempo de exposição, assim como a utilizar uma linguagem dirigida a adultos. Por outro lado, o fato de utilizar modelos expositivos que não levam em conta o processo construtivo do aluno implica uma tendência a dar respostas a problemas ou perguntas que o aluno ainda não se fez. Estes inconvenientes podem ser solucionados com o uso mais pessoal da projeção, cortando-a, desligando o som, e aproveitando as imagens para estabelecer um diálogo em classe, parando ou retrocedendo sempre que convenha, preparando previamente a projeção, apontando os aspectos que convém focalizar, ou fazendo um trabalho posterior que destaque e extraia os conteúdos principais.

Suporte da informática

Atualmente, a contribuição mais interessante do suporte da informática no que se refere às necessidades do ensino encontra-se na retroatividade, quer dizer, na possibilidade de estabelecer um diálogo mais ou menos aberto entre programa e aluno. No âmbito da informática, esta condição, que em certa medida também se dá nos outros meios, tem a virtude de se adaptar aos ritmos e às características de cada um dos meninos e meninas. Assim, se transforma num instrumento que contribui para a construção de conceitos, que permite fazer simulações de técnicas ou procedimentos e que pode propor situações conflitantes em que seja necessário comprometer-se de acordo com certos valores.

Os programas de computador podem exercer uma função inestimável como suporte para qualquer trabalho de simulação de processos que, por suas características, podem ser perigosos ou cuja realização pode ser complexa. Especialmente no trabalho imprescindível de aplicação e exercitação de muitos conteúdos de caráter procedimental em que é necessário adaptar os desafios, ritmos e ajudas às características dos diferentes alunos. Deste modo, os programas de computador, combinados com os acordos de trabalho, podem substituir ou completar as fichas de trabalho ou blocos de exercícios seqüenciados ou melhorá-los, já que podem incluir um trabalho completo de autocorreção.

Mas apesar de que tudo quanto expusemos seja certo, a aprendizagem exige um contexto de intercâmbios afetivos. Há necessidades específicas de aprendizagem às quais tem que se acrescentar, em caso de necessidade, as que provêm de certos objetivos educativos que considerem a socialização como eixo prioritário. Por este motivo, o uso dos suportes da informática não tem que nos levar a uma situação de trabalho estritamente individual, de interação do aluno com a máquina, mas a considerá-los como mais um dos recursos que podemos utilizar para alcançar determinados objetivos educacionais da melhor maneira possível.

Suporte multimídia

Os avanços tecnológicos nos permitem dispor de instrumentos com novas utilidades e capacidades. A combinação da informática e do vídeo com o uso do disc laser, CDI ou CD-Rom abre muitas possibilidades, já que contempla as vantagens dos diferentes meios. A interação do suporte da informática, com as imagens estáticas ou em movimento, e a capacidade de interagir garantem que as emulações, a busca de informação ou o trabalho de sistematização sejam cada vez mais ricos. Ter à nossa disposição bancos de dados de fácil acesso, com informações escritas, com imagens estáticas ou em movimento, constitui um suporte inestimável para a complexa tarefa de ensinar.

Para pôr um ponto final neste breve exame dos diferentes materiais, queremos insistir no valor como meio que têm todos estes instrumentos e fazer uma reflexão sobre o sentido que adquirem numa perspectiva que contemple a formação integral da pessoa como função fundamental do ensino. Se a concepção da qual se parte é basicamente transmissora, é fácil entender os argumentos dos que acham o papel da escola e do educador cada vez mais desnecessário. No caso da redução dos conteúdos do ensino aos saberes exclusivamente informativos e às habilidades convencionais, os meios tecnológicos podem oferecer uma informação mais completa e atualizada, assim como mais ajudas, e com muito mais paciência, do que qualquer professor. Como já argumentamos longamente, esta não é a perspectiva com que estas páginas são escritas.

REFERÊNCIAS PARA ANÁLISE E SELEÇÃO DOS MATERIAIS CURRICULARES

Do exame dos diferentes meios de suporte para o trabalho de aula e das características diferenciais tanto dos próprios meios como das necessidades que se derivam da aprendizagem, conforme os diferentes tipos de conteúdos, pode se apontar uma série de critérios e referências para a análise e a seleção dos materiais curriculares dirigidos aos alunos.

Numa tentativa de simplificação, e aproveitando muitas das considerações manifestadas ao longo deste capítulo, tentaremos estabelecer uma série de passos que nos ajude na seleção:

1. Detectar os *objetivos educativos* subjacentes num determinado material (por exemplo, num projeto editorial) e comprovar até que ponto coincidem com os estabelecidos pela escola e, concretamente, com os que estão dirigidos aos alunos em questão.

Dificilmente encontraremos materiais cujos objetivos correspondam exatamente aos nossos. Assim, pois, será importante determinar as diferenças para poder preencher as carências ou para rejeitar os aspectos que entram em contradição com as intenções educacionais previstas.

2. Verificar que *conteúdos* são trabalhados. Comprovar se existe uma correspondência entre os objetivos e os conteúdos.

A definição de determinados conteúdos pode ser suficiente ou não para os objetivos estabelecidos. A comprovação de sua adequação nos permitirá estabelecer os conteúdos necessários para completar nossas unidades didáticas ou para prescindir daqueles conteúdos que não coincidem com nossas intenções educacionais.

3. Verificar que *seqüências de atividades* são propostas para cada um dos conteúdos.

Revisar cada uma das atividades propostas, atribuindo a cada uma delas os conteúdos que são trabalhados. Assim podemos reconhecer a série de atividades propostas para a aprendizagem de cada conteúdo e determinar a conveniência de sua progressão e ordem.

4. Analisar cada uma das seqüências de atividades propostas para comprovar se cumprem os *requisitos da aprendizagem significativa* em relação aos conteúdos estabelecidos.

Tendo presentes as características dos conteúdos, é preciso ver se as atividades propostas e as seqüências levam em conta as condições que podem fazer com que a aprendizagem seja o mais significativa possível e, ainda, que ofereçam meios que permitam o acompanhamento do progresso realizado pelos alunos.

5. Estabelecer o grau de *adaptação ao contexto* em que serão utilizados.

Pode acontecer que o resultado da análise dos pontos anteriores tenha sido positivo mas que, seja pelos temas tratados ou pelas estratégias utilizadas, o material esteja muito longe das características, das maneiras de trabalhar e dos meios de um contexto educacional concreto. No caso de se considerar conveniente utilizar este material, será necessário adaptar, eliminar ou elaborar outros materiais complementares que supram os déficits detectados.

UMA PROPOSTA DE MATERIAIS CURRICULARES PARA A ESCOLA

As mudanças que o sistema educativo experimentou em nosso país nos últimos anos obrigam a pensar sobre muitos dos aspectos, das premissas e dos suportes que o compõem. Neste sentido, os materiais curriculares não são uma exceção. Desde a perspectiva que adotamos neste capítulo, parece evidente que seu papel não pode ser menosprezado. Pelo contrário, é necessária uma política decidida de materiais curriculares, que assegure sua qualidade, que os conceba como um meio entre outros e que deposite nos professores a responsabilidade por seu uso criativo. O que é necessário? Qual é o leque de possibilidades que as escolas devem ter a seu alcance para se apoiar a tarefa educativa cotidiana?

Uma das conclusões da análise dos recursos didáticos e de sua utilização é a necessidade da existência de materiais curriculares *diversificados* que, como peças de uma construção, permitam que cada professor elabore seu projeto de intervenção específico, adaptado às necessidades de sua realidade educativa e estilo profissional. Quanto mais variados sejam os materiais, mais fácil será a elaboração de propostas singulares. Portanto, em vez de propor unidades didáticas fechadas, os projetos de materiais curriculares para os alunos têm que oferecer uma grande variedade de recursos. Recursos que possam se integrar em unidades construídas pelos próprios professores, enraizando-se nas demandas específicas de seu contexto educativo.

As unidades didáticas devem atender às demandas educativas de um grupo determinado de alunos em relação aos diversos tipos de conteúdos. Devem, também, contemplar as atividades de aprendizagem adequadas a estes conteúdos. Os materiais curriculares não podem garantir, por si sós, o alcance dos objetivos educativos previstos nas unidades didáticas. A pertinência dos materiais estará determinada pelo uso que se faça deles e por sua capacidade para se integrar em múltiplas e diversas unidades didáticas que levem em conta as características dos diferentes contextos educativos. Desde esta perspectiva, os materiais não cumprem uma função diretiva, mas ajudam a desenvolver as atividades de ensino/aprendizagem propostas pelos professores, de acordo com as necessidades específicas de um grupo/classe.

Dadas as características diferenciadas dos contextos educativos, dos diversos ritmos de aprendizagem dos alunos, postas pelos diferentes tipos de conteúdos e das estratégias de aprendizagem específicas para cada um deles, será necessário oferecer aos professores um grande número de materiais. Materiais estes que permitam levar em conta estas diferenças e que possam se integrar em múltiplas combinações que possibilitem a elaboração de uma grande variedade de unidades didáticas.

Os argumentos expostos nos permitem chegar à conclusão de que é conveniente que os materiais contemplem, entre outras coisas, as necessidades de aprendizagem postas pela especificidade tipológica de cada conteúdo. Apesar disso, é preciso ser muito precavido, já que uma proposição deste tipo coloca um grande perigo: a perda de significância das aprendizagens, quer dizer, o perigo de que muitas aprendizagens, especialmente aquelas que se referem aos conteúdos factuais e procedimentais, sejam trabalhadas de maneira puramente mecânica, desvinculadas de outros conteúdos, conceituais e atitudinais, que lhes dêem sentido. Ainda, de que a necessária exercitação de muitos dos conteúdos de aprendizagem se converta em exercícios rotineiros que percam a razão fundamental para a qual foram planejados. Portanto, embora seja conveniente a existência de materiais específicos para conteúdos de aprendizagens muito concretas, qualquer material curricular tem que fazer parte de um projeto global, que observe o papel de cada um dos distintos materiais, propostos segundo determinados objetivos de uma ou mais áreas e/ou uma ou mais etapas educativas.

Um projeto global de materiais curriculares deve observar os critérios com os quais foram elaborados cada um deles e a função que cumprem, de maneira que, conhecendo os motivos de sua realização e o

papel que têm que cumprir nos processos de ensino/aprendizagem, seja possível determinar qual é seu uso mais apropriado. Para isso, é preciso explicitar as concepções curriculares subjacentes em cada um dos materiais que compõem o projeto. Assim, pois, todo projeto global terá que observar para cada área ou etapa:
  a) guias didáticos dos professores;
  b) materiais para a busca de informação;
  c) materiais seqüenciados e progressivos para o tratamento de conteúdos basicamente procedimentais;
  d) propostas de unidade didáticas.

Guias didáticos dos professores

Trata-se de um material para uso dos professores que é básico em todo projeto de materiais curriculares, já que nele se situam os diferentes componentes do projeto em relação à realização dos objetivos educativos previstos. O guia não tem apenas que expor o uso dos materiais propostos. Mas, sobretudo, tem que justificar o valor desses materiais nos processos de ensino/aprendizagem, determinando o papel de cada uma das atividades de ensino que se propõem nas seqüências de aprendizagem mais amplas. Portanto, tem que dizer o que são, como se realizam e, especialmente, para que servem.

O guia didático para cada um dos materiais do projeto deve observar:
1. objetivos gerais de etapa;
2. objetivos gerais de área;
3. objetivos gerais de ciclo;
4. conteúdos de aprendizagem;
5. justificativa da metodologia proposta;
6. proposta das unidades didáticas;
7. para cada unidade didática ou grupo de conteúdos:
   – atividades para a exploração dos conhecimentos prévios dos alunos sobre os conteúdos a serem trabalhados;
   – explicação e justificação das atividades que se propõem para cada atividade, orientações concretas, organização grupal, uso do tempo, recursos, etc.;
   – atividades de reforço e complementares;
   – critérios e atividades para a avaliação formativa e somativa;
   – critérios e propostas de adaptações curriculares.

Materiais para a busca de informação

Em qualquer processo de ensino/aprendizagem, é básica a transmissão de informação para ser elaborada por parte do aluno. Por isso é conveniente contar com materiais distintos que, desde abordagens e pontos de vista distintos, permitam cumprir as diferentes fases do desenvolvimento das unidades didáticas e atender às demandas específicas de cada uma das fases que as compõem. Tanto a motivação como a pesquisa bibliográfica, a comparação de opiniões, a definição de conclusões, a generalização, a memorização, etc.

Os defeitos mais comuns dos materiais informativos são seu caráter dogmático e a adaptação no desenvolvimento do tema às características do receptor, seja pela limitação na abordagem, seja pela forma (discurso e linguagem). No espaço limitado de um livro é difícil tratar convenientemente todos os temas a partir de diferentes pontos de vista e com o desenvolvimento necessário para a complexidade de cada um deles. Esta constatação implica a necessidade de dispor de recursos que complementem e supram as limitações de um texto único. Para tal, é conveniente dispor de materiais variados, que tratem em profundidade diferentes temas e que respondam a enfoques interpretativos distintos. Sua existência não significa necessariamente a eliminação de livros individuais que satisfaçam muitas das funções relacionadas com a consulta e a busca de informação no desenvolvimento de unidades didáticas. Assim, poderemos distinguir dois tipos de materiais, segundo sejam de propriedade e uso individual ou de utilização coletiva.

Livro de consulta para o aluno

Sua função primordial, tal como apontamos anteriormente, é de consulta. Em outras palavras, está concebido como subsídio para o desenvolvimento de unidades didáticas. Estes livros têm que tratar, de maneira expositiva, basicamente conteúdos que se referem a fatos, conceitos, princípios e procedimentos. As exposições têm que deixar transparecer os valores e as atitudes propostos. Dado o enfoque global dos níveis em que se estruturou o ensino, é conveniente que incluam todos os conteúdos do nível, seja área por área ou com um enfoque globalizador ou interdisciplinar das etapas deste período escolar.

A diferença fundamental com os livros didáticos atuais é que sua função única ou básica é informativa. É um instrumento para consultar ou utilizar quando seja necessário durante o desenvolvimento de uma unidade didática elaborada pelo professor ou pela professora. Em nenhum momento estes livros pretendem oferecer uma seqüência de aprendizagem; portanto, não é conveniente que incluam atividades nem exercícios. A estrutura do livro não tem que estar configurada por lições nem unidades didáticas, já que isso implicaria a possibilidade de reduzir os conteúdos aos aspectos conceituais e a atividade educativa a uma simples tarefa informativa. A organização do livro deve ser

basicamente temática e deve permitir diversos graus de leitura. O texto escrito, com as ilustrações necessárias, pode oferecer:
- Discursos motivadores sobre temas interessantes, que dêem lugar a uma série de questões e perguntas que promovam a ação do aluno para buscar respostas ou soluções para os problemas colocados.
- Descrições completas, com abundantes exemplos e ilustrações, que, sob diferentes pontos de vista, exponham acontecimentos e técnicas, ou ajudem a compreender fenômenos, situações ou estratégias.
- Listagens ordenadas, extensas ou resumidas, classificações de objetos, fatos, acontecimentos, etc., segundo vários critérios.
- Sínteses, resumos, definições claras e compreensíveis, especialmente adequadas para as idades a que se dirigem.

Materiais para a biblioteca da aula

Como expusemos anteriormente, os livros de uso coletivo para a biblioteca de aula cumprem duas funções fundamentais. Por um lado, possibilitar a comparação sobre um mesmo tema, já que se pressupõe que na aula haverá diversos livros sobre um mesmo tema, a partir de diferentes pontos de vista ou interpretações. Por outro, apresentar ao aluno uma informação convenientemente desenvolvida, sem as limitações físicas do livro individual. Portanto, os livros da biblioteca de aula serão basicamente monografias, convenientemente ilustradas, que desenvolverão todos os temas do currículo, levando em conta todos os níveis e todas as áreas e tratando-os com distintos graus de extensão e profundidade.

Materiais seqüenciados e progressivos para o tratamento de conteúdos procedimentais

Quando numa unidade didática trabalhamos conjuntamente os diversos tipos de conteúdos é relativamente fácil estabelecer distintos graus de aprendizagem para os conteúdos conceituais – é possível que todos os alunos elaborem ao mesmo tempo e individualmente um mesmo conceito, mas com uma forma e um grau de profundidade diferentes. Agora, esta tarefa não é tão fácil quando os conteúdos são os procedimentais, dada a dificuldade de oferecer, ao mesmo tempo, atividades adequadas para os distintos níveis de domínio ou uso que se apresentam na classe. Como vimos, o domínio do uso destes conteúdos, quer dizer, a capacidade de utilizá-los de forma adequada diante de situações e problemas diferentes, importará a realização de múltiplas atividades, não-limitadas temporalmente a uma única unidade didática. Será necessário um trabalho ordenado da menor à maior dificuldade e convenientemente seqüenciado, que superará amplamente o marco estrito de uma unidade didática. Neste caso, a variável temporal é extremamente importante e, portanto, a relação entre o grau de aprendizagem e a diversidade dos alunos implicará observar os diversos ritmos de aprendizagem. Numa mesma unidade será difícil respeitar os distintos ritmos de aprendizagem.

Assim, quando realizamos atividades que têm como finalidade básica a conceitualização, é possível realizar, ao mesmo tempo, intervenções específicas que observem a diversidade. Por exemplo, estabelecendo diferentes níveis de profundidade nos diálogos com os alunos, sem romper a dinâmica da aula. Pelo contrário, se queremos trabalhar o uso da medida, será imprescindível que cada aluno faça exercícios segundo seu grau de domínio do procedimento. O mesmo exercício não serve para todos: deverá se apresentar para cada um os exercícios mais apropriados; exercícios que deverão estar seqüenciados de forma adequada, segundo seu nível de dificuldade. Portanto, convirá que o professor disponha daqueles materiais que apresentem ao aluno exercícios seqüenciados, que cumpram os requisitos de ordem e progressão. Materiais que podem ser descartáveis e, se for possível, que permitam autocorreção.

Exatamente como mencionamos antes, as características deste tipo de materiais, que na maioria dos casos implicam a repetição de ações, comportam o risco da mecanização. Portanto, é indispensável que estes materiais sejam incluídos em atividades contextualizadas e que fomentem a compreensão e a reflexão sobre o porquê do procedimento e de cada uma das ações que o compõem.

Propostas de unidades didáticas

Um projeto que leve em conta os materiais anteriores, livros de consulta individuais e coletivos, materiais de exercitação seqüenciados e os guias didáticos correspondentes, pode ser suficiente para que o professor construa suas próprias unidades didáticas. Agora, dada a longa tradição de um uso determinado dos livros didáticos, certamente será necessário e conveniente dispor de materiais que desenvolvam unidades didáticas completas, que ofereçam referências concretas de intervenção pedagógica e que desenvolvam, de uma maneira sistemática, todos os conteúdos previstos para uma área e uma etapa concretas. Apesar de aceitar que as unidades didáticas padronizadas, pelo simples fato de estarem descontextualizadas, não respondem às demandas específicas dos diversos grupos/classes aos quais podem se dirigir, se os materiais são utilizados como exemplos ou como instrumentos para ser adaptados e se, portanto, possibilitam as mudanças nas atividades que propõem e em seus enfoques, podem representar alguns meios perfeitos de ajuda para o professorado. Podemos constatar que este tipo de materiais tem sido o meio utilizado com mais freqüência por muitos professores nas mudanças e na melhoria de suas estratégias de intervenção pedagógica.

Assim, pois, os materiais que contemplem propostas de unidades didáticas e que cumpram os requisitos de flexibilidade e adaptação, que permitam um uso individualizado por parte do aluno e que preferivelmente sejam descartáveis, formariam, juntamente com os anteriores, os componentes básicos de um projeto global.

Conclusões

Neste capítulo, vimos como seguidamente as opiniões que os materiais curriculares nos inspiram estão muito condicionadas pela opinião sobre aqueles que mais conhecemos.

De nenhum modo os materiais curriculares podem substituir a atividade construtiva do professor, nem a dos alunos, na aquisição das aprendizagens. Mas é um recurso importantíssimo que, bem utilizado, não apenas potencializa este processo como oferece idéias, propostas e sugestões que enriquecem o trabalho profissional. Uma tarefa básica de toda equipe docente deveria consistir em estar a par de todo tipo de materiais úteis para a função educativa e em construir critérios básicos de análise que permitam adotar decisões fundamentais a respeito da seleção, do uso, da avaliação e da atualização constante deste tipo de materiais.

REFERÊNCIAS BIBLIOGRÁFICAS

APPLE, M. (1989): *Maestros y textos. Una economía política de las relaciones de clase y de sexo en educación*. Barcelona. Paidos/MEC.
BARTOLOMÉ, A. R. (1989): *Nuevas tecnologías y enseñanza*. Barcelona. ICE UB/Graó (MIE, 1).
BINI, G. e outros (1977): *Los libros de texto en la América Latina*. México, Nueva Imagen.
BLANCO, N. (1994): "Materiales curriculares: los libros de texto" em: ANGULO, J. F., BLANCO, N.: *Teoría y desarrollo del currículum*. Archildona. Aljibe.
Cómo elegir materiales curriculares" (1992) em: *Cuadernos de Pedagogía*, 203. Monografía.
DEL CARMEN, L. (1993): *La planificació de cicle i curs*. Barcelona. ICE UB/Graó (MIE-Materials curriculars, 4).
FREINET, C. (1974): *Los planes de trabajo*. Barcelona. Laia.

FREINET, C. (1980): *Técnicas Freinet de la escuela moderna*. Madri. Siglo XXI.
GIMENO, J. (1986): *Teoría de la enseñanza y desarrollo del currículo*. Madri. Anaya.
MARTÍNEZ BONAFÉ, J. (1991): "El cambio profesional mediante los materiales" em: *Cuadernos de Pedagogía*, 189, pp. 61-61(??).
MARTÍNEZ BONAFÉ, J. (1992): "¿Cómo analizar los materiales?" em: *Cuadernos de Pedagogía*, 203, pp. 14-18.
"Materials per a la Reforma" (1991) em: *Guix*, 165-166. Monografía.
ROSZAK, TH. (1988): *El culto a la información. El folclore de los ordenadores y el verdadero arte de pensar*. Barcelona. Crítica.
SELANDER, S. (1990): "Análisis de textos pedagógicos. Hacia un nuevo enfoque de la investigación educativa" em: *Revista de Educación*, 293, pp. 345-354.
ZABALA, A. (1990): "Materiales curriculares" em: T. MAUTI, I. SOLÉ, L. del CARMEN e A. ZABALA: *El currículum en el centro educativo*. Barcelona ICE/UB Horsori, pp. 52-90.

8
A avaliação

POR QUE SE DEVE AVALIAR? ESCLARECIMENTOS PRÉVIOS SOBRE A AVALIAÇÃO

Habitualmente, quando se fala de avaliação se pensa, de forma prioritária ou mesmo exclusiva, nos resultados obtidos pelos alunos. Hoje em dia, este continua sendo o principal alvo de qualquer aproximação ao fato avaliador. Os professores, as administrações, os pais e os próprios alunos se referem à avaliação como o instrumento ou processo para avaliar o grau de alcance, de cada menino e menina, em relação a determinados objetivos previstos nos diversos níveis escolares. Basicamente, a avaliação é considerada como um instrumento sancionador e qualificador, em que o sujeito da avaliação é o aluno e somente o aluno, e o objeto da avaliação são as aprendizagens realizadas segundo certos objetivos mínimos para todos.

Mesmo assim, já faz muito tempo que, a partir da literatura pedagógica, as declarações de princípios das reformas educacionais empreendidas em diferentes países e grupos de educadores mais inquietos se propõem formas de entender a avaliação que não se limitam à valoração dos resultados obtidos pelos alunos. O processo seguido pelos meninos e meninas, o progresso pessoal, o processo coletivo de ensino/aprendizagem, etc., aparecem como elementos ou dimensões da avaliação. Deste modo, é possível encontrar definições de avaliação bastante diferentes e, em muitos casos, bastante ambíguas, cujos sujeitos e objetos de estudo aparecem de maneira confusa e indeterminada. Em alguns casos o sujeito da avaliação é o aluno, em outros é o grupo/classe, ou inclusive o professor ou professora, ou a equipe docente. Quanto ao objeto da avaliação, às vezes é o processo de aprendizagem seguido pelo aluno ou os resultados obtidos, enquanto que outras vezes se desloca para a própria intervenção do professor.

Para esclarecer o alcance das diferentes definições pode ser útil fazer um quadro de dupla entrada que contenha, por um lado e de modo separado, o processo de ensino/aprendizagem individual que segue cada aluno e, por outro lado e para cada um deles, os possíveis objetos e sujeitos da avaliação.

No Quadro 8.1 podemos ver que toda intervenção educativa na aula se articula em torno de alguns processos de ensino/aprendizagem que podem ser analisados desde diferentes pontos de vista. Examinemos, em primeiro lugar, o processo que cada aluno segue. Neste caso pode se distinguir entre a maneira como o menino ou menina está apreendendo e o que faz o professor/a para que aprenda, quer dizer, o processo de ensino. Apesar de que ensino e aprendizagem se encontram estreitamente ligados e fazem parte de uma mesma unidade dentro da aula, podemos distinguir claramente dois processos avaliáveis: como o aluno aprende e como o professor ou professora ensina. Portanto, temos dois sujeitos da avaliação, o que poderíamos denominar uma dupla dimensão, aplicável também ao processo que todo o grupo/classe segue.

Quadro 8.1

PROCESSO INDIVIDUAL	Sujeito	Aluno/a	Professor/a
ENSINO/APRENDIZAGEM	Objeto	Processo aprendizagem	Processo ensino
PROCESSO GRUPAL	Sujeito	Grupo/classe	Equipe docente
ENSINO/APRENDIZAGEM	Objeto	Processo aprendizagem	Processo ensino

No entanto, as definições mais habituais da avaliação remetem a um todo indiferenciado, que inclui processos individuais e grupais, o aluno ou a aluna e os professores. Este ponto de vista é plenamente justificável, já que os processos que têm lugar na aula são processos globais em que é difícil, e certamente desnecessário, separar claramente os diferentes elementos que os compõem. Nossa tradição avaliadora tem se centrado exclusivamente nos resultados obtidos pelos alunos. Assim, é conveniente dar-se conta de que ao falar de avaliação na aula pode se aludir particularmente a algum dos componentes do processo de ensino/aprendizagem, como também a todo o processo em sua globalidade.

Talvez a pergunta que nos permita esclarecer em cada momento qual deve ser o objeto e o sujeito da avaliação seja aquela que corresponde aos próprios fins do ensino: por que temos que avaliar? Certamente, a partir da resposta a esta pergunta surgirão outras, por exemplo, o que se tem que avaliar, a quem se tem que avaliar, como se deve avaliar, como temos que comunicar o conhecimento obtido através da avaliação, etc.

Neste capítulo, formularemos estas questões e tentaremos encontrar respostas. Posto que se trata de um tema polêmico, que pode ser enfocado de diferentes perspectivas, não pretendemos trazer soluções definitivas mas sim coerentes com os marcos de referência que formos adotando.

QUEM E O QUE SE DEVE AVALIAR?
OS SUJEITOS E OS OBJETOS DA AVALIAÇÃO

Como em outras variáveis do ensino, e como já dissemos reiteradamente em outros itens deste livro, muitos dos problemas de compreensão do que acontece nas escolas não se devem tanto às dificuldades reais. Devem-se mais aos hábitos e costumes acumulados de uma tradição escolar, cuja função básica foi seletiva e propedêutica. Numa concepção do ensino centrado na seleção dos alunos mais preparados para continuar a escolarização até os estudos universitários, é lógico que o sujeito de avaliação seja o aluno e que se considerem objeto da avaliação as aprendizagens alcançadas em relação às necessidades futuras que foram estabelecidas – as universitárias. Desta forma se dá prioridade a uma clara função sancionadora: qualificar e sancionar desde pequenos aqueles que podem triunfar nesta carreira até a universidade.

No entanto, podemos entender que a função social do ensino não consiste apenas em promover e selecionar os "mais aptos" para a universidade, mas que abarca outras dimensões da personalidade. Quando a formação integral é a finalidade principal do ensino e, portanto, seu objetivo é o desenvolvimento de todas as capacidades da pessoa e não apenas as cognitivas, muitos dos pressupostos da avaliação mudam. Em primeiro lugar, e isto é muito importante, os conteúdos de aprendizagem a serem avaliados não serão unicamente conteúdos associados às necessidades do caminho para a universidade. Será necessário, também, levar em consideração os conteúdos conceituais, procedimentais e atitudinais que promovam as capacidades motoras, de equilíbrio e de autonomia pessoal, de relação interpessoal e de inserção social. Uma opção desta natureza implica uma mudança radical na maneira de conceber a avaliação, posto que o ponto de vista já não é seletivo, já não consiste em ir separando os que não podem superar distintos obstáculos, mas em oferecer a cada um dos meninos e meninas a oportunidade de desenvolver, no maior grau possível, todas suas capacidades. O objetivo do ensino não centra sua atenção em certos parâmetros finalistas para todos, mas nas possibilidades pessoais de cada um dos alunos.

O problema não está em como conseguir que o máximo de meninos e meninas tenham acesso à universidade, mas em como conseguir desenvolver ao máximo todas as suas capacidades, e entre elas, evidentemente, aquelas necessárias para chegar a serem bons profissionais. Tudo isto envolve mudanças substanciais nos conteúdos da avaliação e no caráter e na forma das informações que devem se proporcionar sobre o conhecimento que se tem das aprendizagens realizadas, considerando as capacidades previstas. Por enquanto, digamos unicamente que se trata de informações complexas, que não combinam com um tratamento estritamente quantitativo; se referem a valorações e indicadores personalizados que raramente podem se traduzir em notas e qualificações clássicas.

AVALIAÇÃO FORMATIVA: INICIAL, REGULADORA, FINAL INTEGRADORA

A tomada de posição em relação às finalidades do ensino, relacionada a um modelo centrado na formação integral da pessoa, implica mudanças fundamentais, especialmente nos conteúdos e no sentido da avaliação. Além do mais, quando na análise da avaliação introduzimos a concepção construtivista do ensino e a aprendizagem como referencial psicopedagógico, o objeto da avaliação deixa de se centrar exclusivamente nos resultados obtidos e se situa prioritariamente no processo de ensino/aprendizagem, tanto do grupo/classe como de cada um dos alunos. Por outro lado, o sujeito da avaliação não apenas se centra no aluno, como também na equipe que intervém no processo.

Como pudemos observar, procedemos de uma tradição educacional prioritariamente uniformizadora, que parte do princípio de que as diferenças entre os alunos das mesmas idades não são motivo suficiente para mudar as formas de ensino, mas que constituem uma evidência que valida a função seletiva do sistema e, portanto, sua capacidade para escolher os melhores. A uniformidade é um valor de qualidade do sistema, já que é o que permite reconhecer e validar os que servem. Quer dizer, são bons alunos aqueles que se adaptam a um ensino igual para todos; não é o ensino quem deve se adaptar às diferenças dos alunos.

O conhecimento que temos sobre como se produzem as aprendizagens revela a extraordinária singularidade destes processos, de tal maneira que cada vez é mais difícil estabelecer propostas universais que vão além da constatação destas diferenças e singularidades. O fato de que as experiências vividas constituam o valor básico de qualquer aprendizagem obriga a levar em conta a diversidade dos processos de aprendizagem e, portanto, a necessidade de que os processos de ensino, e especialmente os avaliadores, não apenas os observem, como os tomem como eixo vertebrador (Quadro 8.2).

Quadro 8.2

Função social e aprendizagem	Objeto	Sujeito	Referencial	Avaliação	Informe
Seletiva e propedêutica Uniformizador e transmissor	Resultados	Alunos	Disciplinas	Sanção	Quantitativo
Formação integral At. diversidade construtivo	Processo	Alunos/ professores	Capacidades	Ajuda	Descritivo/ interpretativo

Sob uma perspectiva uniformizadora e seletiva, o que interessa são determinados resultados em conformidade com certos níveis predeterminados. Quando o ponto de partida é a singularidade de cada aluno, é impossível estabelecer níveis universais. Aceitamos que cada aluno chega à escola com uma bagagem determinada e diferente em relação às experiências vividas, conforme o ambiente sócio-cultural e familiar em que vive, e condicionado por suas características pessoais. Esta diversidade óbvia implica a relativização de duas das invariáveis das propostas uniformizadoras – os objetivos e os conteúdos e a forma de ensinar – e a exigência de serem tratadas em função da diversidade dos alunos. Portanto, a primeira necessidade do educador é responder às perguntas: que sabem os alunos em relação ao que quero ensinar? Que experiências tiveram? O que são capazes de aprender? Quais são seus interesses? Quais são seus estilos de aprendizagem? Neste marco a avaliação já não pode ser estática, de análise de resultado, porque se torna um processo. E uma das primeiras fases do processo consiste em conhecer o que cada um dos alunos sabe, sabe fazer e é, e o que pode chegar a saber, saber fazer ou ser, e como aprendê-lo. A avaliação é um processo em que sua primeira fase se denomina *avaliação inicial*.

O conhecimento do que cada aluno sabe, sabe fazer e como é, é o ponto de partida que deve nos permitir, em relação aos objetivos e conteúdos de aprendizagem previstos, estabelecer o tipo de atividades e tarefas que têm que favorecer a aprendizagem de cada menino e menina. Assim, pois, nos proporciona referências para definir uma proposta hipotética de intervenção, a organização de uma série de atividades de aprendizagem que, dada nossa experiência e nosso conhecimento pessoais, supomos que possibilitará o progresso dos alunos. Mas não é mais do que uma hipótese de trabalho, já que dificilmente a resposta a nossas propostas será sempre a mesma, nem a que nós esperamos. A complexidade do fato educacional impede dar, como respostas definitivas, soluções que tiveram bom resultado anteriormente. Não apenas os alunos são diferentes em cada ocasião, como as experiências educacionais também são diferentes e não se repetem. Isto supõe que, no processo de aplicação, em aula, do plano de intervenção previsto, será necessário adequar às necessidades de cada aluno as diferentes variáveis educativas: as tarefas e as atividades, seu conteúdo, as formas de agrupamento, os tempos, etc. Conforme se desenvolva o plano previsto e conforme a resposta dos meninos e meninas a nossas propostas, haverá que ir introduzindo atividades novas que comportem desafios mais adequados e ajudas mais contingentes. O conhecimento de como cada aluno aprende ao longo do processo de ensino/aprendizagem, para se adaptar às novas necessidades que se colocam, é o que podemos denominar *avaliação reguladora*.

Alguns educadores, e o próprio vocabulário da Reforma, utilizam o termo de avaliação formativa. Pessoalmente, para designar este processo prefiro usar o termo *avaliação reguladora*, já que explica melhor as características de adaptação e adequação. Ao mesmo tempo, esta opção permite reservar o termo formativo para uma determinada concepção da avaliação em geral, entendida como aquela que tem como propósito a modificação e a melhora contínua do aluno que se avalia; quer dizer, que entende que a finalidade da avaliação é ser um instrumento educativo que informa e faz uma valoração do processo de aprendizagem seguido pelo aluno, com o objetivo de lhe oportunizar, em todo momento, as propostas educacionais mais adequadas.

O conjunto de atividades de ensino/aprendizagem realizadas permitiu que cada aluno atingisse os objetivos previstos num determinado grau. A fim de validar as atividades realizadas, conhecer a situação de cada aluno e poder tomar as medidas educativas pertinentes, haverá que sistematizar o conhecimento do progresso seguido. Isto requer, por um lado, apurar os resultados obtidos – quer dizer, as competências conseguidas em relação aos objetivos previstos – e, por outro, analisar o processo e a progressão que cada aluno seguiu, a fim de continuar sua formação levando em conta a suas características específicas.

Seguidamente o conhecimento dos resultados obtidos é designado com o termo avaliação final ou avaliação somativa. Pessoalmente, acho que a utilização conjunta dos dois termos é ambígua e não ajuda a identificar ou diferenciar estas duas necessidades: o conhecimento do resultado obtido e a análise do processo que o aluno seguiu. Prefiro utilizar o termo *avaliação final* para me referir aos resultados obtidos e aos conhecimentos adquiridos, e reservar o termo *avaliação somativa* ou *integradora* para o conhecimento e a avaliação de todo o percurso do aluno. Assim, esta avaliação somativa ou integradora é entendida como um informe global do processo que, a partir do conhecimento inicial (avaliação inicial), manifesta a trajetória seguida pelo aluno, as medidas específicas que foram tomadas, o resultado final de todo o processo e, especialmente, a partir deste conhecimento, as previsões sobre o que é necessário continuar fazendo ou o que é necessário fazer de novo.

No Quadro 8.1, no começo deste tópico, situamos os quatro possíveis objetos da avaliação (processo de aprendizagem individual, aprendizagem do grupo, ensino individual e ensino do grupo) e os quatro sujeitos da avaliação (o aluno/a, o grupo/classe, o professor/a e a equipe docente). Na descrição que fizemos das diferentes fases da avaliação (inicial, reguladora ou formativa, final e integradora), os diferentes objetos e sujeitos se confundem, já que não fica muito claro, desde o princípio, qual é a intencionalidade da avaliação.

Por que avaliar? O aperfeiçoamento da prática educativa é o objetivo básico de todo educador. E se entende este aperfeiçoamento como meio para que todos os alunos consigam o maior grau de competências, conforme suas possibilidades reais. O alcance dos objetivos por parte de cada aluno é um alvo que exige conhecer os resultados e os processos de aprendizagem que os alunos seguem. E para melhorar a qualidade do ensino é preciso conhecer e poder avaliar a intervenção pedagógica dos professores, de forma que a ação avaliadora observe simultaneamente os processos individuais e os grupais. Referimo-nos tanto aos processos de aprendizagem como aos de ensino, já que, desde uma perspectiva profissional, o conhecimento de como os meninos e meninas aprendem é, em primeiro lugar, um meio para ajudá-los em seu crescimento e, em segundo lugar, é o instrumento que tem que nos permitir melhorar nossa atuação na aula.

ESQUEMA DE AVALIAÇÃO FORMATIVA

Avaliação inicial, planejamento, adequação do plano (avaliação reguladora), avaliação final, avaliação integradora.

A partir de uma opção que contempla como finalidade fundamental do ensino a formação integral da pessoa, e conforme uma concepção construtivista, a avaliação sempre tem que ser formativa, de maneira que o processo avaliador, independentemente de seu objeto de estudo, tem que observar as diferentes fases de uma intervenção que deverá ser estratégica. Quer dizer, que permita conhecer qual é a situação de partida, em função de determinados objetivos gerais bem definidos (avaliação inicial); um planejamento da intervenção fundamentado e, ao mesmo tempo, flexível, entendido como uma hipótese de intervenção; uma atuação na aula, em que as atividades e tarefas e os próprios conteúdos de trabalho se adequarão constantemente (avaliação reguladora) às necessidades que vão se apresentando para chegar a determinados resultados (avaliação final) e a uma compreensão e valoração sobre o processo seguido, que permita estabelecer novas propostas de intervenção (avaliação integradora).

CONTEÚDOS DA AVALIAÇÃO: AVALIAÇÃO DOS CONTEÚDOS CONFORME SUA TIPOLOGIA

Como já comentamos, as capacidades definidas nos objetivos educativos são o referencial básico de todo processo de ensino e, portanto, da avaliação. Mas também é preciso ter presente que os conteúdos de aprendizagem, sobretudo no próprio processo de ensino/ aprendizagem, e concretamente em cada uma das atividades ou tarefas que o configuram, são o referencial funcional para avaliar e acompanhar os avanços dos meninos e meninas.

Como podemos saber o que os alunos sabem, dominam ou são? Ou em outras palavras, como podemos saber o grau e tipo de aprendizagem que os alunos têm em relação aos conteúdos conceituais, procedimentais e atitudinais? Podemos nos fazer esta pergunta em qualquer das diferentes fases do processo de avaliação.

Uma escola centrada quase que exclusivamente nos conteúdos conceituais, especialmente os factuais, de conhecimento enciclopédico, limita os instrumentos avaliativos habitualmente utilizados às provas de papel e lápis. Esta forma de conhecer os resultados obtidos pode ser bastante adequada no caso dos conteúdos factuais, mas não é tanto quando se trata de conteúdos conceituais ou procedimentais. E podemos afirmar que não o é, em absoluto, quando os conteúdos a serem avaliados são de caráter atitudinal.

Avaliação dos conteúdos factuais

Quando consideramos que um aluno tem que conhecer um fato, o nome da capital da Itália, a descrição de um acontecimento ou a relação das obras mais importantes de Emilia Pardo Bazan, o que pretendemos é que saiba nos dizer com a máxima fidelidade o nome da capital, o acontecimento ou os títulos das obras. É evidente que queremos que este conhecimento seja significativo, que não seja uma simples verbalização mecânica e, portanto, que a enumeração dos fatos não implique um desconhecimento dos conceitos associados a cada um deles. Queremos que Roma seja muito mais do que um nome, que o aluno entenda o que quer dizer ser a capital de um país, neste caso da Itália, e que tenha uma representação geográfica onde possa situá-la. Queremos que o acontecimento histórico memorizado seja algo mais do que uma série de dados desconexos; que juntamente com a relação das obras de Pardo Bazan tenha lugar uma interpretação do que representam. Uma aprendizagem significativa de fatos envolve sempre a associação dos fatos aos conceitos que permitem transformar este conhecimento em instrumento para a concepção e interpretação das situações ou fenômenos que explicam.

Uma vez aceita e entendida a necessidade de que a aprendizagem de fatos implique o conhecimento e a compreensão dos conceitos (conceitos de capital, país, processos históricos, características literárias...), dos quais cada um dos fatos é um elemento singular, queremos que estes fatos sejam lembrados e possam ser utilizados com fluência quando convenha. Assim, pois, se aceitamos esta relação necessária entre os fatos e os conceitos, perceberemos que é necessário que as atividades para dominar estes conteúdos factuais contemplem a utilização conjunta de fatos e conceitos. Na escola, em muitas ocasiões, temos a necessidade de saber se os meninos e meninas são capazes de lembrar alguns dados, os nomes de alguns personagens, os títulos de algumas obras, etc., independentemente dos conceitos associados, porque já sabemos que os entenderam. Sabemos muito bem que os alunos entendem o que é um quadro, uma igreja ou qualquer outra obra romântica, que compreendem o que é uma conquista, uma colonização, uma guerra, etc., ou que entendem as características gerais e particulares de um autor e a corrente artística a que pertence. O que nos interessa saber, neste momento, é se são capazes de lembrar os nomes, os dados, os títulos, as datas, etc. Quando a nossa necessidade é esta, a atividade mais apropriada para avaliar o que sabem será a *simples pergunta*. A rapidez da resposta e sua certeza nos permitem conhecer suficientemente o grau de competência do aluno e, o que é mais importante, identificar o tipo de ajuda ou medida que haverá que propor para contribuir para o progresso do aluno.

Se o número de alunos ou a dinâmica e o ritmo do grupo/classe não permitem fazer as perguntas de modo individual, uma *prova escrita simples*, que proponha resposta a uma série de perguntas, pode ser extremamente eficaz para estabelecer com grande certeza o grau de conhecimento dos conteúdos factuais. A fim de que este conhecimento seja o menos rotineiro possível, é conveniente que as perguntas obriguem a alterar as seqüências em que foram enunciadas em aula, nos apontamentos ou nas fontes de informação utilizadas. As provas denominadas objetivas podem ser bastante úteis para a avaliação do domínio ou do conhecimento dos fatos, mas se as provas não são exaustivas não nos permitirão saber que tipo de ajuda necessita cada aluno. Se seu uso não tem uma função formativa ou reguladora, mas pretende sancionar alguns resultados, a falta de exaustividade deixa nas mãos da sorte, algo evidentemente injusto, algumas decisões que podem ser muito transcendentes em algumas etapas do ensino.

Avaliação de conteúdos conceituais

Se uma prova escrita, relativamente simples, é bastante eficaz para determinar o conhecimento que se tem de um fato, sua confiabilidade é muito mais precária quando o que temos que determinar e avaliar é o processo e o grau de aprendizagem dos conteúdos conceituais. Apesar de que a aprendizagem nunca é uma questão de tudo ou nada, no caso dos conteúdos factuais a distinção entre o "sabe" e o "não sabe" "pode ser" às vezes muito representativa do que acontece: lembra ou não o nome da capital da Itália, sabe ou não quando aconteceu a Revolução Francesa. Podem ser respostas de tudo ou nada. De qualquer forma, inclusive nos conteúdos factuais, nem sempre é assim, já que pode se saber mais ou menos o que aconteceu em Dois de Maio, pode se conhecer um maior ou menor número de obras de arte, ou pode se estar mais ou menos certo, etc. Quando os conteúdos de aprendizagem são conceituais, o grau de compreensão dos conceitos é em muitos casos, limitado. Sempre pode se ter um conhecimento mais profundo e elaborado dos conceitos de capital, revolução, densidade ou neoclassicismo. Dificilmente podemos dizer que a aprendizagem de um conceito está concluída. Em todo caso, o que faremos é dar por bom certo grau de conceitualização. E aqui é onde começamos a ver a dificuldade que representa avaliar a aprendizagem de conceitos. Teremos que falar de graus ou níveis de profundidade e compreensão, algo que implica a necessidade de propor atividades em que os alunos possam demonstrar que entenderam, assim como sua capacidade para utilizar convenientemente os conceitos aprendidos.

A tendência de se utilizar formas de avaliação que são bastante válidas para os conteúdos factuais deu lugar a uma mesma utilização para os conceitos. Assim, é habitual, embora cada vez menos, a proposição de provas orais ou escritas em que se tem que responder a algumas perguntas que pedem que se defina um conceito, de maneira que a resposta mais adequada é a que coincide exatamente com a definição dos apontamentos de classe ou do livro didático. O aluno responde como se estivesse enumerando as obras mais importantes de qualquer pintor ou os personagens principais de qualquer movimento literário, como se descrevesse um fato de forma mecânica. Muitos de nós aprendemos neste sistema e, portanto, somos capazes de repetir perfeitamente a definição do princípio de Arquimedes, o enunciado da lei de Gay Lussac ou a definição de ilha, sem relacionar o que dizemos com nenhuma interpretação do que acontece quando estamos imersos num líquido, nem de que relações existem entre a temperatura que faz e o que sentimos sobre a pressão atmosférica, para não dizer entre o conceito real que temos de ilha e o que pronunciamos quando a definimos.

As atividades para conhecer qual é a compreensão de um determinado conceito não podem se basear na repetição de algumas definições. Seu enunciado nos diz, unicamente, que quem as faz é capaz de lembrar com precisão a definição, mas não nos permite averiguar se foi capaz de integrar este conhecimento em suas estruturas interpretativas. Além do mais, mesmo que se pedisse que o aluno fosse capaz de definir autonomamente, sem repetir uma definição padronizada, deveríamos saber que este é um dos graus mais difíceis de conceitualização. Num trabalho culto, todos nós somos capazes de utilizar termos de grande complexidade conceitual, corretamente e em toda sua amplitude; mas se tivéssemos que defini-los, nos encontraríamos diante de um situação bastante complicada. Somos capazes de utilizar os conceitos "redondo" e "circular" com todo o rigor e escolhemos um ou outro termo segundo seu significado no contexto da frase. Assim, pois, podemos dizer que dominamos ambos os conceitos, mas imagine que complicado seria defini-los sem fazer nenhum gesto com as mãos para nos ajudar na explicação. Na vida cotidiana, inclusive nos discursos mais rigorosos, os conceitos utilizados não são definidos constantemente. Geralmente, em vez de fazer uma definição procuramos dar exemplos que ajudem a compreender o que querem dizer. A tendência de utilizar a definição dos conceitos é o resultado de uma compreensão muito simplista da aprendizagem que, de certo modo, assume que não existe nenhuma diferença entre expressão verbal e compreensão.

Quais são as atividades mais adequadas para conhecer o grau de compreensão dos conteúdos conceituais? Infelizmente, não podem ser simples. As atividades que podem garantir um melhor conhecimento do que cada aluno compreende implicam *a observação do uso de cada um dos conceitos em diversas situações* e nos casos em que o menino ou a menina os utilizam em suas *explicações espontâneas*. Assim, pois, a observação do uso dos conceitos em trabalhos de equipe, debates, exposições e sobretudo diálogos será a melhor fonte de informação do verdadeiro domínio do termo e o meio mais adequado para poder oferecer a ajuda de que cada aluno precisa. Agora, o número de alunos ou o tempo de que dispomos podem impedir que realizemos sempre atividades que facilitem a observação dos alunos em situações naturais. Isso pode nos obrigar a utilizar a prova escrita e, neste caso, é bom saber que limitações a prova tem e elaborá-la tentando superar estas deficiências. Se o que queremos da aprendizagem de conceitos é que os alunos sejam capazes de utilizá-los em qualquer momento ou situação que o requeira, teremos que propor exercícios que não consistam tanto numa explicação do que entendemos sobre os conceitos, como na *resolução de conflitos ou problemas a partir do uso dos conceitos*. Exercícios que lhes obriguem a usar o conceito. Mas no caso de que nos interesse que o aluno saiba explicar o que entende sobre, por exemplo, o princípio de Arquimedes, o processo de mitose da célula, a lei de Ohm ou as razões dos movimentos migratórios, alguns professores adotam uma opção muito simples. Esta consiste em pedir que, numa face da folha, expliquem, com suas próprias palavras, sem recorrer às que foram utilizadas em classe, e com exemplos pessoais, o que entendem ou entenderam sobre o tema e na outra, que façam o mesmo, utilizando, desta vez, os termos científicos. Desta forma poderemos determinar com mais segurança o nível de compreensão e as necessidades de aprendizagem a respeito de cada conceito, ao mesmo tempo que saberemos se os alunos são capazes de utilizar corretamente os termos científicos.

Se as denominadas provas objetivas estão bem feitas, permitirão saber se os alunos são capazes de relacionar e utilizar os conceitos em algumas situações muito determinadas. Entretanto, não contribuirão com dados suficientes sobre o grau de aprendizagem e dificuldades de compreensão que cada aluno tem, o que nos impedirá de dispor de pistas sobre o tipo de ajuda a proporcionar.

No caso de disciplinas como matemática, física, química e outras com muitos conteúdos, que giram em torno da resolução de problemas, estas provas são a forma mais apropriada para responder à necessidade de conhecer a aprendizagem dos conceitos. Mas é indispensável que os problemas que se propõem não estejam padronizados e não tratem unicamente do último tema que trabalharam. Evidentemente, os meninos e meninas tendem a fazer o mais fácil e, no caso dos problemas, isto significa dispor de pequenas estratégias que lhes permitam relacionar um problema com uma fórmula de resolução estereotipada. Deste modo, o que muitos alunos realmente aprendem é encontrar a forma de solucionar o problema antes de tentar compreender o que lhes propõe. Nas provas escritas, é conveniente propor problemas e exercícios que não correspondam ao tema que se está trabalhando. É preciso incluir problemas de temas anteriores e outros que ainda não tenham sido trabalhados. Além do mais, é preciso proporcionar mais informação do que a necessária para resolver o problema. Em primeiro lugar, porque, do contrário o aluno identificará as variáveis que existem e buscará qual é a forma que as relaciona sem fazer o esforço necessário de compreensão. Em segundo lugar, porque nas situações reais os problemas nunca aparecem identificados conforme os parâmetros disciplinares, e as variáveis necessárias para solucioná-los nunca são segmentadas. Por exemplo, quando na escola se propõem problemas sobre circuitos elétricos e o tema que se tratou é a lei de Ohm (V=IR), geralmente se propõem exercícios de aplicação da fórmula, quer dizer, se dá a voltagem (V) e a intensidade (Y) e se pede o valor da resistência (R). Em outros exercícios se modifica a demanda, mas sempre está relacionada com a aplicação da fórmula. Uma situação real nunca será como um problema da lei de Ohm, senão que nos encontraremos diante de um circuito elétrico em que intervêm muitas variáveis e o que teremos de fazer em primeiro lugar será compreender em que consiste o problema, que variáveis devemos levar em conta e quais temos que ignorar.

Avaliação de conteúdos procedimentais

Os conteúdos conceituais, tanto os fatos como os conceitos, se situam, fundamentalmente, dentro das capacidades cognitivas. Temos que verificar o que os alunos sabem sobre estes conteúdos. Portanto, as atividades para poder conhecer este saber, embora com dificuldades, como vimos, podem ser de papel e lápis já que, com maior ou menor dificuldade, e conforme a idade, é possível expressar por escrito o conhecimento que se tem. Os conteúdos procedimentais implicam saber fazer, e o conhecimento sobre o domínio deste saber fazer só pode ser verificado em situações de aplicação destes conteúdos. Para aprender um conteúdo procedimental é necessário ter uma compreensão do que representa como processo, para que serve, quais são os passos ou fases que o configuram, etc. O que define sua aprendizagem não é o conhecimento que se tem dele, mas o domínio ao transferi-lo para a prática. O conhecimento reflexivo do uso da língua é imprescindível para adquirir competências lingüísticas; o conhecimento das fases de uma pesquisa é necessário para poder se realizar uma pesquisa; a compreensão dos passos de um algoritmo matemático deve permitir um uso correto. Mas em todos estes casos o que se pede é sua capacidade de uso, a competência na ação, o saber fazer. As atividades adequadas para conhecer o grau de domínio, as dificuldades e obstáculos em sua aprendizagem só podem ser as que proponham *situações em que se utilizem* estes conteúdos procedimentais. Atividades e situações que nos permitam realizar a *observação sistemática* de cada um dos alunos. Conhecer até que ponto sabem dialogar, debater, trabalhar em equipe, fazer uma pesquisa bibliográfica, utilizar um instrumento, se orientar no espaço, etc., só é possível quando os alunos realizam atividades que implicam dialogar, debater, fazer uma pesquisa, etc.

As habituais provas de papel e lápis, no caso dos conteúdos procedimentais, só têm sentido quando se trata de procedimentos que se realizam utilizando papel, como a escrita, o desenho, a representação gráfica do espaço, os algoritmos matemáticos; ou quando são conteúdos de caráter mais cognitivo, que podem ser expressos por escrito, como a transferência, a classificação, a dedução e a inferência. Mas em outros casos, que são a maioria, só é possível avaliar o nível de competência dos alunos se os situamos frente a atividades que lhes obriguem a desenvolver o conteúdo procedimental e que sejam facilmente observáveis. Devem ser atividades abertas, feitas em aula, que permitam um trabalho de atenção por parte dos professores e a observação sistemática de como cada um dos alunos transfere o conteúdo para a prática.

Avaliação de conteúdos atitudinais

A natureza dos conteúdos atitudinais, seus componentes cognitivos, condutuais e afetivos fazem com que seja consideravelmente complexo determinar o grau de aprendizagem de cada aluno. Se no caso da avaliação das aprendizagens conceituais e procedimentais a subjetividade faz com que não seja nada fácil encontrar dois professores que façam a mesma interpretação do nível e das características da competência de cada aluno, no âmbito dos conteúdos atitudinais surge uma notável insegurança na avaliação dos processos de aprendizagem que os alunos seguem. Isso porque o pensamento de cada professor está ainda mais condicionado por posições ideológicas do que nos outros tipos de conteúdos. Ao mesmo tempo, nos encontramos diante de uma tradição escolar que tendeu formalmente a menosprezar estes conteúdos e que reduziu a avaliação a uma função sancionadora, expressada quantitativamente, fato que provocou a ilusão de se acreditar no rigor de suas afirmações porque são matematizáveis. Esta necessidade de quantificação, juntamente com a falta de experiências e trabalhos neste campo, faz com que, muitas vezes, se questione a necessidade de avaliar os conteúdos atitudinais pela impossibilidade de estabelecer avaliações tão "exatas" como no caso de outros tipos de conteúdo. Como pode se valorar a solidariedade ou atitude não-sexista? A quem podemos dar uma boa "nota" em tolerância? É evidente que sobre estas perguntas plana a visão sancionadora e classificatória da avaliação, que pode levar a posições extremas que questionem a possibilidade do trabalho sobre os conteúdos atitudinais por falta de instrumentos que permitam avaliar as aprendizagens de forma "científica". É como se no caso da medicina, por exemplo, não se levasse em conta, e portanto não serão tratados, a dor, o enjôo ou o *stress*, aduzindo que não existem instrumentos capazes de valorá-los de forma tão exata como a febre, a pressão arterial ou o número de glóbulos vermelhos presentes no sangue.

O problema da avaliação dos conteúdos atitudinais não está na dificuldade de expressão do conhecimento que os meninos e meninas têm, mas na dificuldade da aquisição deste conhecimento. Para poder saber de que os alunos realmente precisam e o que valorizam e, principalmente, quais são suas atitudes, é necessário que na classe e na escola surjam suficientes situações "conflitantes," que permitam *a observação do comportamento* de cada um dos meninos e meninas. Num modelo de intervenção em que não se observe a possibilidade do conflito, em que se evitem os problemas interpessoais, em que se limite a capacidade de atuação dos alunos, em que não haja espaços para expressar autonomamente a opinião pessoal nem se proponham atividades que obriguem a conviver em situações complexas, dificilmente será possível observar os avanços e as dificuldades de progresso de cada aluno neste terreno, assim como avaliar a necessidade de oferecer ajudas educativas.

A fonte de informação para conhecer os avanços nas aprendizagens de conteúdos atitudinais será a observação sistemática de opiniões e das atuações nas atividades grupais, nos debates das assembléias, nas manifestações dentro e fora da aula, nas visitas, passeios e excursões, na distribuição das tarefas e responsabilidades, durante o recreio, nas atividades esportivas, etc.

COMPARTILHAR OBJETIVOS, CONDIÇÃO INDISPENSÁVEL PARA UMA AVALIAÇÃO FORMATIVA

Pelo que vimos até agora, o meio mais adequado para nos informarmos do processo de aprendizagem e do grau de desenvolvimento e competência que os meninos e meninas alcançam consiste na observação sistemática de cada um deles na realização das diferentes atividades e tarefas. Também pudemos constatar que as provas escritas, como instrumentos de conhecimento, são extremamente limitadas, embora sejam adequadas quando o que se quer conhecer tem um caráter basicamente cognitivo e se têm suficientes habilidades para sabê-lo expressar por escrito: conteúdos factuais, conceituais, conteúdos procedimentais de papel e lápis, algumas estratégias cognitivas, argumentações de valores e opiniões sobre normas de comportamento. Quanto ao resto dos conteúdos, e também ao que acabamos de mencionar, a observação sistemática é o melhor instrumento, quando não o único, para a aquisição do conhecimento da aprendizagem dos alunos.

Mas para que esta observação seja possível são necessárias situações que possam ser observadas e um clima de confiança que favoreça a colaboração entre os professores e os alunos. Devemos levar em conta que se o objetivo fundamental da avaliação é *conhecer para ajudar*, a forma como tradicionalmente as provas escritas foram desenvolvidas, pelo fato de terem caráter sancionador, estabeleceu uma dinâmica que faz com que o objetivo básico do aluno não seja dar a conhecer suas deficiências para que o professor ou a professora ajudem-no, mas, ao contrário, demonstrar ou aparentar que sabe muito mais. As provas estão viciadas desde o princípio, já que se estabelecem determinadas relações entre os professores e alunos que estão tingidas de hipocrisia, quando não de inimizade. A filosofia da prova é a do engano, a do caçador e da caça e, portanto, não promove a cumplicidade necessária entre professor e aluno. Comparamos, anteriormente, a função educativa com a médica. Agora esta comparação pode nos servir de novo. Quando vamos ao médico, não tentamos lhe esconder os sintomas nem o resultado do tratamento, porque consideramos que seus objetivos são os mesmos que os nossos, que o que ele quer é nos ajudar. Infelizmente, esta não é a imagem que muitos de nossos alunos têm de nós. O peso de um ensino orientado para a seleção contribuiu para uma série de hábitos, de maneiras de fazer, que configurou a forma de atuar e pensar da maioria do professorado e, seguindo esta trajetória, o pensamento dos pais e mães e inclusive dos próprios alunos.

Dificilmente podemos conceber a avaliação como formativa se não nos desfazemos de algumas maneiras de fazer que impedem mudar as relações entre os alunos e os professores. Conseguir um clima de respeito mútuo, de colaboração, de compromisso com um objetivo comum é condição indispensável para que a atuação docente possa se adequar às necessidades de uma formação que leve em conta as possibilidades reais de cada menino e menina e o desenvolvimento de todas as capacidades. A observação da atuação dos alunos em situações o menos artificiais possível, com um clima de *cooperação e cumplicidade*, é a melhor maneira, para não dizer a única, de que dispomos para realizar uma avaliação que pretenda ser formativa.

A INFORMAÇÃO DO CONHECIMENTO DOS PROCESSOS E OS RESULTADOS DA APRENDIZAGEM

Ao longo do processo de ensino/aprendizagem fomos adquirindo um conhecimento do que acontece na aula. Se prestamos atenção, pudemos nos familiarizar com os processos que foram seguidos e os resultados obtidos em relação aos diferentes objetos e sujeitos da avaliação. Por um lado, dispomos de um acúmulo de dados e, por outro, de uma série de pessoas ou instâncias que necessitam ou querem conhecer estes dados.

Como falamos da faceta informativa da avaliação, não podemos evitar de nos colocar a seguinte pergunta:
 – Sobre o que deve se informar? Sobre resultados, processos, necessidades, limitações...

Mas também temos que nos perguntar:
 – A quem devemos informar? Ao grupo/classe, aos alunos, à família, ao grupo de professores ou à administração.

E principalmente:
 – Para que servirá esta informação? Para ajudar, sancionar, selecionar, promover...

E surge ainda outra pergunta:
 – Os informes têm que ser iguais para todos? Quer dizer, temos que informar sobre o mesmo e da mesma maneira independentemente dos destinatários desta informação e do uso que farão dela?

Estas perguntas podem parecer improcedentes se nos fixamos numa tradição escolar que as evitou porque estabeleceu um modelo extremamente simples, em que apenas se informam os resultados obtidos, e se faz da mesma forma tanto em classe, como para o aluno, para os pais ou para a administração, com uma função de seleção, fundamentalmente. A seguir tentaremos revisar as variáveis que intervêm neste processo informativo e responder a estas perguntas.

Sobre o que deve se informar?

No momento da avaliação final, especialmente quando tem implicações na promoção, é habitual que em muitas escolas se produzam discussões entre os componentes da equipe docente: deve se aprovar aqueles alunos que não alcançaram os mínimos? O que se deve fazer com os que manifestaram um grau de interesse e um esforço mínimos, apesar de terem um conhecimento bastante bom da matéria? Busca-se resolver ambos os casos subindo ou baixando a nota referente ao conhecimento adquirido, conforme o nível de envolvimento do aluno. Mas muito seguidamente esta solução é criticada por causa da subjetividade da decisão e por argumentos que racionalizam a necessidade de dar informações "rigorosas" e, portanto, ajustadas ao conhecimento real alcançado. Neste debate volta a aparecer, embora não de maneira explícita, a situação contraditória entre um pensamento seletivo e propedêutico e outro que contempla como finalidade a formação integral da pessoa.

O costume de trabalhar conforme um modelo seletivo proporcionou uma fórmula extremamente simples e ao mesmo tempo simplista. No fundo, o que tem que se fazer é ir precisando o quanto antes a capacidade de cada aluno para superar os diferentes obstáculos que encontrará no percurso até a universidade. Uma vez diagnosticadas as matérias ou disciplinas necessárias para realizar este percurso, é necessário determinar se os alunos são capazes de alcançar os mínimos para cada uma destas matérias. A informação deve ir comunicando se o aluno avança ou não neste percurso, entendendo por avançar a superação dos limites estabelecidos. A informação se resume em se o menino ou a menina supera ou não supera, aprova ou não aprova, é suficiente ou insuficiente, progride adequadamente ou necessita melhorar. Se é necessário definir um pouco mais, estabelecemos, nos níveis superiores, uma gradação que em muitos casos se expressa por eufemismos das convencionais notas de 1 a 10. Devemos ter presente que hoje em dia os referenciais de todo estudante continuam sendo o vestibular e a nota média que lhe permitirá ter acesso a uma faculdade ou outra. O peso da nota, as experiências acumuladas durante muitos anos e um uso tão fácil e socialmente bem aceito fazem com que seja extraordinariamente complicado e difícil introduzir mudanças que aparentemente são muito lógicas desde a perspectiva atual do conhecimento dos processos de aprendizagem e ensino.

Para poder resolver esta verdadeira esquizofrenia entre um pensamento centrado na formação integral da pessoa e os hábitos e os costumes de um modelo seletivo e propedêutico, acreditamos que é conveniente diferenciar claramente, em primeiro lugar, o processo sancionador ao final da escolarização obrigatória (em nosso caso, aos dezesseis anos) e todas as informações que se oferecem ao longo da escolarização.

É lógico que ao final da etapa escolar obrigatória a sociedade exija uma informação compreensível e homologável das capacidades adquiridas por cada aluno; um informe que expresse com o máximo rigor possível as competências adquiridas. E é evidente que, dadas as características diferenciais de cada aluno, os resultados obtidos não serão os mesmos para cada um deles. O sistema educacional tem a obrigação de informar os resultados obtidos, e é a sociedade quem estabelece as necessidades ou os requisitos prévios para cada uma das carreiras ou alternativas profissionais. Mas isto não implica que desde pequenos o filtro tenha que ser esta seleção profissional. Não podemos pré-julgar ou avaliar negativamente desde o começo. Devemos levar em conta que se estamos pensando em "todos" os meninos e meninas, em todos os cidadãos e cidadãs, não existe nenhum sistema que possa garantir o "melhor posto" para todos. Por sorte, nem todos podemos ou queremos ser banqueiros, engenheiros de telecomunicações, economistas ou qualquer outro profissional considerado de prestígio num determinado momento. A função da escola e da verdadeira responsabilidade profissional passam por conseguir que nossos alunos atinjam o *maior grau de competência em todas as suas capacidades*, investindo todos os esforços em *superar as deficiências* que muitos deles carregam por motivos sociais, culturais e pessoais. Uma vez alcançado este objetivo, é evidente que a sociedade fará as seleções correspondentes. O que não podemos fazer ao longo de todo o ensino obrigatório (em muitos casos desde os três anos até os dezesseis, quer dizer, durante treze anos da vida da criança) é medir ou etiquetar o aluno conforme sua capacidade de ser um "vencedor". Todos sabemos que hoje em dia ainda existem escolas, além do mais consideradas de prestígio, que realizam esta seleção aos seis anos, já que não aceitam alunos que ainda (!) não saibam ler nem escrever ou que apresentem algum tipo de "deficiência escolar".

Esta necessidade de diferenciar a função seletiva do processo seguido pelo aluno e, portanto, de informá-lo fundamentalmente sobre seu processo pessoal, não obedece a razões de "caridade" mas de eficiência. Todos aprendemos mais e melhor quando nos sentimos estimulados, quando temos um bom autoconceito, quando nos propomos metas desafiantes, mas acessíveis para nossas possibilidades, quando ainda não renunciamos a continuar aprendendo. Ao final da escolarização, sem dúvida, teremos que falar de resultados, de competências, de objetivos alcançados, mas ao longo do ensino nossa obrigação profissional consiste em incentivar, animar e potencializar a auto-estima, estimular a aprender cada dia mais. E isto não significa que devamos esconder o que cada um é capaz de fazer, já que um dos objetivos do ensino é que cada menino e menina consiga conhecer profundamente suas possibilidades e suas limitações. O que não pode é que os resultados sejam utilizados como único referencial e sob determinados parâmetros seletivos. Temos que avaliar os processos que cada aluno segue, a fim de obter o máximo rendimento de suas possibilidades. Assim, ao longo da escolarização lhe proporcionaremos as informações que, sem negar sua situação quanto a certos objetivos gerais, o ajudem a progredir.

- Ao longo das diferentes etapas do ensino obrigatório temos que *diferenciar entre o processo que cada aluno segue e os resultados* ou competências que vai adquirindo. Um dos problemas que colocávamos no começo deste tópico era a dificuldade de expressar com uma única nota ou indicação o conhecimento que temos a respeito da aprendizagem do aluno, geralmente numa disciplina. A informação de que dispomos não se refere apenas aos conhecimentos que adquiriu, como também à dedicação que despendeu e ao progresso que realizou. É evidente que dificilmente poderemos resumir numa indicação apenas, seja uma nota ou um conceito, a complexidade da informação. Por isso é imprescindível elaborar alguns registros completos que ajudem a entender o que está acontecendo a cada menino e menina, que incluam observações suficientes, com todos os dados que permitam conhecer em profundidade a complexidade dos processos que cada aluno realiza. Esquematicamente, deveríamos poder diferenciar entre o que se espera de cada aluno, o processo seguido, as dificuldades que encontrou, sua implicação na aprendizagem, os resultados obtidos e as medidas que é preciso tomar.
- Em segundo lugar, é preciso diferenciar entre o que representam os *resultados obtidos de acordo com os objetivos previstos para cada menino e menina,* conforme suas possibilidades, e o que estes resultados representam em relação aos *objetivos gerais para todo o grupo.* O conhecimento que temos sobre como se aprende nos obriga a enfocar a aprendizagem como um processo de crescimento individual, singular, em que cada aluno avança com um ritmo e um estilo diferentes. Se entendemos o ensino como um ato em que se propõem metas e ajudas personalizadas, dificilmente pode se entender uma informação que não contemple este processo pessoal ou que não relacione o processo que cada aluno segue aos

objetivos que consideramos que devem ser alcançados. Além do mais, tampouco podemos deixar de relacionar estas aprendizagens pessoais com aqueles objetivos correspondentes ao grupo/classe, conforme o que determina o projeto da escola.

- Em terceiro lugar, na análise e avaliação das aprendizagens é indispensável *diferenciar os conteúdos que são de natureza diferente* e não situá-los num mesmo indicador. Não podemos resolver a valoração de um aluno numa determina área com um único dado que se refira às aprendizagens de conteúdos conceituais, procedimentais e atitudinais ao mesmo tempo. Nenhuma afirmação sobre uma área ou uma matéria terá valor explicativo se o que indica não é suficientemente compreensível para que se possa tomar as medidas educativas pertinentes. Por exemplo, supondo que possamos considerar aproveitável a nota quantificada, se a informação acerca de um aluno nos diz que obteve um 7 num determinado tema de matemática, que interpretação podemos fazer desta nota? Obteve um 7 nos conteúdos conceituais do tema, um 7 nos procedimentais e um 7 nos atitudinais? Ou por acaso este 7 é a média proporcional? E caso se trate da média proporcional: que nota daremos ao aluno que obteve um 10 nos conteúdos conceituais, um 8 nos procedimentais e um 3 nos atitudinais? Também lhe daremos um 7? O que nos indicarão estes 7 sucessivos? Se nossa intenção é conhecer realmente para adotar as medidas educativas de que cada aluno necessita, esta informação dificilmente será útil se não especifica os resultados ou a situação concreta para cada tipo de conteúdo.
- Em quarto lugar, temos que diferenciar entre as demandas da administração e as necessidades de avaliação que temos na escola, em nossa *responsabilidade profissional*. As administrações costumam ser entidades complexas e com tendências burocratizantes. Os critérios e as formas exigidas pelos processos avaliadores devem ser, pelo que estamos vendo, eminentemente qualitativos. Por outro lado, as administrações tendem a simplificar, com argumentos seguidamente paternalistas: os educadores que temos não saberão fazê-lo, logo simplifiquemos. Além do mais, a quantificação ou a resposta em poucos pontos sempre é mais fácil de controlar e, portanto, exige um menor investimento em recursos que permitam desenvolver processos qualitativos. É preciso acrescentar também a exigência de selecionar que, gostemos ou não, a administração terá que fazer num ou noutro momento e que faz com que a filosofia da promoção para níveis superiores acabe impregnando as decisões administrativas. Um bom reflexo desta situação é a contradição entre as propostas curriculares da maioria das comunidades autônomas, por um lado, com manifestações

explícitas a favor da formação integral, da concepção construtivista do ensino e aprendizagem e, portanto, da necessidade de atender à diversidade, e, por outro, certos modelos de informes que continuam tendo como referência concepções tradicionais de informações por áreas ou matérias, com indicadores globais, onde são prioritários os resultados obtidos em vez do processo seguido. É paradoxal que num modelo que parte da atenção à diversidade, no primário, se proponha como indicadores de resultados o NM (necessita melhorar) e o PA (progride adequadamente). O que significa um NM num modelo que propõe a atenção à diversidade? O que é uma menina que, apesar de saber muito, necessita melhorar mais porque não dedica muito esforço? E um PA? Quer dizer que se trata de um menino que não sabe muito mas que está progredindo muito, conforme suas possibilidades? É evidente que estas não são as interpretações que se pretendem. No fundo, um NM é um eufemismo do reprovado ou insuficiente e um PA do aprovado ou suficiente. E se examinamos a etapa do secundário obrigatório, veremos que a proposta é a convencional, ou seja, o que se pretende é que com um único indicador por área se faça uma avaliação que não leva em conta a tão mencionada atenção à diversidade.

Como pudemos constatar, a resposta à pergunta sobre o que se tem que informar está claramente condicionada pela função social que atribuímos ao ensino e à concepção que temos da aprendizagem. Estas concepções são também as que determinam o papel que devem ter os informes segundo os destinatários da avaliação.

Informes segundo os destinatários

O costume nos faz considerar como algo normal que um mesmo informe sirva para qualquer um dos possíveis interessados na informação que decorre da avaliação. Os boletins de notas foram o instrumento único de transmissão da informação, independente dos receptores. Os possíveis interessados em conhecer a avaliação de um aluno são os professores, o próprio aluno, seus familiares, a escola e a administração. Se nos deixamos levar pelos costumes adquiridos, certamente não nos faremos a pergunta capital ao refletir sobre qual é o tipo de informe de que necessita cada um destes possíveis receptores e proporemos o mesmo para todos. O que deve ou deveria fazer cada receptor com esta informação? Qual é a função que deve ter, conforme o destinatário? A resposta a estas perguntas não apenas indicará que tipo de informe se requer, como também que conteúdos deve ter.

Como qualquer outra variável metodológica, as características da avaliação dependem das finalidades que atribuímos ao ensino. A pergunta que estamos fazendo agora logicamente dependerá destes objetivos. A opção escola seletiva e propedêutica dá como resultado uma avaliação sancionadora e um instrumento informativo único – o boletim de notas – centrado nos resultados obtidos por áreas ou matérias. A resposta a esta pergunta será substancialmente diferente quando a opção for a de uma escola que presta atenção à diversidade e que busca a formação integral da pessoa. A breve análise que propomos para cada destinatário parte desta opção.

- Nós, *professores e professoras*, temos que dispor de todos os dados que nos permitam conhecer em todo momento que atividades cada aluno necessita para sua formação. Os dados devem se referir ao *processo seguido pelo aluno*: no começo, durante e ao finalizá-lo e deverão permitir determinar que necessidades tem e, portanto, que medidas educativas temos que lhe oferecer. Esta informação necessária não apenas se refere a sua aprendizagem, como também às medidas que foram adotadas ao longo de todo o processo. Assim, pois, é preciso ter um bom registro das incidências de cada aluno em relação ao processo seguido, aos resultados obtidos e às medidas utilizadas. Portanto, este registro deve contemplar a informação de que dispomos quanto ao percurso, o grau de realização dos objetivos previstos e o grau de aprendizagem adquirido em cada conteúdo. Quer dizer, precisamos conhecer, além de como o conseguiu, a descrição do que sabe, sabe fazer e como é, para poder efetuar uma avaliação a respeito dele mesmo e outra a respeito do que consideramos como finalidades gerais do ciclo ou do curso. Enfim, uma informação que possibilite situar o aluno em relação a suas possibilidades reais e ao que poderíamos considerar a média desse curso.
- O *aluno* necessita de incentivos e estímulos. É necessário que conheça sua situação, em primeiro lugar, em relação a si mesmo e, em segundo lugar, em relação aos demais. Sem incentivos, sem estímulos e sem entusiasmo dificilmente poderá enfrentar o trabalho que lhe é proposto. Vimos e sabemos que sem uma atitude favorável em relação à aprendizagem não se avança, e esta atitude depende estreitamente da auto-estima e do autoconceito de cada aluno. É imprescindível oferecer a informação que o ajude a superar os desafios escolares. Portanto, tem que ser uma verdadeira ajuda, não unicamente uma constatação de carências que certamente o próprio aluno já conhece bastante bem. Tem que receber informação que o anime a continuar trabalhando ou a trabalhar. O recurso da provocação mediante a comparação só é útil quando as metas estão a seu alcance, além de ser uma solução

parcial que origina outros problemas. O informe tem que propor algumas metas que o aluno sabe que lhe são acessíveis, que não estejam muito distante de suas possibilidades e, sobretudo, que para superá-las possa contar com a ajuda dos professores. Tem que saber qual é o processo seguido a fim de compreender as causas dos avanços e dos tropeços. E esta é a função prioritária da informação que o aluno tem que receber ao longo de sua escolarização. Porém, isto não é o suficiente; é necessário que conheça periodicamente qual é sua situação em relação a determinados objetivos gerais de grupo, não com finalidade classificatória, mas com a intenção de conhecer suas verdadeiras forças. A avaliação deve ser efetuada em relação a si mesmo. É preciso ter presente que informar o menino ou a menina sobre suas aprendizagens é uma das atividades de ensino/aprendizagem com mais incidência formativa. Quer dizer, temos que tratá-la como uma atividade de aprendizagem e não como uma ação independente da maneira de ensinar.

- A informação que os *familiares* do aluno recebem também tem uma incidência educativa e, portanto, deverá ser tratada como tal. Conforme o uso que os pais fizerem desta informação, poderão estimular o menino ou a menina ou, pelo contrário, transformar-se num impedimento para seu progresso. A informação que têm que receber, como a do aluno, tem que se centrar, fundamentalmente, no processo que segue e nos avanços que realiza, assim como nas medidas que a família pode adotar para fomentar o trabalho que se faz na escola. A referência básica deve ser o *processo pessoal*, situado em relação a suas possibilidades, a fim de que a avaliação se centre no que pode fazer. Isto implica romper com certo tipo de informação que, pelo fato de se fixar unicamente nos resultados obtidos, faz com que às vezes se felicite quem trabalhou abaixo de suas possibilidades, estimulando-o a continuar atuando da mesma forma e, por outro lado, se castigue aquele que se esforçou muito, potencializando assim sua desmotivação. O costume tem feito com que a primeira demanda dos familiares seja comparativa, exigindo uma avaliação similar a que eles tiveram como alunos. É lógico que seja assim, é o que sempre viram e teoricamente lhes foi útil. É coerente numa lógica seletiva. Foi reprovado ou não foi reprovado? Está entre os primeiros ou os últimos? Estas são as perguntas habituais. Obviamente, não pode se esconder o conhecimento que temos do aluno nestas questões. Temos que fazer com que os familiares compreendam que nos fixarmos unicamente nesta variável não ajudará seu filho ou filha, que o que deve preocupá-los é como colocar à disposição os meios que possibilitem seu crescimento E isto só será possível se seu foco de atenção são os progressos que está fazendo em relação às

suas possibilidades. Um dos melhores meios de comunicação é a entrevista pessoal, já que permite adequar a informação às características dos familiares e priorizar convenientemente os diferentes dados transmitidos. Por outro lado, o informe escrito, embora deva ser compreensível, não pode ser uma simplificação ou banalização da riqueza de matizes e conteúdos que compreende todo o processo de ensino/aprendizagem.
- A *escola, a equipe docente*, a fim de garantir a continuidade e a coerência no percurso do aluno, tem que dispor de todos os dados necessários para este objetivo. Esta informação deverá contemplar tudo quanto possa ajudar os professores de cada série e de cada área a tomar as medidas adequadas às características pessoais de cada um de seus alunos. Deverão ser dados referentes ao *processo seguido*, aos *resultados obtidos*, às *medidas específicas utilizadas* e a qualquer incidente significativo. De certo modo, têm que ser uma síntese dos diferentes registros de cada um dos professores e professoras que o aluno teve na escola.
- Finalmente, *a administração*. É evidente que a única resposta possível neste caso é que a informaremos sobre o que nos peça. Agora, numa perspectiva de atenção à diversidade e de ensino compreensivo, que tipo de informação deveria nos pedir? Por coerência com esta opção – e ao contrário da que se propõe atualmente – a informação exigida *nunca deveria ser simples*. A administração educacional é gerida por educadores; portanto, seria lógico que a informação fosse o mais profissional possível, com critérios que permitissem a interpretação do caminho seguido pelos meninos e meninas, conforme modelos tão complexos como complexa é a tarefa educativa. É incoerente falar de atenção à diversidade, globalização, transversalidade, objetivos gerais de etapa em forma de capacidades, conteúdos conceituais, procedimentais e atitudinais, etc., se toda esta riqueza tem que ficar diluída, escondida numa nota, do tipo que for, por área ou matéria. Defendem-se certos modelos, mas o caráter seletivo aparece de maneira recorrente, embora aparentemente não se queira. O mais triste de tudo é que os modelos da administração acabam por se transformar na referência da maioria. Para os demais, estes modelos são um motivo a mais de desencanto quando se dão conta de que tudo pode ficar em palavras grandiloqüentes, quando vêem que por culpa de algumas propostas simplistas tudo se resume a boas intenções, porque, no final, os critérios de avaliação, ou o que tem que constar nos informes de avaliação, condicionará tudo quanto se faz na escola, os conteúdos de aprendizagem e a maneira de ensinar.

Fizemos um exame dos diferentes receptores possíveis do conhecimento que temos do rendimento escolar e de como o adquirimos. Mas nos esquecemos de alguém que até agora tem sido um receptor habitual. Referimo-nos aos *colegas* do mesmo grupo/classe e inclusive das outras turmas.

Sem dúvida, o peso da história e das rotinas adquiridas na tarefa docente sancionam como "normais" determinadas formas de atuar que, com um olhar novo e objetivo, nos pareceriam fora de lugar e dificilmente justificáveis. Isto acontece no caso dos procedimentos, através dos quais fica publicamente difundido o resultado das avaliações dos meninos e meninas. Talvez seja um tributo que se tenha de pagar pela longa permanência de um sistema educativo essencialmente seletivo e propedêutico, que tem como finalidade última selecionar os "melhores" alunos para levá-los à universidade (o que implica, de forma paralela, a identificação dos alunos menos capacitados e seu desvio para outras opções). Agora, em nenhum caso parece legítima a prática de tornar públicos os nomes daqueles que estão academicamente bem situados e dos que estão no fim da lista.

Optar por um modelo de educação integral, que tem como principal objetivo ajudar todos os alunos a crescer e formá-los nas diversas capacidades, sem deixar de atender os que têm menos possibilidades, obriga a modificar muitos dos costumes e das rotinas que herdamos de um ensino de caráter seletivo. No âmbito da avaliação e da comunicação dos resultados, não devemos perder de vista que os professores têm acesso, graças a seu conhecimento profissional, a aspectos da personalidade dos alunos que temos que considerar estritamente íntimos. Este conhecimento tem que ser utilizado unicamente para contribuir para o progresso tanto do aluno como do professor: aos professores, para que possam adaptar o ensino às necessidades do aluno e para que valorizem seu esforço; ao do aluno, para que se conscientize de sua situação e analise seus progressos, seus retrocessos e seu envolvimento pessoal.

Por tudo isso, a informação e o conhecimento têm que permanecer na *privacidade do aluno e de seu professor* em virtude do contrato que os vincula ao longo de uma série escolar. Não é justo nem útil que se proclamem aos quatro ventos de maneira indiscriminada. E não é útil porque devemos duvidar do hipotético efeito estimulante de uma atuação que, pelo contrário, tem muitas possibilidades de ser prejudicial para os meninos e meninas quanto tem conotações negativas.

Assim, pois, convém entender que todo o processo de ensino/aprendizagem tem alguma coisa, para não dizer muito, de relação pessoal. E todas as relações têm uma dimensão pública, uma dimensão privada e uma dimensão íntima. Temos que analisar se os sistemas tradicionais de comunicar os resultados das avaliações, assim como a divulgação inadequada, se situam na dimensão eticamente correspondente. Amparar-se no pseudo-argumento que afirma que se fez assim toda a vida não é mais do que constatar que se atuou basicamente por inércia.

Conclusões

Apesar de que se disse muitas vezes, convém não perder de vista que, dado que a avaliação é um elemento-chave de todo o processo de ensinar e aprender, sua função se encontra estreitamente ligada à função que se atribui a todo o processo. Neste sentido, suas possibilidades e potencialidades se vinculam à forma que as próprias situações didáticas adotam. Quando são homogeneizadoras, fechadas, rotineiras, a avaliação – na função formativa e reguladora que temos atribuído a ela – tem pouca margem para se transformar num fato habitual e cotidiano. Contrariamente, as propostas abertas, que favoreçam a participação dos alunos e a possibilidade de observar, por parte dos professores, oferecem a oportunidade para uma avaliação que ajude a acompanhar todo o processo e, portanto, a assegurar sua idoneidade. Também são estas situações que dão margem à auto-avaliação.

Agora, é preciso lembrar que avaliar, e avaliar de uma determinada maneira – diversificada tanto em relação aos objetos como aos sujeitos da avaliação, e com o objetivo de tomar decisões de diferente caráter – não é, exclusivamente, uma questão de oportunidade.

À presença de determinadas opções claras, de tipo geral, sobre a função do ensino e da maneira de entender os processos de ensino/ aprendizagem, que dão um sentido ou outro à avaliação, soma-se a necessidade de objetivos ou finalidades específicos que atuam como referencial concreto da atividade avaliadora, que a faça menos arbitrária, mais justa e útil. Ao mesmo tempo, exige uma atitude observadora e indagadora por parte dos professores, que os impulsionem a analisar o que acontece e a tomar decisões para reorientar a situação, quando for necessário. Esta atitude se aprende. E também tem que se aprender a confiar nas próprias possibilidades para se levar a cabo este trabalho, a confiar na grande quantidade de dados, às vezes assistemáticos e informais, que obtemos ao longo do trabalho diário e que não têm porque ser pouco úteis embora sejam de caráter pouco "técnico".

Também devemos aprender a confiar nas possibilidades dos alunos para auto-avaliar seu processo. O melhor caminho para fazê-lo é ajudar os alunos a alcançar os critérios que lhes permitam se auto-avaliar, combinando e estabelecendo o papel que esta atividade tem na aprendizagem e nas decisões de avaliação que tomam. A auto-avaliação não pode ser um episódio nem um engano; também é um processo de aprendizagem de avaliação do próprio esforço e, portanto, é algo que convém planejar e levar a sério.

Por último, devemos ter presente que, na aula e na escola, avaliamos muito mais do que se pensa, e inclusive mais do que temos consciência. Um olhar, um gesto, uma expressão de alento ou de confiança, uma recusa, um não levar em conta o que se fez, uma manifestação de afeto...

tudo isto também funciona, para um menino ou uma menina, como um indicador de avaliação. É impossível que estes detalhes não nos escapem, mas devemos tentar ser discretos e ponderados em nossos julgamentos. Efetivamente, o tema da avaliação é complexo porque nos proporciona informação e muitas vezes questiona todo o processo de ensino/aprendizagem. Por tudo isso, temos que lidar com ele como for possível.

REFERÊNCIAS BIBLIOGRÁFICAS

ÁLVAREZ MÉNDEZ, J. M. (1994): "A evaluación del rendimiento académico de los estudiantes en el sistema educativo español" em: J. F. ANGULO, N. BLANCO: *Teoría y desarrollo del currículum.* Archidona. Aljibe.
ANGULO, J. F. e outros (1994): "Evaluación educativa y participación democrática" em: J. F. ANGULO, N. BLANCO: *Teoría y desarrollo del currículum.* Archidona. Aljibe.
BAUDELOT, CH.; ESTABLET, R. (1990): *El nivel educativo sube. Refutación de una antigua idea sobre la pretendida decadencia de nuestras escolas.* Madri. Morata.
BOLÍVAR, A. (1995): *La evaluación de valores.* Madri. Alauada/Anaya.
"Cap a una nova avaluació" (1994) em: *Perspectiva Escolar,* 183. Monografía.
COLL, C., MARTÍN, E. (1993) em: "La evaluación del aprendizaje en el currículum escolar: Una perspectiva constructitivista" em: C. COLL e outros: *El constructivismo en el aula.* Barcelona. Graó. (Biblioteca de Aula, 2), pp. 163-183.
COLL, C. e outros (1992): *Enseñanza y aprendizaje de conceptos, procedimientos y actitudes.* Madri. Aula XXI/Santillana.
FERNÁNDEZ PÉREZ, M. (1986): *Evaluación y cambio educativo: el fracaso escolar.* Madri. Morata.
FORT, R.; LÁZARO, Q. (1993): "¿Enseñas o evalúas?" em: *Aula de innovación Educativa,* 20, pp. 31-36.
GIMENO, J. (1992): "La evaluación en la enseñanza" em: J. GIMENO, A. I. LÓPEZ: *Comprender y transformar la enseñanza.* Madri. Morata.
JORBA, J.; SANMARTÍ, N. (1993): "La función pedagógica de la evaluación" em: *Aula de Innovación Educativa,* 20, pp. 20-30.
"L'avaluació" (1989) em: *Guix,* 141-142. Monografía.
"La evaluación en el proceso de enseñanza/aprendizaje" (1993) em: *Aula de Innovación Educativa,* 20. Monografía.
MIRAS, M.; SOLÉ, I. (1989): "Avaluació formativa: observar, comprendre i adaptar" em: *Guix,* 141-142, pp. 25-29.
PARCERISA, A. (1994): "Decisiones sobre evaluación" em: *Cuadernos de Pedagogía,* 233, pp. 45-49.
PERRENOUD, PH. (1990): *La construcción del éxito y del fracaso escolar. Hacia un análisis del éxito, del fracaso y de las desigualdades como realidades construidas por ele sistema escolar.* Madri. Morata/Paideia.
SANTOS GUERRA, M. A. (1994): *Entre bastidores. El lado oculto de la organización escolar.* Archidona. Aljibe.
ZABALA, A. (1993): "La evaluación, esa gran desconocida" em: *Aula Comunidad,* suplemento nº 1 de *Aula de Innovación Educativa,* 13, pp. 10-13.

Epílogo

O longo processo que finaliza nestas páginas deixa, em quem as escreveu, sensações e ressaibos muito diferentes. Inclusive quando uma tarefa como esta é proposta com humildade, com expectativas não excessivamente ambiciosas, ao acabar se vê tudo aquilo que se queria dizer mas que não se disse, o que gostaria de ter analisado mas ficou no tinteiro. No âmbito do ensino, este fato é compensado pela realidade que representam muitos dos trabalhos e das contribuições que complementam e aportam visões diferentes, e inclusive contraditórias, com o que foi expressado aqui. Assim, pois, o que falta provavelmente poderá ser encontrado em outros lugares.

Por outro lado, também se dizia na introdução que a redação deste trabalho era empreendida sem nenhuma tentação de ser exaustiva e sem a pretensão de dizer a última palavra em relação aos diversos âmbitos aqui tratados. Se serviu para colocar aspectos da prática numa dimensão global e, sobretudo, se pôde mostrar a necessidade e a utilidade de dispor de referenciais que fundamentem a análise desta prática, então, para além das insuficiências, o objetivo básico pode ser considerado alcançado.

"Analisar a prática" é uma expressão que ouvimos com tanta assiduidade que, como tantas outras em nosso campo profissional, corre o grave perigo de perder o sentido. Análise da prática é inseparável de inovação, já que só podemos inovar a partir da detecção das dificuldades ou carências do que queremos mudar. É inseparável de formação; nós, profissionais, avançamos na medida em que compreendemos e fundamentamos o que fazemos, na medida em que podemos refletir sobre isso e encontrar os motivos de nossa atuação. Mas também é inseparável de referenciais, de marcos que permitam fazer estas análises, que a façam superar o nível puramente descritivo, que não se contentem com a constatação do que se faz, mas que permitam avaliar sua pertinência e adequação. E também se vincula à ação conjunta, ao trabalho em equipe, apesar de que a análise da própria prática tem uma dimensão indubitavelmente individual.

Se a prática do ensino é complexa e se sua análise se vincula a todos estes aspectos, então não deve nos parecer estranho que os instrumentos conceituais ou referenciais que a tornam possível também sejam complexos e inclusive que à primeira vista nos pareçam pouco imediatos. Do meu ponto de vista, apenas aceitando o caráter complexo das tarefas que de alguma maneira se relacionam com "como ensinar", seremos capazes de abordar essa tarefa de um forma menos intuitiva e mais reflexiva e fundamentada.